参与式营销

CANYUSHI YINGXIAO

马智萍◎编著

经济管理出版社
ECONOMY & MANAGEMENT PUBLISHING HOUSE

图书在版编目（CIP）数据

参与式营销/马智萍编著.—北京：经济管理出版社，2016.8

ISBN 978-7-5096-4464-5

Ⅰ.①参… Ⅱ.①马… Ⅲ.①市场营销学 Ⅳ.①F713.50

中国版本图书馆 CIP 数据核字（2016）第 139371 号

组稿编辑：张 艳
责任编辑：王格格
责任印制：黄章平
责任校对：雨 千

出版发行：经济管理出版社
（北京市海淀区北蜂窝 8 号中雅大厦 A 座 11 层 100038）

网 址：www. E-mp. com. cn
电 话：(010) 51915602
印 刷：北京晨旭印刷厂
经 销：新华书店
开 本：720mm×1000mm/16
印 张：16.75
字 数：272 千字
版 次：2016 年 8 月第 1 版 2016 年 8 月第 1 次印刷
书 号：ISBN 978-7-5096-4464-5
定 价：49.00 元

前言

营销是和我们每个人都密切相关的非常具有趣味性的应用科学。营销既是一门科学也是艺术，具有非常强的操作性。尤其在科技高速发展的今天，营销的变革速度也是前所未有的。市场营销课程以其高度的应用性使其具备像英语和计算机一样的工具课特点。随着企业的发展壮大，尤其是企业销售网络的构建，使企业对营销人才的需求不断上涨。调查资料统计表明，营销人员、技术人员和中高级管理人员的职位供需失衡将会显得更加明显。其中，对于营销人员的需求，企业并不只是局限于填补营销职位的空缺，而是还希望找到既了解自己所在的行业情况，又能提高业绩的拥有丰富经验的合适人才。这样的人才需求格局对培养应用型营销人才的高职院校来说，既带来了巨大的发展机遇，也带来了前所未有的挑战。

设计出既能够有效提高学生的营销职业技能和素质又能够具有趣味性吸引学生的注意力、同时最重要的是对学生发展有用的高职营销课程，是营销教师的任务和目标，同时也是笔者希望达到的教学境界，并一直朝着这个目标而努力。笔者认为讲课就像做饭一样，虽然有些东西非常有营养，但是如果不加入油盐酱醋等调料、经过厨师的处理，可能人们吃起来也不会津津有味。课程也是一样，营销知识本身非常有用，但是如果我们不以具有趣味性的寓教于乐的方式去传递相关知识，效果可能也会大打折扣。

参与式的高职营销课程致力于通过学生参与、项目导向、任务驱动等方式去学习相关的营销知识和内容，提高营销素质和营销技能。要明确高职学生学习营销课程，可以达到的学习目标是什么，会提高哪些能力和素质。其实也就是弄清楚 5W1H，即 Why，为什么要学习营销；What，营销学什么；When，什么时候学营销；Where，在哪儿学；Who，谁学习和向谁学习；How，怎么学，学习的方法。

一、为什么学习营销

学习营销的意义是什么？学习这门课程，可以帮助高职学生提高思维能力、表达能力、沟通能力和营销策划能力。营销课程很多时候其实是在教解决问题的思路和方法，有一句话是思路决定出路，为什么说营销有助于提高思维能力？有人曾这样说过营销的渊源，说营销的父亲是经济学，母亲是行为科学，祖父是哲学，祖母是数学，所以，营销是有哲学的血统的，这也是为什么学生在学习的过程中会感觉和哲学有相似的地方。

二、营销学什么

营销的研究对象，主要包括企业的整体活动规律和营销环境及消费者分析。企业整体的营销活动规律，首先是进行市场调研，制定营销战略，确定目标市场和制定营销组合策略；其次是了解企业所处的营销环境、企业面对的最终顾客，以及环境和顾客的变化对企业营销活动的影响。

三、什么时候学营销

高职不同专业的营销课程一般是 32 学时到 72 学时不等，每周大概一次到两次课。但是我们学习营销的时间应该远远不止这个时间，其实，我们随时都可以去体会营销，因为营销的理念可以体现在生活的方方面面，比如说我们在购物的时候，当消费发生的时候，当与人交往的时候，当毕业找工作的时候，我们都可以体会和运用营销的知识及理念。

四、在哪儿学

表面上看，学习营销课程是在教室里，但实际上，学习营销的地点是无处不在的，包括我们购物的场所、接触到的公司企业、网上的各种营销方式和各种营销方面的信息等。因此学习营销其实是可以无时不学，无处不学的。

五、向谁学

孔子曰：三人行，必有我师。营销知识可以向老师、同学、亲戚、朋友学习，可以上网学习，可以向营销大师学习，可以向政治名人、明星学习。

六、怎么学

高职营销课程注重实践实训性，因此教学方式也很多，可以通过案例学习，可以通过模拟情境学习，可以通过完成任务学习，可以真题真做，可以到企业去学等。

本书主要是对自己讲授高职营销课程的一个总结和归纳及一些思考，并希望通过总结和归纳的过程，对自己及同行的营销教学起到一些参考作用，对高职学生学习营销课程起到一定的促进和引导作用。由于水平有限，难免会有很多不成熟的地方，还望读者批评指正。

目录

第一部分　参与式营销理论

第二部分　通过经典案例学习营销知识

第三部分　参与式的营销策划实训

第四部分　如何发掘营销策划创意

参与式营销理论

高职教育注重学生的职业素质和职业技能的培养，注重操作性，但是这并不代表就可以忽略专业知识的传授，专业知识的学习还是会起到一个奠定基础的作用。一位老教授谈教育话题时说：一位教师要真正把他所从事的教育工作做好，做上层次，其实功夫在诗外。"汝果欲学诗，功夫在诗外"，原是宋朝大诗人陆游在他逝世的前一年，给他的一个儿子传授写诗的经验时写的一首诗中的一句。诗的大意是：他初作诗时，只知道在辞藻、技巧、形式上下功夫，到中年才领悟到这种做法不对，诗应该注重内容、意境，应该反映人民的要求和喜怒哀乐。陆游在另一首诗中又说"纸上得来终觉浅，绝知此事要躬行"。所谓"功夫在诗外"，就是要强调"躬行"，到生活中广泛涉猎，开阔眼界。

在信息时代，人们获取信息的渠道越来越多元化，这给教师带来了前所未有的机遇和挑战，慕课、微课的出现对于传统的教学模式也提出了新的要求。如何与手机争夺学生的注意力，如何在课堂上提高学生的职业技能和素质，如何使课程具备"有道、有料、有趣、有效"的要求，笔者认为参与式教学是一种有益的尝试。

笔者的高职营销课上有一个环节就是让学生做一个关于营销案例或商业人物的营销案例的PPT进行演示。这是营销实训中非常重要的一个内容，对于学生营销专业技能的学习及PPT制作技巧和演讲沟通能力都是一个锻炼和提高。同时，

PPT 的制作和演示也是职场必备的技能之一。通过这个环节，学生在生活中对于营销会有意识地去寻找素材，有些同学会介绍一些非常新颖的案例，有些同学会介绍一些成功的营销人物，达到教学相长的效果。高职学生参与这项实训活动的积极性是非常高的，通过学生的分享，其他同学也开阔了视野，增加了对营销案例的理解并对一些商界人物有了进一步的认识。

第一章
高职营销课程现状与问题分析

高职院校担负着为社会培养面向生产、经营、服务第一线的高素质应用型、技能型专门人才的任务。市场营销课程是一门建立在经济科学、行为科学、现代管理理论基础之上的综合性的应用科学，通过该课程的学习，旨在培养学生的市场营销职业能力，为社会培养市场营销实战型职业技术人才。但是，目前高职院校市场营销教学中存在着的问题，都制约着市场营销教学的顺利开展，针对这些问题找出对策，对于充分发挥市场营销课程在高职院校教学体系中的作用具有重要意义。

第一节　高职院校市场营销教学存在的主要问题

在目前高职院校市场营销课程教学中，由于实践性教学环节组织实施困难多、难度大等原因，不少教师在教学中安排理论课教学课时数较多，较少安排或基本不安排实践教学环节，其结果基本上难以达到让学生既懂理论又能实际操作的效果，致使课程学习达不到教学目标，毕业生社会适应性不强，不能满足社会对市场营销技术应用型人才的需求。具体表现在以下几个方面：

一、教学过程程序化，教学内容陈旧，不能调动学生的学习兴趣

在高职营销课堂教学中，教师"教教科书"、学生"学教科书"的现象较严重，在这样的教学中，知识成了目的，成长与发展被置之脑后，教学失去了教育的色彩。教师站在讲台上讲授教学内容，学生则认真记笔记，没有对话与交流。市场营销课程有比较强的可自学性，学生自己基本上看得懂或自我感觉看得懂教材内容，教师如果仅仅传递教材上的字面信息，学生就没有什么兴趣去听。而且，学生在日常生活中，已或多或少接触了营销实践，有一定的初级经验，虽然对市场营销课有一定的兴趣，但也存在着某些误解与偏见，很多人认为市场营销就是培养营业员、促销员或业务员，不需要什么理论知识，学习理论没有什么用处，加上营销理论枯燥抽象的特点，增加了学生理论学习的难度，降低了学习兴趣。

二、"双师型"教师少，教学方法单一

有的高职院校缺少"双师型"专业教师，有市场营销一线工作经验的教师更是少之又少。因此，很多教师在教学过程中由于没有实践工作背景的支撑，难以让课堂生动形象，教学方法以讲授为主，即使偶尔使用其他方法，也只是有其形而无其神，导致部分学生对市场营销课不感兴趣。

三、校内实践教学模式单一，实践教学能力欠缺

在工学结合思想的指导下，不少高职院校虽然也开展了各种各样的实践教学，但效果还需提高。目前有的高职院校还没有真正形成能有效指导学生实习实训的专兼结合的教师队伍，高职院校的这种现状，离高职教育培养技能型人才对教师的要求相差甚远。部分高职院校的教师只知理论教学缺乏实践经验，不知道如何进行实训教学；校外社会实践收效甚微，学生参与实践的机会过少，与社会需要脱节。为了弥补学校实验、实训条件的不足，一些高职院校也不同程度地建立了校外实习基地。校外实习基地是学生接触社会、培养和提高实践能力的重要场所，由于校外实习基地是真实的工作环境，所以在企业专业人员和专业老师的指导下，有利于学生通过实践，将所学理论知识转化为技能，固化为能力。另

外，学生在校外实习基地的实践中，通过与企业员工的接触，能潜移默化地培养自己的综合能力，这些都是在模拟的环境中无法获得的。但从长期运作的结果看，校外实习基地仅起到了实习场所的作用而已。多数单位不让学生接触其核心部门和有关的营销事务，怕泄露商业秘密，结果学生到实习岗位去却接触不到本岗位的实质工作，在企业做普通工人的工作，或简单的与经销商之间的联络工作，成为企业急需的临时工，谈不上营销技能的训练。①

第二节　高职院校的市场营销教学存在的问题原因分析

一、教学理念相对滞后

随着国家对职业教育越来越重视，我国高等职业教育的发展势头迅猛，但是缺乏与高等职业教育相适应的教学理念。近几年在高等职业教育快速发展的同时，部分院校高等职业教育的教学理念相对滞后，主要表现在两个方面：一是将高等职业教育当作传统的高等教育，沿袭传统的本科教育模式，过分强调学生专业理论的系统性；二是部分高等职业院校由原来的中等职业学校升级而成，依然用中等职业教育的教学理念教育高等职业院校的学生，缺乏与高等职业教育相适应的教学理念，理论课与实践课安排不合理，限制了高等职业院校学生职业能力的培养。市场营销是解决现实社会问题的，所以理论必须与社会的实际问题相结合，采用以学生为主导的实践型教育模式，才能培养学生解决实际问题的实践能力。然而目前的情况是，实践型教学阶段往往和其他教学阶段在时间上相割裂，而且，由于教育经费的紧缺和实践场所的设置限制，使其难以保证应有的教学效果，在教学中过多地安排理论课，实践课程的教学环节过少或缺失。

---

① 国凤菊. 高职院校市场营销教学存在的主要问题及对策建议 [J]. 中国成人教育，2011.

二、与职业教育相适应的教学方法缺乏

教学方式与学生特性不符，目前高职院校的学生身上有着鲜明的时代烙印，这对教师的人格魅力、教学能力有更高的要求。由于掌握了获取知识的工具——互联网，因而许多高职院校学生的学习兴趣发生变化，对知识、概念缺乏学习兴趣和学习动力。教育对象发生了变化，而我们部分高职院校的教师们在市场营销的教学中很大程度上还停留在强调知识传授的层面，依然老调重弹，方法陈旧，手段单一，甚至还有相当部分的学校，市场营销的教学还停留在一本教案、一支粉笔、一块黑板的阶段，现代化教学手段的运用流于形式，不得要领，这必然形成与学生学习兴趣之间的矛盾。比如多媒体辅助教学的应用仅仅起到原先黑板的作用，案例教学法的应用也仅是为了活跃课堂气氛。陈旧的教学方法以及不得要领的现代化教学手段的运用，很难适应高等职业教育的要求。

三、实践教学手段流于形式

市场营销是离市场和社会最近的学科之一，随着当今经济全球化和时代知识化、信息化、国际化进程的加快，对市场营销的相关技能提出了更高的要求。社会需要大量市场营销的实战型应用人才，然而在市场营销的教学过程中实践教学手段相对比较缺乏，一些学校的实践教学流于形式，条件较好的院校则采用时下市场上比较时尚的市场模拟软件，然而影响市场营销的不确定因素很多，市场营销职业能力也在很大程度上取决于营销创新能力的高低，这些都是很难靠软件的模拟来实现的。

四、适应学生职业能力培养的评价体系不够科学

部分职业院校的市场营销课程沿袭传统教学过程，重理论、轻实践，知识更新慢，培养的是知识型人才，缺少对大学生职业能力和动手能力、操作能力的培养，这种教学模式和企业对人才的需求存在很大的差异。传统的考核方式，学生学习效果评价基本以教师命题为主，考核的方法大多采用笔试，同时其试题在知识分布、题型分布、难度级别等方面主观性较强，缺乏科学性。这种学习效果的评价体系忽视了对学生职业能力的考察。再加上目前高等职业院校采用的学分制

体系还不够完善，影响了学生学习的积极性，不利于学生职业能力的形成。许多企业倾向于招聘有工作经验的员工，以求每一个岗位都能最大限度地为公司创造效益。

第三节 对高职营销课的建议

一、进行教学内容改革，实现教学实践创新

市场营销学是一门应用性很强的学科，重在培养学生的综合应用能力，其教学内容应根据企业和社会的发展不断更新和调整，要舍弃过时的、陈旧的教学内容，瞄准国内、国际最新理论和行业动态，在教学过程中动态地更新或添加新的教学内容，使得教学内容能够根据当前流行的营销理论和营销技术动态地更新，以保证教学知识的系统性。

关注当前发生的一些营销热点问题，中央二套有些栏目中提到的事例非常适合在营销课上作为案例进行分析讨论。比如，笔者经常会看"第一时间"这个栏目，在 2016 年 3 月有一期节目名为"中国品牌在海外"，介绍了海尔在欧洲市场的表现，在法国的一家家电卖场（规模相当于我国的国美和苏宁），海尔的一款冰箱容量是最大的，同时也是最贵的。海尔品牌在法国非常受欢迎，这个就可以作为一个非常新的案例在营销课上针对相关内容进行探讨和分析，往往最新的东西最能吸引学生的注意力。

教学不再像以前那样以系统全面地讲授营销知识点为中心，而是以实训模块为中心，用理论知识围绕实训进行必要的讲解，不局限于把基本概念、基本理论、方法讲通讲透，更注重学生市场调研资料的收集能力、高效处理问题的能力、准确分析及预测决策能力的培养；同时，要为扩大学生知识面创造条件，布置课外阅读书目，指导学生网上阅读。

二、创新营销课程教学方法，适应学生职业能力培养的要求

高等职业院校市场营销课程的教学方法必须大胆改革，摆脱传统单一的教学方法，实现真正意义上的现代化教学。树立"以人为本"、"以学生为中心"的教育理念，根据专业特点，运用案例教学、实训学习、体验学习、讨论学习等先进的教学方法和手段组织教学，及时把先进的、实用的营销案例和技巧引入教学内容，帮助学生自主学习。讨论学习，让学生主动地探索或尝试一些新的方法进行自我建构、发展并完善自己的知识体系，加速提高高职院校教育的教学水平。合理使用多媒体辅助教学，开拓学生的视野，直观形象地阐述市场营销的原理与知识。

三、提倡参与式的教学

探索市场营销实践教学的新途径，注重对学生实践能力的培养。高等职业教育教学离不开实践，市场营销本身就是一门实战性很强的学科，更需要实践教学作为支撑。高职院校必须不断探索实践教学的新途径，注重学生市场营销实践能力的培养。应借鉴国外职业教育的经验，开展校企合作。通过学生到市场营销活动一线参与工作实践，教师与学生一起参与市场营销实战活动，构建师生一体的职业能力培养实践教学体系。从单纯的终极性学校教育扩展到将工作与学习有机联系的终身教育，使传统的职业教育发展为突破时空界限的技术和职业教育。在教学过程中，把素质教育，尤其是职业能力教育作为教学的重点。一方面，市场营销教学应根据职业培养目标和就业需求，使课堂教学与企业实习并行，以就业岗位所需的职业能力为本位，重视职业技能，重视社会实践，让每个学生都有亲自参与营销实践的机会；另一方面，要让企业积极、主动参与学生培养的全过程，广泛实行校企合作，使学校学习与企业学习交替进行。

四、采用过程型考核

建立科学合理的市场营销课程考核体系。市场营销课程考核既要体现知识的掌握，又要体现学生能力的形成。在考核的形式上，根据市场营销课程的特点，可以采用理论笔试和实践考核相结合的方式。理论知识的考核可以放在最后的期

末考试，通过设计灵活的题目，全方位地考核学生理论知识的掌握程度，试题覆盖面要广，同时题目要灵活，能够体现出学生分析问题和解决问题的能力。除了期末的理论考核外，要有全过程的实践考核，实践考核根据课程的设计，根据学生每一阶段不同任务的完成程度进行评价。

第二章
参与式营销课程教师教学思维的转变

师资力量决定教学力度，参与式营销课程师资队伍的建立，应把"以人为本"的人才理念贯穿于师资队伍建设的全过程，拓宽教师的专业视野，这样有利于教学层次的全方位展开。

第一节　教师要注重培养学生的职业精神

在高职市场营销课程的教学中，不仅要向学生传授基本的营销学理论，使学生掌握一定的理论知识，更重要的是向学生提供社会发展中不断更新、完善的多种多样的营销理念，让学生学会思考和分析，树立自己的营销观，进而形成自己的职业观。

教师在教学中知识的传授应以实用为原则，在当前理论充斥的教材中，学生学不到太多的实用知识，而且营销课程本身也不是以培养学生动手能力为目的的，教学的目的应以教育和培养观念为重点，要把死的知识转化为学生自己的想法，使学生成为有观点的人，而不是知识被动的接受者。

参与式的营销课程要培养学生的职业精神，使其成为合格的职业人。教育不仅是传授知识，更是为了教会学生做人，当前高职院校十分重视对学生职业能力的培养，但在职业精神培养方面却十分不够，这不仅是教育问题，而且也是一个社会问题。在当前社会上大声疾呼加强职业道德建设的背景下，学校应责无旁贷地扛起教育的大旗，无论如何，一个人仅有知识和能力是远远不够的，良好的道德情操和职业精神才是人得以长久生存和立足的保障。教师都有义务和责任结合所授课程的内容向学生进行职业精神的教育，如在营销课程中的营销战略、品牌建设、企业文化等方面都可看到诚信、细致、特色、社会责任感的重要性。

第二节　教师要注重学生的参与性

众所周知，一旦学生能主动参与到教学过程中，探讨、争论相关知识和观点，他们的学习兴趣也会随之提高。笔者在教学实践中曾调查过，在教学过程中参与度高的学生对课程的满意度也会提高。由于不同的课程性质和特点，很多课程的教学都是高于、远离学生的生活的，但是营销课不然，它是贴近生活的一门课，所以在教学中必须让学生感受到它的现实性和可参与性，学生通过主动思考哪种营销观更合理、哪种营销方式更可行、采取哪些策略进行营销战、采取哪些方式树立良好品牌形象等，不仅可以享受参与其中的乐趣，而且进一步明确了自己的观点，成为会思考的人。

第三节　参与式的教学应注重呈现方式

一、充分运用多媒体

面对个性突出但思维跳跃的高职学生，如果只是单一地运用板书讲授理论，就很难使营销教学达到预期效果。实验心理学家赤瑞·特拉经过大量的实验证实：

人类获取信息的 83% 来自视觉，11% 来自听觉，这两项加起来就占了 94%。这说明，如果学生既能看到又能听到，知识的记忆将大大加强。从笔者的教学实践来看，如果教师在课前能精心准备教学课件，声、动、画并用，就会很好地激发学生的学习兴趣，使学生们带着愉快的心境进入学习佳境，学生的信息量与学习效果也能获得最大的体现。此外，在多媒体运用的过程中，要开发出能够让学生参与到营销教学中的活动。

二、与企业合作

由于课堂教学的局限性，参与式的营销教学可以适时开展第二课堂，将教学空间延展。这里说的第二课堂可以有两种形式。一是当地企业市场部。对于某些实践性较强的教学内容，学生在课堂环境理解上会比较空洞，放在企业现场来讲授，一来可以增强教学氛围，二来由教师与企业相关负责人共同讲授，教学效果将大大加强。二是网络交流平台。利用信息技术手段，将教学空间向网络空间延伸。现在有多种课程，比如慕课、微课等，可以通过多种手段来提升教学效果。

在参与式的营销课程教学过程中，必须及时转变营销教学思维，积极利用信息技术手段，丰富教学层次，延展教学空间，让营销课程教学灵动起来，让学生在积极思考与专业实践中提高营销的职业能力。

第三章

参与式高职营销课程教学模式

第一节 构建参与式高职营销课程现代化 立体教学体系

立体化教学体系即由网络教学和多媒体教学相结合的教学手段，由启发式、互动式和案例法、实验法相结合的教学方法共同构成的教学体系。网络教学，充分利用网络的强大功能，设置了管理知识讲解、问题与讨论、教材参考、案例分析与讨论，与著名营销类站点连接等多项功能，向学生提供本课程教学大纲、教学讲义、课程课件、教学案例资料、复习思考题、参考资料等，并在各功能模块和章节之间设置了连接，使学生在学习过程中可以方便地实现各页面之间的跳转，实现了交互式和多方位的连接性、多媒体教学制作、多媒体教学课件，把图片、音频、文字资料、板书以动画的形式呈现给学生，[①] 将传统的教学方式与多媒体恰当地结合，在师生不间断的互动中完成教与学，可以有效地提高学生学习的

① 杨春艳，齐琳. 高职院校市场营销课程教学模式探索与实践［J］. 教育时空，2013（7）.

效果。案例教学需要精选一些和内容紧密结合的经典案例，在教学过程中要求任课教师在每一部分都有案例穿插其中，组织学生讨论，促进了教学互动，强化了教师与学生沟通，达到了教学相长的效果。实验教学，营销模拟实验室里有营销技能软件，学生可以通过软件模拟真实的营销情境，并且可以进行对抗比赛，体会竞争的激烈程度。通过体系化营销教学体系构建，必然会提高参与式高职营销课的教学效果。

第二节　参与式的项目导向，任务驱动教学模式

对高职营销课程进行"基于项目的合作性学习模式"。通过构建基于项目的合作性学习环境，引导学生进行团队合作"从做中学"培养学生的市场实际操作能力。在整个课程教学中，要求学生建立正式的营销团队，选择具体的研究项目，随着项目阶段性任务的展开，教师进行相应讲解，指导营销团队进行方案设计和项目实施，除了课堂教学，学生需要进行大量的课下学习。营销团队逐步完成每一阶段的任务、项目研讨、实现理论与实践教学有机统一。课程以系列模拟实训项目为主，按照市场营销过程的实际业务流程，从组建模拟公司、模拟公司的经营理念与企业文化，到营销活动策划、市场营销策略组合，最后是模拟公司营销过程的综合评价，有效采取了工学交替、任务驱动等行动导向的教学模式，充分体现了校内实践教学体系的构建。

第四章
参与式的高职营销课程教学方法

第一节 参与式的营销课程

一、活动课程

活动课程又称经验课程，是以学生兴趣的发展为中心，围绕学生从事某种活动的动机组织的课程。活动课程针对学科课程的缺点，主张以生活化的活动代替课堂讲授，以学生的亲身经验代替书本知识，以学生主动活动代替教师主导。参与式的营销活动课程是为使大学生获得直接的营销经验和营销信息而设置的以活动为中介的课程形态，其可以在一定程度上弥补营销学科课程与实践脱离的不足。营销教育活动课程开发内容可以是学科知识巩固、运用和验证，也可以是各种项目活动，如市场调研、参观企事业单位、走访消费者、模拟商业计划等。活动课程内容可以结合学科课程内容，也可以单独设计。活动课程可以在学校中进行，也可以在企事业单位进行，使学生更好地将营销理论与实际结合，提高营销职业素质。

二、实践课程

在参与式营销课程体系中，营销实践课程是最能体现参与式教育特点和性质的课程类型。这是因为：第一，营销实践课程可以让大学生身临其境地感受和体验营销实践过程中的种种问题和挑战，培养营销能力和经风险抗挫折的团队合作的心理品质；第二，营销能力只有在实践中才能得到提升和丰富。营销实践课程主要包括真实的营销推广实践、营销大赛、社会实践等。

三、隐性课程

隐性课程又称"隐蔽课程"、"潜在课程"、"潜课程"、"隐性课程"、"无形课程"、"非正式课程"等，是广义学校课程的组成部分。一般认为，隐性课程是与显性课程相对应的范畴，它以潜在性、非预期性为主要特征。它不在课程规划中反映，不通过正式教学进行，通常体现在学校和班级的情境之中，对学生起到潜移默化的影响作用，能够促进或干扰教育目标的实现。在学校教育中，隐性课程主要构成如下：

（1）体现于教科书和教学活动中的隐性课程，教科书中除了外显的知识、技能之外，同时也是社会观念、规范、价值观等的载体。同时，学校中进行的各种教学活动，包括课堂教学、实践活动、礼仪和仪式活动等，其内容、教学组织、教法的选择与运用、师生互动关系、教学效果测评等都隐藏着隐性课程的内容。

（2）物质形态的隐性课程，包括学校布局，绿化卫生，教室、图书馆、实验室、阅览室、体育运动场所的环境布置，设备和器材配置等。

（3）制度形态的隐性课程，包括学校的组织制度、管理制度、生活制度、活动制度、考核评估制度、行为规章等。

（4）精神形态的隐性课程，包括学校历史传统、办学理念、学风、校风、教师形象、人际关系和交往礼仪等。

第二节　参与式的教学方法

一、案例教学

市场营销教学的实践性非常强，在教学过程中着眼于技能，着力于实践，注重学生分析能力和执行能力的培养。为了达到教学目的，案例教学是常采用的教学方法。

（一）案例教学概述

案例教学是在市场营销教学中比较成熟的教学方法，早在 20 世纪初，哈佛商学院的教师就把自己掌握的一些企业营销的案例搬到课堂上，作为教学案例进行研究。案例教学，顾名思义，就是针对特定的市场营销教学内容，选取相应的营销案例，教师根据案例，引导学生对案例进行分析、讨论，探索营销活动的内在规律，培养学生利用理论知识分析问题、解决问题的能力。作为教学资料的营销案例，从其运用方式上讲，可以分为操作性案例和非操作性案例两种。操作性案例，即不仅要求学生对案例进行讨论分析，而且要求学生切实动手实践。非操作性案例，则仅仅要求学生对案例进行分析讨论处理，不要求实际动手。案例教学则可以根据案例难度分为三种：①已解决问题案例的教学；②待解决问题案例的教学；③设想问题案例的教学。难度依次提高。[①]

案例教学最大的优点是激发学生独立思考的能力。它的优势具体表现在：首先，突出学生学习的主体地位，在案例教学过程中，教师仅仅是起引导的作用，对案例的分析讨论研究都是学生自主参与，学生成为学习的主体，这样就突出了学生学习的主体地位，增强了学习的积极性、主动性。其次，有利于增强学生各方面的能力。市场营销案例教学将学生的注意力集中到营销案例上，加强了学生

---

① 杨莹.市场营销教学中案例教学与尝试教学相结合的方法探究［J］.吉林广播电视大学学报，2011（4）.

对理论的理解，更有利于培养学生独立思考的能力和解决问题的能力。同时，在对案例的讨论过程中，能够有力地培养语言表达能力。再次，有利于培养学生的团队合作意识。在对营销案例进行分析讨论时，一般是以小组为单位，小组成员的分工合作，有利于学生团队合作意识的培养。最后，案例教学能够很好地实现师生互动、教学相长。

案例教学在市场营销教学中并不是完美无缺的，它有自身难以克服的缺陷。首先，营销案例的选择难以把握合适的尺度。对作为教学资料的营销案例的选取，应遵循真实性、典型性、规范性等原则，并与教学内容相结合。但在实际的案例教学中，营销案例往往选取不够恰当，不是不够规范典型，就是与教学内容脱节。其次，案例教学容易给学生造成概括化的不正确认识。往往由于某一两个典型案例展现出的信息惊人，学生就认为绝对正确，形成在这一两个典型案例上的概括化认识，从而忽视对营销规律的深入探讨。再次，案例与案例之间的连续性不强，使得学生很难把通过案例学到的知识、技能形成整体融入学到的理论系统中。

（二）参与式营销课案例教学的可行性分析

高职高专人才培养，提出了重实践、重应用的要求，培养学生较强的实践能力、协调能力和创新能力，成为高职教育的基本目标。由于市场营销是一门实用性非常强的学科，采用案例教学符合高职高专人才培养方案的要求。案例教学将学生置于模拟的营销环境中，身临其中，结合营销理论知识，分析企业的机会与风险、优势与劣势，提出合理化建议，为企业决策提供参考和帮助，对学生而言，既获得了实践知识，增强了动手能力，又培养了团队合作精神，符合高职高专人才培养方案的要求，也符合现代职业教育"以能力为本位"的高素质高技能复合型人才的教学理念。

案例将知识和故事情节密切联系，避免了空洞抽象的纯理论知识，具有可读性和吸引力，特别是一些经典案例，或多或少地蕴含着学科思想，有助于拓展视野、增长知识，案例分析就是通过从个别到一般，从具体到抽象的认识方法，揭示隐含在案例中的理论知识，从而寻求带有普遍指导意义的内在规律，使之上升到理论的高度。同时，案例分析摆脱了抽象理论知识以具体事例为佐证的方法，使问题更容易理解，更具有思辨性和启发性。

现在的管理者都知道学历不等于能力，重文凭的同时更重视水平和能力。如果学生一味注重学习书本知识而忽视实际能力的培养，不仅对自身的发展不利，企业也不欢迎这样的学生。案例教学正是为此而生，为此而发展的。它留给了学生巨大的想象空间，没有标准答案的束缚，可以自由发挥。由于市场环境的不确定性和不可预测性，面对相同问题，由于阅历、知识结构、个性等因素，每个人都有不同的答案，这种开放式的答案选择，有利于拓宽学生思路，激发学习兴趣和学习热情，同时在案例讨论中，学会与人合作、沟通和交流。整个教学过程就是一种团队活动，既有分工，又有协作，集思广益，树立理解和包容的意识，培养团队合作精神，提高与人合作共事的综合能力，这种情景教学正是案例学习的特点和优点。[①]

（三）案例教学中营销案例的选择

营销案例很多，但应根据教学内容的需要和要求，结合学生情况，选择客观生动、真实可信、针对性强、有价值性的案例，才能达到案例教学的目的。

市场营销的内容量多面广，跨度大，因此要求案例的选用要服从教学的需要，根据教学内容选择与之相关的案例，这是案例选择的关键。同时要考虑到案例的现实性、可操作性和可读性，使学生通过仿真模拟训练和角色扮演，仿佛进入真实的企业之中，从而提高综合素质。所以，案例针对性越强，越贴切，教学效果越好。

案例是用来为教学服务的，不仅与所对应的营销理论知识要有直接的联系，最重要的是它应该具有真实性，来源于实践，是客观经济活动真实的记载。学生分析案例时，确有身临其境之感，犹如进入企业之中，绝不可由教师主观臆测，虚构而作。这样学生才能认真地对待案例中的人和事，针对真实的细节，仔细分析各种数据和错综复杂的案情，才有可能获取知识。

（四）案例教学必须重点解决的几个问题

现代职教的一个主要特点就是强化学生的动手能力，强调"以学生为中心"的办学理念。市场营销案例教学是对传统教学方法的挑战，不是传统的"填鸭式"教学方法，教师在课堂上不是"唱独角戏"，而是根据教学目的和要求，结

---

① 张毅. 以案例教学为突破口深化高职教学改革［J］. 中国成人教育，2010（10）.

合案例情况，引导学生自主学习，独立思考。所以，教师首先要起好引导作用，通过提出由浅入深的问题，引导学生积极思考，发散思维，提出解决问题的方案。教师在观察学生分析问题时，注意解决问题的方法，不要就事论事，而要把具体的案例上升到一定的高度，让学生跳出具体事实的小圈子，使认识得到进一步的提高和升华。教师仅仅起到点评、总结和归纳的作用。

案例教学既要求教师熟悉理论知识，把握知识的脉搏，还要善于挖掘案例的深度和广度，能够熟练地把理论知识和实际案例串联起来，制定一套系统的、完整的案例教学方案，能够有效控制课堂，注重培养学生能力，不要走过场，摆花架子，更不要由学生随意聊天。要使案例教学课堂生动有趣，紧凑而不散漫，有序而不死板，热烈而不混乱。案例的选择、方案的制定、课堂的控制、回答学生各类问题等，要求安排紧凑，杜绝随意性。教师在案例教学中，既是主持人，又是引导者，不难看出，案例教学要求教师具备很强的理论水平和综合分析问题的能力。

作为高职教师，要转变教学观念，改变传统的教学方式方法，充分利用现代化教学手段，让图文并茂、视听结合的多媒体教学形式得到充分展示，为学生提供最理想的教学环境。由于案例教学的灵活性，并无标准答案，只要分析符合逻辑，有理有据，甚至有创新点，就符合考核要求。所以案例教学的考核方法要科学灵活，摈弃"一考定终身"的传统考试方法。通过制定合理、灵活的评分标准，教师可以检查小组成员准备情况，针对课堂讨论、发言情况、撰写案例分析报告等几个环节进行综合考核，既鼓励学生积极参与案例学习，又达到考核的目的。

总之，通过案例教学，既可以弥补校内外实训场所的不足，激发学生的学习兴趣，提高其学习的积极性和主动性，从而提高学习的质量，还可以将抽象的理论知识与具体事例结合起来，融知识性与趣味性于一体。实践证明，案例教学是高职高专市场营销教学的重要方法，在案例教学的基础上，使用先进的教学手段和方法，积极参加校外企业的活动，使市场营销教学更加丰富、生动，更加贴近实际，为学生将来工作打好基础。

二、项目教学

高职参与式营销的实训课程可以采取以项目为导向的企业任务实训教学法，这样的实训教学主题思想来源于职业教育发达的德国。该课程的实训教学遵循"行动导向教学过程"的理念，即强调人在实现既定目标过程中进行反思的重要性，"为了行动而学习"、"通过行动来学习"、"行动即学习"。

（一）营销实训课程设计的理念和思路

该实训课程的设计思路是：可以寻找校外合作企业，为其提供特定的服务项目，也可以学生自己找项目，全体学生动手参与设计、组织与实施，最终完成对企业的服务。在这个过程中，既锻炼了学生的专业应用操作能力，又可以为企业服务。

（二）实训的目的和意义

参与式的项目导向实训教学，可以使学生熟悉市场营销学理论系统和现实的市场环境，树立现代市场营销观念和创新意识，懂得市场调研和营销策划的方法，初步掌握各种营销策略及其综合运用，从动态中把握市场营销学的综合运用。实训课改变了传统的被动接受知识的局面，从而提高了学生营销的实践能力，并可使其掌握企业营销的实践技能。其目的是培养学生设计营销方案、进行信息搜集、实地观察研究、整理调查资料以及团队协作能力等技能，并使学生在整个实践教学过程中自主决策、参与竞争，充分发挥学习的主观能动性。实训课的主要意义存在于以下三个方面：一是加深对市场营销理念的认识和理解，强化营销理论知识的记忆；二是培养学生的思维能力、沟通能力、动手操作能力和解决实际问题的能力；三是快速适应营销调研、策划、市场推广、产品销售等工作岗位。

（三）参与式的教学

首先，采用多种参与性的教学方法，努力激发学生的主体性，使学生较快地进入主动学习的状态。例如广泛使用案例教学法，尽量选择贴近学生生活的案例，并采用讨论法让学生对案例中描述的情况进行分析和诊断，找出解决问题的办法；头脑风暴法，教师抛出某一问题，鼓励学生自由地提出想法，进而产生一系列解决问题的办法，开发学生的潜能，刺激学生的创造性思维，对于学生提出的想法，教师和学生均不作任何评论和批评，以便大家能尽情地就问题提出建议；角色扮演法，教师将项目营销过程中可能出现的情况写成剧本，要求学生在剧中扮演特定角色，让学生演练如何处理实际问题，表演结束后，进行全班讨论，评价表演结果，分析怎样用不同的方式处理问题，通过角色扮演，学生可以在不受威胁的模拟情景中学着应对接近真实生活的状况，恰当地应对现实经营过程中的种种问题；游戏法，是一种特殊的角色扮演形式，采用沙盘的形式模拟企业经营的环境，使学生感受营销决策的过程和结果。

其次，加大实训、实习、社会实践等教学环节的比例。在营销实训教学过程中，笔者曾经开展"校园市场推广实训"活动，该活动分为两个阶段，第一阶段是老师帮助寻找货源，由学生分成两组进行运营和营销策略的制定，两组形成一定的竞争关系，最后以收益来定输赢。第二阶段是学生自己分组，自己找项目，自己寻找货源在校园中进行市场推广活动，如果学生自己寻找项目货源有困难，老师可以进行帮助，最后收益归学生自己。在实地市场推广项目的实施过程中，学生可以体会到很多在课堂上学不到的东西，比如目标市场分析与选择。在学生自己找项目的过程中，一些同学选择卖饮用水和小食品，这个就非常受欢迎，在推广的过程中，这类产品供不应求。还有同学在老师的帮助下推广一些物美价廉的衣服等也非常受欢迎，而且收益颇丰。还有卖学习用品的，同样取得了很好的效果，但收益和服装相比就要差很多。还有一组同学选择推广玉镯，但是在推广的过程中就非常受打击，一是不具备销售玉镯的专业知识，二是校园里不适合销售这种比较高档次的产品，最后这组同学没能顺利把玉镯推广出去。在实践的过程中，很多热心的老师还会给学生介绍经验和教训，进行现场教学。

（四）参与式项目教学的考核方式

参与式项目教学在考核形式上灵活采用多种形式考察学生的理解能力、分析能力、创新能力、组织能力、表达能力等。具体内容包括三个部分：①平时成绩。主要考核学生在学习过程中的表现，包括出勤及课上参与度，营销这部分占总评成绩的 20%。②理论成绩。营销作为高职工商管理等专业的必修课，理论考核部分是必不可少的，学生必须掌握一定的理论知识，才能将这些知识转化为技能，更好地运用到实践中去。该部分内容占总评成绩的 30%。③实训成绩。为了体现对学生实践动手能力和创新意识的培养和考核，这部分内容所占的比重较大，占总评成绩的 50%。包括营销策划各环节任务的完成情况及营销策划书的撰写、答辩成绩。整个教学过程都是围绕着学生的"营销项目"来进行的，因此在课程结束时要求每组撰写营销策划书，并进行现场答辩，主要考核营销知识在营销实践中的运用，这也是本课程教学改革的重点。

通过经典案例学习营销知识

以下是笔者在高职营销课程教学过程中经常用到的一些案例，虽然有些案例不是非常新，但是比较经典，有利于学生更好地通过案例理解相关的营销知识。教师在总结的时候可以结合当前一些比较新、比较热点的话题进行分析总结。由于参与式的高职营销课的教学理念是项目导向、任务驱动，所以分成了若干项目和任务。

项目一
认知市场营销

一、经典案例

案例1 光岛卖鞋案例

美国一家制鞋公司要寻找国外市场，公司派了一个业务员去非洲一个岛国，让他了解一下能否将本公司的鞋销售给他们。这个业务员到非洲后待了一天发回一封电报："这里的人不穿鞋，没有市场。我即刻返回。"公司又派出了一个业务员，第二个人在非洲待了一星期，发回一封电报："这里的人不穿鞋，鞋的市场很大，我准备把本公司生产的鞋卖给他们。"公司总裁得到两种不同的结果后，为了解到更真实的情况，于是又派去了第三个人，该人到非洲后待了三个星期，发回一封电报："这里的人不穿鞋，原因是他们脚上长有脚疾，他们也想穿鞋，过去不需要我们公司生产的鞋，因为我们的鞋太窄。我们必须生产宽鞋，才能适合他们对鞋的需求。这里的部落首领不让我们做买卖，除非我们借助政府的力量和公关活动搞大市场营销。我们打开这个市场需要投入大约 1.5 万美元。这样我们每年能卖大约 2 万双鞋，在这里卖鞋可以赚钱，投资收益率约为 15%。"①

分析讨论问题，可以根据学生的讨论及内容的要求灵活提出，本书中的分析思考题和对于案例的分析仅供参考。

思考分析：

（1）这三个业务员哪位可以称为推销员，哪位是营销员？根据案例试分析推销和营销的区别有哪些。

（2）在我们的现实生活中，新功能、新作用或款式新颖的商品层出不穷，这些商品既源于消费者的需求，又高于消费者的需求，它们改变着人们的生活方式。请你以一种自己较熟悉的商品为例，分析这种商品是如何进入市场，并被广大消费者所接受的。

案例 2　脑白金营销策划案例

史玉柱被称为营销狂人，史玉柱曾经有过巨大的失败经历，号称中国最高的巨人大厦资金链断裂，让他负债 2 亿多元，但最终他又站起来了。1997 年 7 月，史玉柱所打造的巨人大厦像一列疾驰的战车，就在它无休止地狂奔之时，疯狂的战车能量耗尽了，只好别无选择地停了下来。当时的史玉柱无力回天，好几个月没给员工发工资，但是，史玉柱的核心干部竟然没有一个人因此离开。史玉柱在忠诚团队的支持下，决心东山再起。

陷入经济危机之后，史玉柱在公众的视野中消失了。从拉萨旅游回来，史玉柱开始反思，拿什么东山再起。他最终选定了保健品，原因在于在巨人集团列出的众多项目中，保健品所需要的启动资金最少。

史玉柱借了 50 万元作为保健品脑白金项目的启动资金，拿出 5 万元补发了员工工资。史玉柱评估脑白金项目，认为 5 年时间能让他东山再起。让他没想到的是，只用了一年多的时间他就站起来了。1998 年，史玉柱分别在上海和珠海注册了公司。"因为要对全国市场做调研，史总也没有办公室，自己拿了一个小箱子，把它作为移动的办公室，"黄金搭档生物科技有限公司副总经理程晨回忆说。

---

① 做有思想的软件的博客［EB/OL］．http：//blog.sina.com，2013.

（一）市场定位

史玉柱在市场调查上花费了大量的时间和精力，他走访了很多老人，据说在江阴公园就采访了一万名老人；他到农村和留守在家里的老年人聊天，农村很多年轻人都出去打工，所以有人和他们聊天，他们也是很欢迎的，在聊到脑白金的功效的时候，很多老年人都非常感兴趣，但是一旦问到会不会自己花钱买，很多老年人是舍不得的。在调查的基础上，他发现当时保健品市场的现状是吃的人不买，买的人不吃，因此脑白金的目标市场除了中老年人外，还有的就是送礼者。送礼者的定位为脑白金的成功奠定了坚实的基础。

（二）产品策略

对于当年的失败，史玉柱也做了深刻反思："一是战略方向失误，当时同步推出了脑黄金、吃饭香等二十多个系列，涵盖了瘦身、补脑等所有领域，而且每个品牌的名称都不同，最后大都不了了之。二是内部管理不善，比如拖欠的1亿多元货款不能追回。"

史玉柱吃一堑长一智，他把脑白金既定为品牌名，又定为产品名，合二为一。他独创了一个保健品品类，迄今为止找不到第二例。在产品设计方面，很多保健品的口服液就是口服液，胶囊就是胶囊，而脑白金是胶囊加口服液，这也是独一无二的。在产品外观上，史玉柱要求规格不在多，而在于精，所以脑白金坚持一种包装一种颜色，陈列上有很强的视觉冲击力，这也是它独特的地方。

（三）价格策略

史玉柱找送礼这个点找得非常准。实际上脑白金针对的是中老年人，正常服用的话每天花费7元左右，这个花费对老年人来说是蛮难承受的。当时脑白金碰到了这样一个价格障碍，最后回避了价格障碍，也是因为定位在礼品上，这对子女和其他送礼的人来讲，100多元钱是很正常的价位，它进入到人们送礼的选择"菜单"中。保健品营销做得好，首先要进入消费者的购买"菜单"，如果没有进入消费者的选择"菜单"，就没有任何机会。

一年半之后，脑白金在全国市场铺开，月销售额达到1亿元，利润达到4500万元。脑白金的销量和利润主要来自乡镇，也就是史玉柱所说的"8亿人的塔基"。

（四）渠道策略

在渠道建设方面，史玉柱吸取了当年在脑黄金管理上的失误，在小型城市选一家经销商，所有办事处要把与经销商有关的合同以及资料传回子公司审批，合同原件一定要寄回总部，不允许个人以任何名义与经销商签订合同，否则视为欺诈行为。

对于经销商的选择，史玉柱也做了调整，选择当地有固定销售网络并有实力、影响力的经销商，要求经销商款到发货。与此同时，史玉柱也加强了对地区市场的管理，明确了各地子公司主要负责寻找经销商、负责当地的网络建设、市场活动的策划、推广和执行，而不能直接收货款，货款由经销商直接汇给公司总部。

自上而下，层层督察，是脑白金保证市场工作有效开展的主要手段，也是脑白金市场管理体系中的重点。脑白金有一套严密的制度和一批专门的人员，原则是："以客观所见为依据，大公无私，宁可错判，绝不放过。"脑白金前期的督察相当严格，扣罚严厉，市场人员几乎没人能够幸免。正因为如此，脑白金树立了制度的权威性，确保了整个团体具有强大的执行力。

史玉柱在管理上很细心，每次去商场的脑白金销售点调查时都首先看看有没有灰尘，是否有假货，以及生产日期等。他的检查还经常出其不意，当销售经理在最好的销售店面做好充分的准备后，他却要求换店观看，甚至上车后才决定查看哪一个销售店，常常选择乡镇销售店，这些店最容易遭到忽视却又最能体现管理细节。

（五）促销策略

史玉柱拿出 15 万元给无锡一家公司生产脑白金，留出 15 万元作为预备资金，剩下的 15 万元全部砸向了江阴。史玉柱不是乱砸，而是一步步有章法地砸。由于资金有限，史玉柱做不起电视广告，他出了一本名为《席卷全球》的书，一共 100 多页，用 DM 直投的方式免费赠送给消费者。1998 年，浙江传媒学院传媒管理系市场营销教师罗建幸就读过《席卷全球》这本号称"脑白金风暴"的书。他说："当时我不知道这本书是史玉柱出的，书里面的内容简直就是对人类健康认识的颠覆性革命，就是给人'洗脑'，连我这么理性的人都被它洗了。"上海灵诺企业策划有限公司副总经理、媒介总监胡洁敏表示："《席卷全球》是脑白金营销体系的一部分，这本书没有过多涉及脑白金这个产品，而是让消费者了解褪黑素，又名脑白金，是人体不可缺少的荷尔蒙，从原理的角度讲解了脑白金的概念。这本书为脑白金产品的上市做了铺垫，让消费者看到脑白金这个产品的时候不会感到陌生。"通过《席卷全球》这本书足以看出史玉柱在脑白金产品推广上所花费的心思，但他认为这还不够，要利用一切可以利用的形式向可能的消费群体灌输脑白金的概念。但是，由于这本小册子内容过于具有煽动性，后来被勒令停止发售。

躲在"避风塘"里的史玉柱将他的策划班子文案组的十来名文案高手连同一大堆事先准备好的资料，悄悄拉到常州一家酒店，包下几间房间，集中10天进行全封闭式的软文写作，每人每天写两篇，写好之后统一交给史玉柱审阅。史玉柱则按事先拟定的软文写作标准进行对照，稍不吻合即被退回重写，反反复复几个回合之后，确定了一批"千锤百炼"的候选作品。然后，将这些候选作品拿到营销会议上，一篇一篇地朗读，让来自各地子公司的经理们一轮一轮地投票表决，最后按得票数确定要用的软文。"恐怕史玉柱关注脑白金软文的时间比关注脑白金生产的时间还要多，"罗建幸说。

史玉柱要求选择当地两三种主要报纸作为这些软文的刊登对象，每种媒体每周刊登1~3次，每篇文章占用的版面，对开报纸为1/4版，四开报纸为1/2版，要求在两周内把新闻性软文全部炒作一遍。另外，史玉柱还对文章的刊登方法做出十分细致的规定，例如，一定不能登在广告版，最好选在阅读率高的健康、体育、国际新闻、社会新闻版，文章周围不能有其他公司的新闻稿，最好是这个版全是正文，没有广告。文章标题不能改，要大而醒目，文中的字体、字号与报纸正文要一致，不能登"食宣"字样，不附热线电话，不加黑框，必须配上报花，如"专题报道"、"环球知识"、"热点透视"、"焦点透视"、"焦点新闻"等，每篇文章都要配上相应的插图，而且每篇软文都要单独刊登，不能与其他文章结合在一起刊登。

每炒作一轮软文之后，要以报社名义郑重其事地刊登一则敬告读者的启事："近段时间，自本报刊登脑白金的科学知识以来，收到大量读者来电，咨询有关脑白金方面的知识，为了能更直接、更全面地回答消费者所提的问题，特增设一部热线……希望以后读者咨询脑白金知识打此热线。谢谢！"

"史玉柱的做法完全颠覆了当时做广告的模式，"罗建幸感叹。"当时软性广告刚刚在报纸上出现，而且多半的软文广告都是豆腐块式的小篇幅文章，而史玉柱用了很多抓人眼球的标题，以大版面篇幅，举例动用了像美国宇航局这样有说服力的机构，对消费者的冲击力很强，他们还没意识到这是广告，更多的人把它当新闻来读，不存在阅读上的排斥，"胡洁敏如是说。

由于采用了"两颗生物原子弹"、"夏天贪睡的张学良"、"宇航员如何睡觉"、"美国人睡得香，中国人咋办"等一系列生动的背景故事，脑白金的宣传效果相当好。脑白金的概念在大街小巷迅速流传开来，人们对脑白金形成了一种企盼心理，想要一探究竟。史玉柱在江阴第一个月就赚了15万元，他拿上这笔钱再加上15万元预备资金，全部投入无锡市场，第二个月就赚了100多万元。史玉柱并没有就此止步，而是乘胜追击，用农村包围城市的方法向目标市场发起了更加猛烈的进攻。

为了集中广告火力，史玉柱在每个省都是从最小的城市开始启动市场。他倾尽所有猛砸广告，决不赊账。胡洁敏说："在地方电视台，脑白金广告做成了大量长的广告专题片，与报纸的宣传相互交错，对消费者进行深度说服。"

史玉柱采用脉冲式的广告排期：每年2月至9月初，广告量很小，只集中在春节和中秋节达到两次高潮。广告密度最大的时间段是从中秋节倒推10天，从春节倒推20天，加在一起共30天。与此同时，户外广告也成为脑白金中后期新增加的媒体亮点。史玉柱要求，户外广告主要根据各个区域市场的特点，有选择性地开展，如车贴、车身、墙面广告与横幅，而且，户外横幅求多不求精，最好大街小巷都挂，营造脑白金氛围。

在广告创意上，史玉柱沿用了脑黄金时代使用的广告词："今年过节不收礼，收礼只收脑白金！"这个广告让脑白金在中国家喻户晓。但是，有消费者质疑："今年过节不收礼，既然不收礼了，干吗收礼要收脑白金呀，前后矛盾。"史玉柱早在1991年就开始关注这些评论了，每年脑白金广告都被评为十大恶俗广告之首。"2004年，脑白金的广告退居第二，被黄金搭档'抢'了第一，我觉得很荣幸。"史玉柱真的是看到恶评如潮的广告也感到荣耀吗？

2002年11月24日，一则爆炸性新闻赫然出现在中国各大门户网站："史玉柱一纸公告卖了脑白金，商标转让价1.46亿元。"史玉柱为何卖掉脑白金？何慕认为："脑白金从一开始的定位和市场运作，就决定了脑白金的生命周期不会很长，因为史玉柱无法在脑白金的功效市场找到突破口。没有功效市场支撑的脑白金必然后劲不足，这一点从它今天的销量持续下滑就可以证实。"

2001年，史玉柱公开和段永基走到一起，并将脑白金和黄金搭档的大半股份出让给了段永基。史玉柱放出话来："我可能会关注 IT 和金融，但肯定不会再投入人力、物力去做了，都是以战略投资者的身份去做，而且绝对不做大股东。"后来史玉柱的重心转移到网络游戏上。①

思考分析：

（1）脑白金的成功被认为是其营销策划的成功，你是怎么理解的？

（2）从案例中得到的启示和启发是什么？

案例 3　福特的营销观念

亨利·福特 1903 年开办自己的汽车公司时，合伙人希望他生产价位高、利润大的汽车。福特反对这样做，他创办公司的最大愿望就是"要为大众生产汽车"，让汽车进入普通人的生活。公司成立不到一个月，福特就推出了"A"型车，并且取得销售的成功。1907 年，福特回购了公司足够的股权，确保了自己大股东的地位。随后，他就运用自己对公司的控制权，扭转了公司的经营方向。对他而言，衡量公司成功与否的标志就是自己的汽车销量。"以适当较小的利润"，销售大量的汽车可以让福特实现自己人生的两大主要目标：让更多人能够拥有和享受汽车带来的便捷，同时让更多人可以找到一份高薪工作。在 1908 年到 1916 年，福特生产的"普通人的汽车"价格下调了 58%。其实，当时他们接到的汽车订单已经远远超过了自己的生产能力，完全可以提高销售价格，福特公司的股东们攻击他不合时宜，迂腐不堪。与此同时，他每天付给工人们 5 美元的报酬，这也是当时汽车行业标准工资的两倍。继 A 型车之后，福特公司又连续推出 N 型、R 型、S 型等大众化汽车。这些产品在销售上获得的巨大成功，使福特更加坚定了走汽车大众化的路子。

1907 年，福特宣布："生产一种设计简单的人人都能买得起的标准化大众

① 中国营销传播网、《我的营销心得》等。

车，是本公司今后的主要目标。"第二年 3 月 19 日，独霸天下的 T 型车诞生了。面对雪片般飞来的 T 型车订单，福特意识到原始的手工组装技术和工序应当像马车一样退出历史舞台。恰值不久前他在芝加哥参观过屠宰业流水线，他看到一头头活牛被赶进屠宰线的起点，到流水线终端时，整牛已被分解成一块块牛肉。福特大受启发，提出了与此相反的工作流程，对大批量汽车制造流水作业方式做出了精彩的构想：大批量生产方式就像流动不息的河流一样，材料、原料在正确时间涌出源泉，然后汇合成一股零件的河流，这条河流又以正确时间汇聚成大零件的河流，当这些以正确时间流动的河流汇集到河口出处时，一辆完整的汽车就诞生了。

福特汽车公司首创的以这种生产方法和管理方式为核心的福特制，为后来汽车工业的发展提供了楷模，掀起了世界范围内具有历史进步性的"大批量生产"的产业革命。在福特居美国汽车工业之首的龙头老大地位时，它的对手们（29 家汽车公司）联合起来向它展开进攻。它们在内部推行专业化、制度化科学管理的同时，采用了多品牌、多品种的产品特色化策略，先后推出多款车型，但亨利·福特根本不以为然。每次通用汽车公司推出一个新型号，福特就以降价来应对。从 1920 年到 1924 年，共降价 8 次，长期的降价经营使福特公司利润率已经很低，在继续降价余地很小的情况下，T 型福特车走到了尽头，进入长期亏损的阶段。眼看着通用汽车一点一点地蚕食福特的汽车市场，福特公司内许多人都非常着急，希望亨利·福特能够及时调整策略，按顾客需求重新设计产品。但是这些合理建议都遭到了福特的拒绝。以当时福特汽车公司的雄厚基础，要回应通用等竞争者的挑战并非难事，只需在生产流程、组织设计、产品观念做相应的调整，就可以继续保持老大的地位。但是，这对于把流水线视为最高理想境界的亨利·福特来说，是绝对不愿意看到的。亨利·福特的理念是在产品的制造环节上追求最高效率，面对出现的多样化问题，他只寄希望在现在固定的框架下去解决。为此，福特冻结了产品技术，拒绝了一切试图改善 T 型车的建议。

此后的近 30 年中，任何对福特车型提改革建议的人都在福特石墙一样的顽固面前碰了壁。其结果是福特车的销售额不断下降，福特帝国不断崩塌，这些又使得老福特变得越来越孤僻，越来越听不进不同意见。有才华的人纷纷离去，身边的圈子越来越窄，外部新鲜的信息越来越难传入福特的耳中。到 1946 年，福特公司的亏损已达到每月 1000 万美元，只是因为第二次世界大战，政府的订货才使福特公司免遭倒闭的噩运。[①]

思考分析：

（1）福特老板的问题对其他创业型企业家有何启示？

（2）你认为生产观念适用于什么阶段和什么行业？

对于营销案例的分析是没有统一、固定的参考答案的，只要能够自圆其说都是可以的，本书中的案例分析只是笔者的一些思考和基于个人观点的分析探讨，仅供参考。

二、案例分析

（一）光岛卖鞋案例分析

光岛卖鞋案例是菲利普·科特勒在一次论坛上为了澄清人们对营销的认识讲的一个故事，在故事中出现的三个业务员，第三个业务员可以称之为营销员，第二个业务员可以称之为推销员，第一个连推销员都算不上。所以从案例当中我们可以体会到，营销和推销是既有联系又有区别的，推销是针对已经生产出来的产品，想办法怎么把这些产品卖出去；而营销是首先要进行市场调查，在市场调查的基础上，为了满足消费者的需求，实现企业目标而进行的一系列综合性商务活动过程。德鲁克曾经说过这样一句话：营销的目的就是要使推销成为多余。

（二）脑白金案例分析

在理解企业整体营销规律这部分内容的时候，脑白金是一个特别典型的案例。脑白金的成功被认为是营销策划的成功，史玉柱在《我的营销心得》这本书中介绍了脑白金的策划过程。凭借脑白金，史玉柱东山再起，因此也被称为商界中"拿破仑"式的人物。

脑白金的成功策划是和深入的市场调查分不开的，在做脑白金之前，他进行

---

① 经典营销案例库。

了大量的、深入的市场调研，在江阴公园和老人们聊天，在农村和留守在家中的老人聊脑白金的功效，他在聊天中发现，很多老人对脑白金的功效非常感兴趣，但一提到花钱买，很多老人却舍不得给自己花钱。当时保健品消费的状况是"买的人不吃，吃的人不买"。因此，脑白金在市场调研的基础上确定了目标市场有两大群体：一类是中老年人，这部分是功效市场；另一类是送礼者，针对送礼者的定位，脑白金在市场营销组合策略中针对目标市场制定了相应的营销组合策略。脑白金的产品策略其实是在褪黑素的基础上加入了有利于消化的山楂、茯苓等中药成分，褪黑素有利于缓解疲劳、改善睡眠，因为针对送礼者，所以在产品的包装策略和品牌策略中都考虑到送礼者的心理，品牌要响亮，包装要好看，所以礼盒的蓝色包装是针对送礼者的定位而量身定做的。价格策略方面，从送礼者的消费心理来看，送礼的东西要拿得出手，太便宜了不行，所以在制定价格的时候就参考当时人们送礼的心理，价格制定为100多元。渠道策略的制定也是脑白金策划成功的重要前提，以前，一些以褪黑素为主要原料的保健品主要放在药店中出售，而脑白金的销售渠道是一些有档次的商场和超市。促销策略是脑白金成功策划的关键因素，从电视广告轰炸、软文广告，到公关宣传的组合运用，使得脑白金在当时火遍大江南北。

现代企业运营的核心是营销，企业和产品成败的关键在于营销，不论是走向世界的海尔还是飞速发展的蒙牛，其成绩的取得都离不开其成功的营销策划，营销不仅仅是科学也是艺术，是一种思维方式，可以变不可能为可能，不论是对于企事业单位来说，还是对于个人来说，营销的观念都可以为我们所用，可以说生活无处不营销。

（三）福特的营销观念案例分析

福特作为20世纪初汽车行业的霸主，其生产观念在实现霸主道路中起到了积极作用，因为当时的市场情况是需要量的满足，让大多数消费者能够买得到，买得起。但是，随着时间的推移，消费者需求发生了改变，生产观念已经不符合时代发展的潮流，所以后面又出现了产品观念、推销观念、市场营销观念、社会营销观念。

每一种营销观念在当时的历史条件下都曾起到过积极的作用，就现今时代而言，也仍然有可取之处。但是作为现代企业，我们应该树立市场营销观念和社会营销观念，从消费者的需求出发，考虑消费者、企业和社会的长远利益。社会营销观念对于企业进行创新和新产品开发都具有思维启发意义，比如新能源汽车的兴起，以特斯拉为代表的新能源汽车企业在某种程度上代表了汽车行业社会化的发展方向。

三、理论知识学习

项目一　认知市场营销

授课内容	教学目标	教学重点	教学难点	教学方式	作业
市场营销与市场营销学	了解市场营销的研究对象和内容	市场、市场营销的概念	市场营销学框架体系	课堂讲授	寻找一个营销案例或营销人物进行分析做成PPT并进行演示
市场营销的产生和发展	了解产生历史	4P理论的提出	无	课堂讲授	
市场营销观念	了解市场营销思想发展及新观念	营销观念发展	社会营销观念	课堂讲授	

任务一　认知市场营销

(一) 两个基本概念

1. 市场

"市场"有多层含义，其第一层含义是指商品交换的场所。

随着经济的发展，市场的定义有了延伸，第二层含义是指某一产品或行业市场需求的总和，如汽车市场是指市场上汽车的需求量。

第三层含义是指买者与卖者力量的结合，如卖方市场是指买卖双方力量的对比中卖方占优势，即供小于求，在这种市场条件下，买方之间为购买商品相互竞争；买方市场是指买卖双方力量的对比中买方占优势，即供大于求，在这种市场条件下，卖方之间为销售商品而相互竞争，争夺消费者。

第四层含义是指商品流通领域，从宏观的角度定义商品交换。

第五层含义是指各种商品交换的形式，如证券市场、外汇市场，以及网络市场、虚拟市场等。

从营销角度，市场是由一切具有特定欲望和需求并且愿意和能够以交换来满足这些需求的潜在顾客所组成。

市场 = 人口 + 购买能力 + 购买欲望（市场三要素）

2. 市场营销

市场营销学有一个产生和发展的过程，市场营销的概念也有一个发展和演变的过程，它可以分为狭义的市场营销和广义的市场营销。

美国市场营销协会于 1960 年对市场营销下的定义是：市场营销是引导产品或劳务从生产者流向消费者的企业营销活动。

美国著名市场营销学家伊·杰·麦卡锡在 1960 年将市场营销定义为："市场营销就是指将商品和服务从生产者转移到消费者或用户所进行的企业活动，以满足顾客需要和实现企业的各种目标。"这一定义虽比美国市场营销协会的定义前进了一步，指出了满足顾客需求及以实现企业盈利作为公司的经营目标，但这两种定义都说明，市场营销活动是在产品生产活动结束时开始的，是一系列经营销售活动。当商品转移到顾客手中营销活动就结束了，因而把企业营销活动仅局限于流通领域的狭窄范围，还没有认识到企业整个市场营销的全过程，即包括市场营销调研、产品开发、定价、分销渠道的选择、广告、宣传报道、人员推销、售后服务等。

美国著名市场营销学家菲利普·科特勒于 1984 年对市场营销下的定义为："市场营销是指企业的这种职能——认识目前未满足的需要和欲望，估量和确定需求量大小，选择和决定企业能最好地为其服务的目标市场，并决定适当的产品、劳务和计划（或方案），以便为目标市场服务。"

美国市场营销协会（AMA）于 1985 年对市场营销下了更全面、更完整的定义："市场营销是对思想、产品及劳务进行设计、定价、促销及分销的计划和实施的过程，从而产生满足个人和组织目标的交换。"这一定义比前面的诸多定义更为全面和完善，主要表现是：产品概念扩大了，它不仅包括产品或劳务，还包括思想；市场营销概念扩大了，市场营销活动不仅包括盈利性的经营活动，还包括非营利组织的活动；强调了交换过程；突出了市场营销计划的制定与实施。

总之，所谓市场营销就是在变化的市场环境中，旨在满足消费需要、实现企业目标的商务活动过程，包括市场调研、选择目标市场、产品开发、产品定价、渠道选择、产品促销、产品存储和运输、产品销售、提供服务等一系列与市场有关的企业业务经营活动。[①]

 提问：有人说，市场营销就是推销，你认为对吗？

(二) 专家妙论

可以设想，某些推销工作总是需要的。然而，营销的目的就是要使推销成为多余。营销的目的在于深刻地认识和了解顾客，从而使产品或服务完全适合顾客的需要而形成产品自我销售。

——管理大师彼得·杜鲁克 (Peter F. Drucker)

(三) 营销视野——营销在我们的生活中无处不在

● 企业需要营销以满足消费者的需要。

● 学校需要营销以满足广大学生的需要。

● 医生需要营销以满足其患者的健康需要。

● 政治家需要营销以满足他的人民的需要。

● 我们自己也需要营销以满足与人有效交往的需要。

(四) 研究目的与内容

市场营销学研究的内容是围绕市场需求开展的各种市场营销活动，其研究的目的是帮助企业了解、分析和把握市场，制定正确的营销策略和战略，具体的研究目的和内容如下：

1. 市场营销学研究的目的

(1) 帮助企业解决投资方向，制定正确的投资决策。企业在决定生产或投入新的项目之前，要进行市场调查与市场预测，了解市场的需求与行情，根据企业自身的实力，确定是否生产或选择投资的项目和规模，只有根据市场的需求状况，才能做出正确的投资决策。了解市场、正确地认识市场及其发展变化的趋势是企业进行决策的基本依据。现在越来越多的企业重视对市场的调查，有实力的企业自己进行调查，有的企业通过互联网进行调查，也有的企业借助于市场调查

---

① 唐平. 市场营销学 ［M］. 北京：清华大学出版社，2011.

公司或咨询公司，帮助企业进行市场调查和预测，以利于确定正确的投资方向。

（2）帮助企业解决产品的开发和更新换代并做出相应的决策。在掌握了市场需求的前提下，确定企业的营销方向和目标，开展各种市场营销活动。企业要以满足市场、顾客的消费需求为出发点，根据市场的需求进行产品的研制开发和生产新产品，要在不同层次的产品上，采用不同的产品策略，无论是为顾客提供产品的功能，还是服务。

（3）帮助企业解决产品的销售渠道并做出相应的决策。企业生产适销对路的产品如何进入市场，通过什么样的中间商，采用什么样的销售渠道，都要实施有效的渠道策略。有实力的企业可以建立自己的销售渠道，将产品销售到终端市场上去，也可以通过中间商将产品销售出去。渠道选择是否正确直接影响产品销售是否能够成功，它是企业保持市场占有率、开拓市场的关键环节。

（4）帮助企业制定合理价格，做出正确的价格决策。合理的价格是企业补偿成本、获得正当利润、提高市场竞争力的主要手段。如何根据市场上消费者的需求心理、市场竞争状况以及市场环境等因素确定合理的价格是企业营销人员必须要掌握的策略。

（5）帮助企业制定促销策略，扩大市场份额，树立企业形象。即使产品的质量优良、功能齐全、外观美丽，不进行产品的促销，消费者不了解产品的信息，产品也无法在市场竞争日益激烈的条件下取得销售的成功。如何进行有效的促销活动，宣传产品，建立产品的知名度和美誉度，扩大市场的份额，是学习营销课程要解决的问题。

2. 市场营销学研究的内容

市场营销学研究的内容主要包括三个方面：市场环境与市场研究、市场营销活动与营销决策研究以及营销组织与营销控制研究。

（1）市场环境与市场研究。市场营销学要研究市场的宏观和微观环境，了解消费者的消费行为与心理，进行市场调查与分析，根据消费者的不同需求，进行市场细分和目标市场的选择，在市场研究的基础上，确定目标市场并进行市场定位。

（2）市场营销活动与营销决策研究。企业确定了目标市场后，要针对目标市场来制定市场营销组合策略，即 4Ps 策略：产品策略、价格策略、渠道策略和促销策略。

市场营销学的发展使市场营销组合策略有了新的发展，从4Ps向4Cs转变：随着市场竞争日趋激烈，媒介传播速度越来越快，以4Ps理论来指导企业营销实践已经"过时"，4Ps理论越来越受到挑战。到了20世纪80年代，美国学者劳特朋针对4Ps存在的问题提出了4Cs营销理论，即顾客（Customer）、成本（Cost）、方便（Convenience）、沟通（Communication）。

1）瞄准消费者需求。首先要了解、研究、分析消费者的需要与欲求，而不是先考虑企业能生产什么产品（产品→顾客）。

2）消费者所愿意支付的成本。首先了解消费者满足需要与欲求愿意付出多少钱（成本），而不是先给产品定价，即向消费者要多少钱（价格→成本）。

3）消费者的便利性。首先考虑顾客购物等交易过程如何给顾客方便，而不是先考虑销售渠道的选择和策略（渠道→方便）。

4）与消费者沟通。以消费者为中心实施营销沟通是十分重要的，通过互动、沟通等方式，将企业内外营销不断进行整合，把顾客和企业双方的利益无形地整合在一起（促销→沟通）。

（3）营销组织与营销控制研究。在不同的市场营销观念下，企业的营销组织有不同的形式，由于营销在企业中的地位不断提高，营销机构及企业的组织形式也不断发生变化，营销的管理与控制也是市场营销学研究的主要内容之一。

任务二　认知市场营销的产生与发展

市场营销理论产生于20世纪初的美国，它是美国社会经济环境发展的必然产物。19世纪末20世纪初，美国从自由资本主义过渡到垄断资本主义，社会经济环境发生了深刻的变化，工业生产飞速发展，专业化程度日益提高，城市人口加剧增长，个人收入迅速上升，日益扩大的新市场为企业提供了很好的机遇，人们的需求发生了很大的变化。所有这些变化都有力地促进了市场营销思想的产生和市场营销理论的发展。市场营销理论的发展大致可以分为以下几个阶段：

（一）形成时期

从20世纪初到20世纪30年代，是市场营销理论的形成时期，在这个时期，各主要资本主义国家经过工业革命，生产力迅速提高，城市经济发达，这一时期也是美国资本主义迅速发展时期。随着西部开发运动和铁路向美各地延伸，1920年美国的城市人口开始超过农村人口，商品需求量急剧增加，使美国国内市场急剧扩大，加之市场竞争日趋激烈，促使企业日益重视广告、分销活动。专业化广告代理商在美国日渐活跃，发挥着相当重要的市场营销职能。连锁商店、邮购商店的产生与发展，给市场营销带来了薄利多销的新观念。在这30年，美国商品流通领域的从业人员增加了一倍以上，市场的基本特点仍然是卖方市场，企业集中解决的是增加生产、降低成本的问题，以满足市场增长的需求，而产品的销售不是企业的主要问题。20世纪初，美国工程师泰勒《科学管理原则》一书的出版，正好符合了企业主的意愿。他提出了生产管理的科学理论和方法，受到普遍的重视并有许多美国企业推行泰勒的科学管理，使生产率大为提高，生产能力的增长速度超过了市场需求的增长速度。在这种情况下，一些有远见的企业在经营管理上，开始重视商品推销和刺激需求，注重推销术和广告术。一些经济学者根据企业的销售实践活动的需要，着手研究商品的销售问题，哈佛大学的赫杰特齐走访了大企业主，了解他们如何进行市场销售活动，并于1912年写了第一本以市场营销（Marketing）命名的教科书，这本书的问世被视为市场营销学作为一门独立的学科出现的里程碑。但它的内容与现代市场营销学的原理和概念有很大的不同，实际上是分配学和广告学。这一时期的市场营销理论大多是以生产观念为导向的，依据仍然是以供给为中心的传统经济学。这时的市场营销理论仅仅局限在大学里，学者们的研究并没有运用在企业的经营实践中，没有引起社会足够的重视。

（二）应用时期

从20世纪30年代到"二战"结束，是市场营销理论应用于流通领域的时期。1929~1933年主要资本主义国家发生的经济危机，导致许多企业生产严重过剩，商品销售困难，许多企业无法承受这种打击，纷纷倒闭。这时企业面对的是商品的销售问题，如何把商品卖出去，成了企业能否生存的首要问题。于是，许多企业主寻找市场营销学者，请求他们的帮助，市场营销理论开始应用在流通领域，参与企业争夺市场的经营活动，企业开始重视市场调查研究、分析、预测和刺激消费者的需求。此时，营销学者提出了"创造需求"的概念，为企业销售商品提出了新的视角，企业要想办法为消费者创造需求。此时的市场已经不是供小于求的卖方市场，而是供大于求的买方市场。在这样的市场条件下，市场营销理论正好能够帮助企业解决商品销售的困难，企业尝试着运用它，因此，市场营销理论得到了广泛的应用，理论研究也得到了迅速的发展。1926年，美国建立了全国市场营销学和广告学教师协会，1931年成立了美国市场营销学协会，专门设立了为企业管理人员讲授市场营销学的讲习班。几年后，有许多企业家参加了协会，他们和研究人员共同组成了现在的美国市场营销学会（AMA）。这个学会在美国设有十几个分会，从事市场营销理论的研究和培训企业经营销售人才的工作，并参与研究企业的销售决策。这一时期的研究以市场营销职能研究为最突出的特点。

（三）革命时期

从20世纪50年代到现在，市场营销学的原理、概念发生了重大的变革，开始形成了现代的市场营销学。"二战"结束后，美国的军事工业转向了民用工业。随着第三次科技革命的深入，生产率大幅度增加，社会产品的供应量急剧增长，产品的花色品种日新月异。政府吸取20世纪30年代经济危机的教训，实行了高工资、高福利、高消费及缩短工作时间的政策，刺激人们的购买力，使市场需求无论在量和质上都发生了很大的变化，生产和生活方式也发生了巨大的变化。这时的市场趋势是进一步的供过于求，消费者的需求不断变化，企业间为了争夺市场而竞争更加激烈，原来的市场营销学越来越不能适应市场的变化和需要。在此期间，市场营销理论研究也开始迈向一个新的里程，美国市场营销学家奥尔德逊和科克斯首先对原有的市场营销学提出了批评，指出现有的理论未能说明也没有分析流通领域内的各种现象，他们在《市场营销学原理》一书中对市场赋予了新的概念，提出过去认为市场是生产过程的终点，销售的职能是只推销已经生产出来的产品或劳务，现在则强调了买方的需求、潜在的需求，市场是生产过程的起点，销售的职能首先必须调查、分析和判断消费者的需求，将信息传递到生产部门，据此提供产品和劳务，使潜在的需求得到实现，企业因此而获利。这样，市场营销学就突破了流通领域，参与了企业的生产和经营活动。这一概念的变革被称为销售革命，现代的市场营销学是在此基础上形成的。因此，这一阶段称之为革命时期。期间对市场营销思想做出卓越贡献的代表人物有奥尔德逊、霍华德和麦卡锡。营销作为企业管理的一个方面，其主体应是企业，其核心应是交换而不是稀缺，营销理论应是围绕如何达成交易而进行的理论探索。20世纪50年代麦卡锡提出了4Ps（Product，Promotion，Price，Place）营销策略，对市场营销理论和实践产生了深刻的影响，成为传统营销的代名词，4Ps也成了企业进行市场营销的理论指南。

菲利普·科特勒是当代市场营销学界最有影响的学者之一。他所著的《市场营销管理》一书在1967年出版后，成为美国管理学院最受欢迎的教材，并多次再版，译成十几种语言，受到各国管理学界和企业界的高度重视。科特勒提出，市场营销管理就是通过创造、建立和保持与目标市场之间的有益交换和联系，以实现组织的各种目标而进行的分析、计划、执行和控制过程。其管理体系包括：分析市场营销机会；确定市场营销战略；制定市场营销战术；组织市场营销活动；执行和控制市场营销努力。他还指出，市场营销是与市场有关的人类活动，市场营销理论既适用于营利组织，也适用于非营利组织。这一观点，扩大了市场营销学的研究和应用领域。

早在20世纪30年代中国就有了市场营销学的译本，真正让国人了解市场营销学还是在改革开放以后。首先，是通过对国外市场营销学书籍、杂志及西方学者的讲课内容进行翻译介绍。其次，自1978年以来选派学者、专家、学生赴国外访问、学习、考察国外市场营销学开设课程状况及国外企业对市场营销原理的应用情况，还邀请外国专家和学者来国内讲学。再次，1984年1月，中国高校市场营销学会成立，继而各省先后成立了市场营销学会。这些营销学术团体对于推动市场营销学理论研究及在企业中的应用起到了巨大的作用。如今，市场营销学已成为各高校的必修课，市场营销学原理与方法也已广泛地应用于各类企业。

20世纪七八十年代以后，人们更关心环境的保护，产生了绿色营销。市场营销学的研究深入到各行业，产生了许多分支，比如互联网的产生和发展随之产生了网络营销等营销分支。社会经济及技术的发展必将促进市场营销学不断地发展。

任务三　认知营销观念

市场营销观念是指企业对其营销活动及管理的基本指导思想。它是一种观念，一种态度，或是一种企业思维方式。市场营销观念的核心是正确处理企业、顾客和社会三者之间的利益关系。

（一）生产导向

1. 含义

以生产者为中心，生产决定销售的经营思想。

我生产什么就卖什么（产量，降低成本）。

2. 产生背景

产生于产业革命完成之时，是典型的卖方市场。

（二）产品观念

1. 含义

以产品为中心，通过提高或改进质量吸引顾客的经营思想。

2. 产生背景

20 世纪 30 年代。

我国有些谚语如："酒香不怕巷子深"、"一招鲜，吃遍天"；西方企业曾奉行："以质取胜"、"质量决定一切"等等。你认为这些观点对吗？

产品观念和生产观念，也是典型的"以产定销"观念。由于过分重视产品而忽视顾客需求，这两种观念最终将导致"营销近视症"。

（三）推销导向

1. 含义

企业的一切经营活动以推销为中心，重在诱导消费者购买产品。其具体表现是"企业卖什么，人们就买什么"，企业十分重视采用广告术与推销术去推销产品，生产什么就努力推销什么。

2. 产生背景

1930 年到"二战"结束。

3. 实质

生产导向。

在推销观念指导下，企业相信产品是"卖出去的"，他们致力于产品的推广和广告活动，以求说服、甚至强制消费者购买。

推销观念也是建立在以企业为中心的基础上，同样是"以产定销"。

（四）市场观念（市场营销观念）

1. 含义

企业一切行为都以市场需求为出发点和归宿，其具体表现为"顾客需要什么，就生产或经营什么"，"哪里有消费者需求，哪里就有市场营销"，"市场需要什么，我就生产什么"（以需定产）。

2. 产生背景

20 世纪 50 年代至 70 年代，买方市场。

3. 四大支柱

目标市场、顾客满意、整合营销和盈利能力。

以消费者为中心的观念，又称市场营销观念（Marketing Concept）。这种观念认为，企业的一切计划与策略应以消费者为中心，应正确确定目标市场的需要与欲望，比竞争者更有效地提供目标市场所要求的满足。

买方市场条件下，要求企业改变以往单纯以卖主为中心的思维方式，转向认真研究消费需求，正确选择为之服务的目标市场，并以满足目标顾客的需要及其变动，不断调整自己的营销策略；要求企业营销管理贯彻"顾客至上"的原则，将管理重心放在善于发现和了解目标顾客的需要，并千方百计去满足它，使顾客满意，从而实现企业目标。

（五）社会营销观念（20 世纪 70 年代至今）

1. 含义

企业生产经营不仅要考虑消费者需要，而且要考虑消费者和整个社会的长远利益。这类观念可统称为社会营销观念。

2. 实质

综合考虑企业、顾客、社会三者的利益。

项目二
市场调研

一、经典案例

案例1 可口可乐市场调研经典案例

20世纪80年代，可口可乐公司决定开发新型可乐，于是对顾客口味做了随机测试，发现顾客喜欢百事可乐的甜味，而不是可口可乐的干爽味。其实，这个结论最早是由百事可乐提出的，可口可乐后来的测试证实了这个结论。此后，可口可乐找到一种含甜味的新配方，1982~1985年，历时三年，对近20万名消费者进行的测试表明，55%的消费者倾向于新可乐的口味，53%的消费者倾向于新可乐的商品名称。1985年4月，新可口可乐正式面市，公司决定停止生产老可口可乐。

消息传开，可口可乐总部每天都会收到消费者上千个抗议电话及雪片般的抗议信，消费者甚至成立"美国老可口可乐饮用者"组织来威胁可口可乐公司，如果不按老配方生产，就要提出控告，并组织召开抑制新可乐的集会。在三个月的抗议风潮中，可口可乐公司又重新做了公众调查，1985 年 6 月还有 49% 的人喜欢新可乐，可到了 7 月初，只有 30% 的人喜欢。于是，7 月 11 日，公司决定重新生产老可乐。可口可乐风波中，消费者的言行不一，源于"言"（调研）与"行"（购买）环境的差异，以及环境差异带来的购买决策标准（理性与感性）的变化。

消费者调研通常隐含着一个重要前提：消费者能够清晰表达自己的需求。其实，这个前提是不存在的。消费者也许能够清晰地表达显在的需求，却基本无法表达潜在的需求。[①]

思考分析：

（1）消费者为什么会言行不一？你认为还有什么原因未分析出来？

（2）我们应该怎样进行市场研究方能避免本案中的调查陷阱？

案例 2　日本人获取大庆油田的情报案例

20 世纪 60 年代，日本出于战略上的需要，非常重视中国石油的发展，于是把摸清大庆油田的情况，作为情报工作的主攻方向。当时，由于各种原因，大庆油田的具体情况是保密的。然而，由官方对外公开的极其普通的旨在宣传中国工人阶级伟大精神的照片，在日本信息专家的手里变成了极为重要的经济信息，揭开了大庆油田的秘密。

大庆油田在什么地方？

日本人对大庆油田早有耳闻，但始终得不到准确的情报。后来，他们在 1964 年 4 月 20 日的《人民日报》上看到"大庆精神大庆人"的字句。于是日本人判断"中国的大庆油田，确有其事"。但是，大庆油田究竟在什么地方，日本还没有做出判断。

在 1966 年 7 月的《中国画报》上，日本人看到一张照片。《中国画报》的封面刊出这样一张照片：大庆油田的"铁人"王进喜头戴大狗皮帽，身穿厚棉袄，顶着鹅毛大雪，手握钻机刹把，眺望远方，在他背景远处错落地矗立着星星点点的高大井架。根据对照片的分析，可以断定大庆油田的大致位置在中国东北的北部。

---

① 经典营销案例。

　　他们根据这张照片上人的服装衣着判定：大庆油田是在冬季温度达零下30摄氏度的北满，大致在哈尔滨与齐齐哈尔之间。其依据是：唯有中国东北的北部寒冷地区，采油工人才必须戴大狗皮帽和穿厚棉袄。后来，到中国来的日本人坐火车时发现，从东北来往的油罐车上有很厚的一层土，从土的颜色和厚度，证实了"大庆油田在北满"的论断是对的，但大庆油田的具体地点还是不清楚。

　　日本人又根据有关"铁人"的事迹介绍，王进喜和工人们用肩膀将百吨设备运到油田，表明油田离铁路线不远。据此，他们便轻而易举地标出大庆油田的大致方位。1966年10月，日本人又从《人民中国》杂志的第76页上看到了石油工人王进喜的事迹。分析中得知，最早的钻井是在安达东北的北安附近，并且离火车站不会太远。在英雄事迹宣传中有这样一句话：王进喜一到马家窑看到大片荒野就说："好大的油海，把石油工业落后的帽子丢到太平洋去。"

　　于是，日本人从伪满旧地图上查到"马家窑是位于黑龙江海伦县东南的一个小村，在北安铁路上一个小车站东边十多公里处"。就这样，日本终于把大庆油田的地理位置搞清楚了。

　　大庆油田有多大规模？

　　日本人对王进喜事迹的报道做出了如下分析：王进喜是玉门油矿的工人，是1959年9月到北京之后志愿去大庆的，大庆油田肯定是1959年以前就开钻了。马家窑是大庆油田的北端，即北起海伦的庆安，西南穿过哈尔滨市与齐齐哈尔市铁路的安达附近，包括公主峰西面的大赉，南北四百公里的范围。估计从北满到松辽油田统称为大庆。

　　根据对照片的分析，可以推断出大庆油田的大致储量和产量。其依据是：可从照片中王进喜所站的钻台上手柄的样式，推算出油井的直径是多少；从王进喜所站的钻台油井与背后隐藏的油井之间的距离和密度，又可基本推算出油田的大致储量和产量。

　　中国炼油能力如何？

　　到1966年7月，日本人把注意焦点转到炼油设备上，"有心人"终于在《中国画报》上发现一张炼油厂反应塔的照片，日本人就从这张照片推算出了大庆炼油厂的规模和能力。

　　其推算方法也很简单：首先找到反应塔上的扶手栏杆，扶手栏杆一般是1米多，以扶手栏杆和反应塔的直径相比，得知反应塔内径是 5 米。因此，日本人推断，大庆炼油厂的加工能力为每日 900 千升。如以残留油为原油的 30% 计算，原油加工能力为每日 3000 千升，一年以 330 天计算，年产量为 100 万千升。而中国当时在大庆已有 820 口井出油，年产是 360 万吨，估计到 1971 年大庆油田的年产量将有 1200 万吨。又根据新闻报道王进喜出席了第三届全国人代会，可以肯定油田已出油。

大庆给日本带来了什么机遇？

根据大庆油田出油能力与炼油厂有限的炼油能力，考虑中国当时的技术水准和能力及中国对石油的需求，日本人推论：中国在最近几年必然因为炼油设备不足，会考虑大量引进采油设备。中国要买的设备规模和数量有多大？根据情报分析，要满足日炼油 1 万千升的需要。

这是日本在 1966 年根据公开报刊点滴信息作出的判断和决策。这就是世界著名企业日本九大商社之一的三菱重工财团的商业情报研究。随后，日本三菱重工财团随即集中有关专家和人员，在对所获信息进行剖析和处理之后，全面设计出适合中国大庆油田的采油设备，做好充分的夺标准备。果然，中国政府不久向世界市场寻求石油开采设备，三菱重工财团以最快的速度和最符合中国要求的设备获得中国巨额订单，赚了一笔巨额利润。此时，西方石油工业大国都目瞪口呆，还未回过神来呢。

日本三菱重工非常重视商业信息情报的收集研究，奉行信息就是企业的生命之信念。它投巨资在世界 115 个国家和地区设立信息站，搜集和了解有关的各类信息。据报道，三菱重工财团总公司每天获得的信息处理纸带竟可绕地球 11 圈，其信息意识和信息处理的技术、速度等可见一斑。因此，中国大庆油田的照片，在其手中变成经济信息、变成巨额财富这一事实也就不足为奇了。[1]

思考分析：

（1）日本人的商业情报工作有什么特点？

（2）本案例对我国企业有何启示？

---

[1] 百度文库。

案例 3 蒙牛和伊利的竞争

1998年，与伊利风雨同舟了16载的牛根生离开伊利，来到了北京大学学习了一个学期，这个学期对他来说，不仅仅是学习，更应该是他反思的过程。"面壁十年图破壁"，当他结束学习的时候，蒙牛的草稿或许已经在他的脑海中形成了。

1998年底，牛根生正式从伊利辞职。牛根生一开始想开一家海鲜大排档，房子选好了，模式考虑好了，结果是一种"无形"的力量让这个计划难产。就在这个时候，原来跟随牛根生的一帮兄弟纷纷被伊利免职，他们一起找到牛根生，希望牛根生带领他们重新闯出一条新路。

1999年1月，"蒙牛乳业有限责任公司"正式注册成立，注册资本金100万元，基本上都是牛根生和他妻子卖伊利股票的钱。牛根生的蒙牛一成立，还在伊利工作的老部下开始一批批地投奔而来，总计有几百人。牛根生曾经告诫他们不要弃"明"投"暗"，面对"无市场，无工厂，无奶源"的"三无环境"，没有人能保证蒙牛一定会有一个光明的未来。在蒙牛新的管理团队当中，牛根生只从外边请了一个人，那就是伊利原先的党委副书记卢俊，牛根生请她来的目的很明确：蒙牛一开始就要做成股份制公司，让蒙牛有一个健康的开始。

1999年8月18日，"蒙牛"进行了股份制改造，名字变为"内蒙古蒙牛乳业股份有限公司"，注册资本猛增到1398万元，折股1398万股，发起人是10个自然人，大都是原"伊利"公司的管理与技术人才。万事开头难，就在呼和浩特市一间53平方米的楼房内，牛根生从家里搬来了沙发、桌子和床，蒙牛的发展奇迹由此拉开序幕。知己知彼，百战不殆！牛根生知道自己的短板是"无市场，无工厂，无奶源"，他也知道自己的长板是"人才"。跟随牛根生的这批人原先都是伊利液态奶、冰激凌、策划营销的一把手，他们在生产、经营、销售、市场、原料设备方面在行业内都是顶尖的人才，牛根生决定采取"虚拟经营"的方式，用"人才"换"资源"。1999年2月，牛根生经过秘密谈判和哈尔滨的一家乳品企业签订了合作协议，牛根生派杨文俊等8人全面接管了这家公司。他们的管理在给这家企业带来很好的效益的同时，蒙牛产品也由这家工厂"新鲜出炉"。1999年1月到4月，身处呼和浩特的牛根生一边对远在哈尔滨工厂的8人团队遥控指挥，开始生产第一批蒙牛产品，同时摇身一变成了民工头，在距离呼和浩特和林格尔县不远的一片比较荒凉的不毛之地上热火朝天地建起了自己的工厂。

1999年4月1日，呼和浩特市的老百姓一觉醒来，发现呼和浩特市主要街道旁边的300块广告牌全是蒙牛的广告：向伊利学习，为民族工业争气，争创内蒙古乳业第二品牌！5月1日，就在老百姓讨论"蒙牛"的余热还没有结束的时候，48块"蒙牛"的广告牌一夜之间被砸得面目全非。蒙牛的广告牌被砸反而使得社会关注蒙牛的热度再次升温，蒙牛开始变得"愈神秘，愈美丽"。当时的媒体记者顺藤摸瓜找到了蒙牛的负责人，发现此人竟然是伊利曾经主管生产经营的副总裁牛根生。蒙牛是在克隆伊利吗？牛根生说不是克隆而是补缺，他提到了可口可乐和百事可乐、宝马和奔驰共同竞争却能发展得更好的例子。

1999年初，牛根生虽然隐姓埋名"躲"在幕后，也没有逃脱继续受打压的命运。竞争对手为了封杀蒙牛，争夺奶源，蒙牛有的牛奶车半路被截，牛奶被当场倒掉。为了减少冲突和不必要的麻烦，同时最大限度地保护自己，牛根生很快制定了"收奶三不干"政策：一是凡是伊利等大企业有奶站的地方蒙牛不干（不建奶站）；二是凡是非奶站的牛奶，蒙牛不干（不收）；三是凡是跟伊利收购标准、价格不一致的事，蒙牛不干。同时，牛根生启动"中国乳都"的概念，通过公益广告的形式打出"我们共同的品牌——中国乳都，呼和浩特"的口号，在众多场合提到伊利时都把伊利放在自己的前边，在所有的口径上都将内蒙古自治区所有的乳品企业打上"一荣俱荣，一损俱损"的烙印。这样做的直接结果是，蒙牛赢得了政府的支持，使自己的命运和内蒙古经济自治区发展大局捆绑在一起，在抬高竞争对手的同时保护了自己。"要说感情，我对伊利的感情，实际上不比对蒙牛的少"。2003年，伊利为了庆祝股份制创立十周年而举行了一场声势浩大的庆祝活动。令郑俊怀和所有伊利人没有想到的是，牛根生不请自去。牛根生当场对伊利的员工说了一番至情感人的话："我在伊利干了16年，在蒙牛才干了5年。我最好的年华，奉献给了伊利，在这里流过的泪、淌过的汗、洒过的血，比在蒙牛多得多！所以，要说感情，我对伊利的感情，实际上不比对蒙牛的少。"牛根生在伊利的这招"情感行动"收到了效果，至少是让那些认识或者不认识牛根生的伊利员工对他有了些"另外"的看法。从2003年到2004年，一股来自某些媒体质疑、诽谤蒙牛和牛根生的"暗流"也逐渐形成，一些地方"黑势力"借助"投毒"等手段威胁、恐吓蒙牛的事情也开始接二连三地发生。此时的蒙牛，已经积聚了足够的力量，对于这种下三滥手段，就用阳光的办法对付。公安机关出面，"暗流"和"黑势力"被一一识破、捣毁，相关责任人受到了法律的制裁。其中用虚假新闻诽谤蒙牛的事情由一个品牌策划公司全权负责，调查发现，某公司为了扶植这个公司变相订了600万元的合同金额，诽谤新闻稿件涉及数十家媒体、近百篇稿件。案件查清楚之后，当地政府拟定了对该公司的三项惩罚措施：第一，该公司在新闻媒体上公开向蒙牛道歉，恢复蒙牛名誉；第二，该公司出600万元对蒙牛诽谤，其造成的损失至少在这一金额的10倍以上，赔偿经济损失6000万元；第三，该公司要下不为例、永不再犯！

当地政府征求牛根生的意见时，他说："草原品牌是一块，蒙牛和该公司各一半，某公司损毁的不仅仅是该公司品牌，而且是大家的品牌，所以不用道歉。6000万也不是一个小数目，蒙牛的员工大部分都是从该公司过来的，就当这6000万是蒙牛为员工交学费了。第三条，我接受，希望该公司下不为例、永不再犯！"牛根生有一句座右铭："小胜凭智，大胜靠德"，牛根生这样理解自己的这句座右铭，其实就是"与自己较劲"！发生任何问题，先从自己身上找原因。因为改变自己容易，改变别人难。假使矛盾双方的责任各占50%，那么，你先从改变自己开始。当你主动改变后，就会发现，对方也会跟着改变，而且这种改变不是同比例的，往往你改变10%后，他会改变30%，真所谓"你敬他一尺，他敬你一丈"。万一你改变了50%以后，对方还是一点不变，怎么办呢？你还是要坚持与自己较劲，因为95%的情形不是这样的。当你无数次地与自己较劲后，回头再看，大数定律的效能就显现出来了：你通过改变自己而改变了世界！

"小区包围超市，所有产品免费品尝"。牛根生知道，在市场上也不能和伊利正面冲突，他将第一个目标定在了深圳。伊利刚刚兵败于此。伊利采取先打媒体广告，随后超市跟进的策略，结果彻底失败，因为深圳的老百姓基本上都认准了洋品牌的口味，伊利为此付出了几百万元的广告费，无功而返。

牛根生了解伊利的短板，也知道伊利强项当中的弱点，他决定采取另外一套战术：蒙牛的各路人马穿着蒙古服装打着横幅和标语到各个小区门口，横幅上写的是"来自内蒙古大草原纯天然无污染的牛奶"、"不喝是你的错，喝了不买是我的错"，蒙牛产品全部都免费送给居民品尝。结果，小区的居民一喝不错，他们到超市的时候就会买，蒙牛的产品一下子在深圳各大超市迅速火了起来。

依靠这招"小区包围超市，所有产品免费品尝"的策略，从 1999 年开始，蒙牛的产品快速进入北京和上海市场。1999 年到 2001 年，伊利的主营业务收入和利润总额平均每年递增速度超过 40%，2001 年主营业务收入突破 27 亿元；蒙牛则以超过 300% 的速度翻番增长，2001 年销售收入突破 7.24 亿元。

2000 年，蒙牛的资金还很紧张，牛根生却突然决定上"运奶车桑拿浴车间"和"闪蒸设备"。"运奶车桑拿浴车间"在国内尚属首例，奶罐车从奶源基地每向工厂送完一次奶，都要在高压喷淋设备下进行酸、碱、蒸汽及开水清洗，最大限度地保持牛奶的原汁原味。"桑拿"设备需要 300 多万元，一年的运行费用也是 300 多万元。"闪蒸"工艺，是在百分之百原奶的基础上再剔除掉一定比例的水分，从而使牛奶的味道更加纯正。只不过，每生产一吨牛奶都要比同类不"闪蒸"的企业少挣 300 块钱。结果，就是别人看来多此一举、增加成本的两项措施，很快让蒙牛牛奶的质量在老百姓心目中变得"有口皆碑"，销量大幅度提升，有些城市甚至出现了蒙牛奶供不应求的现象。蒙牛少挣了一些钱，但是在质量方面和其他产品拉开了档次。

也是同一年，牛根生决定使用利乐枕（保鲜时间长，像枕头一样的包装）。老牛的决定一出，立刻引起团队成员强烈的质疑。在此之前，由于利乐枕的利润很低，如果量上无法突破，风险极大。整个中国市场只有帕玛拉特有利乐枕的产品，而且所占市场份额非常小，老百姓更为认同利乐砖（保鲜时间长，纸盒的包装）和巴氏奶（保鲜时间短，塑料袋包装）。利乐公司曾经要免费送给国内厂家设备，却没有哪家企业敢要。牛根生说服了大家："我们是后发企业，必须要有差异化的产品。利乐砖做了很多年了，我们如果做利乐枕，就是利乐枕的领导者。"结果，蒙牛利乐枕一经推出市场，一个月内的销量就超过了帕玛拉特，到了 2001 年，虽然国内各大乳品企业都上了利乐枕，但全部加起来的销量不到蒙牛的 1/2。

2003 年 10 月 16 日，"神舟五号"载人飞船成功返回。"一切按照原计划行动！"牛根生一声令下，蒙牛展开自成立以来最大的市场行动：从中央电视台到地方电视台，"发射—补给—对接篇"的电视广告当天以最快的速度在黄金时段同步亮相；北京、广州、上海等大城市的路牌和建筑上铺天盖地地出现了"举起你的右手，为中国喝彩！"的口号；"航天员专用牛奶"的广告一时之间占据了中国大大小小的超市各个显要位置；印有"航天员专用牛奶"的新包装牛奶以最快的速度摆上了超市的货架，印着蒙牛产品标志的上千辆运输车在中国各条大街小巷上奔驰，所有员工开足马力在紧张地行动……

同时，从2000年开始，牛根生就制定了帮助农民贷款养牛的策略、辅助别人建奶站的策略、在全国各地建立新工厂的策略，曾经困扰蒙牛的"三无"问题逐渐瓦解。

1999年，成立之初的蒙牛在全国排名1116位，总资产1300多万元。接下来，蒙牛一天超越一个竞争对手，6年之后，2004年蒙牛乳业收入达人民币72.138亿元。根据AC尼尔森的统计，蒙牛乳业占液体奶市场的市场份额已经由2003年12月的17%上升至2004年12月的22%，领先行业；2005年3月，达到25.4%，稳居全国第一。牛根生在2003年被评为CCTV"中国经济年度人物"。[①]

思考分析：

（1）蒙牛创造了中国营销界的神话，请你概括其市场竞争的要点并分析其在当时的合理性。

（2）有人说做企业就是做人，你认同这个观点吗？

案例4　海尔沙尘暴里寻商机

海尔集团首席执行官张瑞敏曾多次提出：中国企业要参与国际竞争，必须以速度取胜。也许这正是海尔成功的奥秘所在。在2002年春天的沙尘暴袭来之际，海尔再一次抓住商机，以迅雷不及掩耳之势推出新品，充分体现出以速度取胜的真谛。

（一）沙尘暴里"雪中送炭"

自2002年3月下旬以来，我国北方绝大部分地区都受到了沙尘暴或沙尘天气的影响，沙尘所到之处天空昏暗、空气混浊，居民即使紧闭门户，在粉尘飞扬的室内也很难舒畅呼吸。沙尘暴已不折不扣成为北方越来越频繁的"城市灾难"。但中国著名的家电品牌海尔集团却在此次沙尘暴中独具慧眼，在灾难中发现了巨大商机。

---

① 《蒙牛内幕》，中国营销传播网，新浪财经等。

海尔的"防沙尘暴Ⅰ代"商用空调,正值沙尘暴肆虐北方大地、人们生活饱受沙尘之扰苦不堪言之时推出,可谓"雪中送炭",使产品的使用者在有限的空间之内,有效地将沙尘暴的危害降低到最低限度,筑起一道健康的防护墙。

据悉,在海尔"防沙尘暴Ⅰ代"商用空调推向市场的两周时间内,仅在北京、西安、银川、太原、天津、济南等十几个城市就卖出了3700多套,部分城市甚至出现了产品供不应求、人们争购的局面。仅凭"防沙尘暴Ⅰ代"商用空调,海尔商用空调在2002年3月的销量便达到了上年同期的147.8%。

(二)海尔沙里淘金

当多数人都看到沙尘暴的危害时,海尔却看出了商机,根据市场的变化、人们的个性化需求,迅速推出了最受北方地区欢迎的产品——防沙尘暴Ⅰ代商用空调。目前国内生产空调的企业已达400多家,家电企业更是多不胜数,为什么仅海尔能做到这一点呢?不难看出海尔在反应速度、市场应变能力、个性化产品开发、技术力量的转化方面所具有的强大优势实力。这大概也是海尔今天能发展成为知名的国际化大企业、而其他企业难以企及的原因所在了。

据环境监测专家称,2002年我国北方地区沙尘暴形势比较严峻,而且频繁发生,自1999年起,我国进入新一轮沙尘天气的频发期,这也是继20世纪五六十年代以来我国所遭受的最严重的沙尘暴侵袭。据悉,仅在2001年,我国监测网络就观测到32次沙尘暴现象,虽然我国已启动一系列重大环保工程来恢复沙尘暴源区及附近地区的植被和生态环境,力图从源头控制沙尘暴的爆发,但这也并不能在短期内解决我国北方地区的沙尘暴问题,据专家估计,即使国家环保措施得力,最快也要15~20年方能从根本上解决沙尘暴问题,在这期间沙尘暴仍将频繁发生。

沙尘暴给人们带来的种种危害,使人们"谈沙色变"。它使沙尘漫天,空气中弥漫着一股土腥味,外出不便,车辆、楼窗、街道乃至整个城市都蒙上了层层灰尘。但由此也引发了一股"沙尘暴经济潮",精明的商家看出了其中蕴含的无限商机,采取了相应的策略,从而带动了车辆洗刷、家政服务、环卫清扫、吸尘器、空调、墨镜、口罩等行业的兴旺。如海尔集团便在沙尘暴再现之际迅速开发推出了"防沙尘暴Ⅰ代"商用空调,受到我国北方地区人们的欢迎,其销售业绩在短期内得到了大幅度提高。

应该说有了市场需求才有相应的产品产生，既然在短期内我国北方地区无法从根本上解决沙尘暴的问题，只有采取种种防御措施，尽可能将沙尘暴给日常生活所带来的负面影响降低到最低程度。海尔"防沙尘暴 I 代"商用空调的应运而生，给处于沙尘之中的人们带来了重新享受清新生活的希望。这种采用多层 HAF 过滤网技术、独特的除尘功能、离子集尘技术的海尔"防沙尘暴 I 代"商用空调，可以清除房间内因沙尘暴带来的灰尘、土腥味及各种细菌微粒，经过滤后的空气犹如在森林中一般清新，从而在人们日常生活中为抵御沙尘暴的侵袭筑起了一道道绿色的防护城。[①]

二、案例分析

（一）可口可乐市场调研经典案例分析

在可口可乐诞生百年之际，在百事可乐咄咄逼人的竞争挑衅下，可口可乐花费大量的时间和精力进行了口味调查，调查结果表明新口味的可口可乐一定会赢，但结果却和预想的截然相反。出现这种现象的原因可能是多方面的。有的专家把原因归结为可口可乐调研目标和调研的问题太窄了，只限于口味调研，而没有考虑到可口可乐的无形资产，包括可口可乐的品牌、历史、文化等因素。也有人分析问题的原因在于样本的选取及抽样方法是否科学等问题上。另外，口味是一个相对来讲比较主观的因素，就像案例中提到的，很多消费者可能并不十分清楚自己的潜在需求是什么。

（二）日本人获取大庆油田的情报案例分析

日本的商业情报工作可以说是滴水不漏的。在日本人眼中，利用信息的不对称是做生意的本质，谁拥有更多的信息，谁就掌握竞争优势。其获取信息情报有几个特点：一是无孔不入，通过案例可以看到日本人通过各种渠道获取相关信息。二是速度快，5 秒钟可查世界经济走势，所谓知己知彼，方得百战百胜，第

---

① 市场营销经典案例库。

一时间掌握商业情报是制胜的关键因素。三是重视人才，把人才当成最宝贵的资源，日本很早就设有首席信息官，非常重视对员工的情报教育，对于招聘来的工作人员都要接受三年的训练，训练内容包括情报机能在内的岗位培训以及搜集情报训练。

（三）蒙牛和伊利的竞争案例分析

蒙牛的快速崛起离不开蒙牛成功的营销策划，蒙牛和伊利竞争的激烈和精彩程度不亚于可口可乐和百事可乐之间的竞争。在《蒙牛内幕》这本书中，详细介绍了蒙牛的发展历程，这本书写得非常好，书中封面上有一句话是"一头老牛跑出了火箭的速度"，可见蒙牛发展速度之快，在蒙牛的发展过程中，有几起重要的事件，一是广告牌事件，"学习伊利老大哥，争做内蒙古第二品牌"，采取这种攀龙附凤的做法使其在短时间内占领消费者的心智资源。二是借势"神五"，"航天员专用牛奶"使蒙牛的品牌形象进一步提升，超级女声的火爆，也使得蒙牛酸酸乳销售提升。蒙牛的飞速发展也在于其对竞争对手的深入了解，从而能够抓住问题的关键。

在竞争分析中，有一种非常实用的方法，即 SWOT 系统分析的方法，通过对竞争对手的分析，了解竞争对手的优势、劣势，在此基础上明确自身的优势和劣势。自身的优势可以给我们带来机会，自身的劣势可以给我们带来威胁。竞争对手的优势会给我们自己带来威胁，竞争对手的劣势可以给我们带来机会。同时，优势、劣势、机会和威胁又是可以相互转化的。

（四）海尔沙尘暴里寻商机案例分析

海尔在产品的研发上投入的力度非常大。案例中海尔"防沙尘暴Ⅰ代"商用空调的推出，在诸多"沙尘暴经济"中是一个较为成功和经典的案例。这种新产品一经推出便热销市场，海尔这一次又把握住了"天时地利人和"的优势，给国内企业上了极为生动的一课。把握住了"天时"，在沙尘暴于 2002 年 3 月 19 日刚开始之际，海尔便迅速推出了"防沙尘暴Ⅰ代"商用空调，时机把握得恰到好处。此种空调的推出也充分反映出了海尔的"速度"优势，即"市场应变的速度"、"新产品开发的速度"、"生产定单转化的速度"，海尔商用空调科研开发人员连夜开发出了"防沙尘暴Ⅰ代"商用空调。利用了"地利"之便，海尔并不是将这种产品盲目地推向市场，而是进行了精心的市场定位、市场细分，借用在当地营销渠道的优势，将这些产品推向受沙尘暴影响较大的华北、东北、西北及华东部分地区，在第二次沙尘暴到来之际，很多用户已用起了这种空调，除尘换新风效果异常的好。赢得了"人和"，由于人们饱受了沙尘暴带来的空气污浊、灰尘到处飞舞的苦处，于是具有独特防沙除尘多层过滤网、健康负离子技术的海尔"防沙尘暴Ⅰ代"商用空调便赢得了民心，受到了宠爱。

家电市场虽然竞争激烈，但是真正满足用户个性化需求的产品不多，市场上"不是有效需求不足，而是有效供给不足"，只有那些做到充分满足用户个性化需求的企业才能取得市场的主动权。海尔做到了，所以成为今天国内家电市场的第一品牌。其实，看似海尔的每一步都掌握住了先机，比竞争对手高一筹，但其所体现的深厚底蕴是令人惊羡的，这也是其他企业一直难以追赶的原因。海尔适天时应需求，其速度和善于捕捉商机的做法是值得其他企业学习和借鉴的。①

三、理论知识学习

项目二　市场调查					
授课内容	教学目标	教学重点	教学难点	教学方式	作业
环境概述	掌握间接环境的构成要素及对营销的影响	间接环境要素与营销的关系	环境分析方法	课堂讲授、实训	运用 SWOT 方法对竞争对手进行分析
宏观营销环境	掌握宏观环境对营销的影响	间接环境要素与营销的关系	经济环境对营销的影响	课堂讲授	
市场调查	掌握市场调查方法与内容	市场调查内容	调查方法	实训	

任务一　认知市场营销环境

（一）环境的概念

制约和影响企业营销活动的各种条件和因素是企业营销职能外部的不可控制

---

① 市场营销经典案例库。

的因素和力量，是影响企业生存和发展的外部条件。

环境是企业不可控制的因素，营销活动要以环境为依据，企业要主动地适应环境，而且要通过营销努力去影响外部环境，使环境有利于企业的生存和发展，有利于提高企业营销活动的有效性。

（二）分类

市场营销环境包括微观环境和宏观环境。

微观环境是指与企业紧密相连，直接影响企业营销能力的各种参与者，包括企业本身、市场营销渠道企业、顾客、竞争者以及社会公众。

宏观环境是指影响微观环境的一系列巨大的社会力量，也称作间接营销环境，主要包括人口、经济、政治法律、科学技术、社会文化及自然生态等因素。微观环境直接影响与制约企业的营销活动，也称直接营销环境。宏观环境一般以微观环境为媒介去影响和制约企业的营销活动，在特定场合，也可直接影响企业的营销活动。

（三）市场营销环境分析

目的：寻找营销机会，避免环境威胁。

1. 环境机遇的捕捉

（1）研究市场机遇出现的一般规律，往往在环境变化中出现。

（2）独具慧眼，大胆联想。

（3）善于反向思维，独辟蹊径。

2. 企业对所面临的主要威胁时可采取的对策

（1）促变对策：限制和扭转不利环境因素的发展。

（2）减轻对策：改变营销策略，主动适应环境的变化或减轻环境的威胁程度。

（3）转移对策：投资转移或多角化经营。

任务二 认知宏观营销环境

（一）人口环境

社会购买力是由具有购买力的人口决定的。具有较高收入的消费者，同时，还要有一定规模的人口数量，才能构成一定规模的市场。经济发展水平高的地区，消费者收入水平高，消费水平也高，人口的规模越大，市场需求越旺盛，市场规模也越大；但消费者收入低的地区，即使有一定规模的人口数量，其市场需求也是很有限的。企业要掌握市场的状况，除了掌握消费者的收入和支出外，还要掌握人口的数量、人口的地理分布、人口的构成（包括人口的年龄构成、性别构成、受教育程度、职业构成、民族构成等）。对于不同的消费水平、不同的年龄、不同的性别、不同的职业、不同的受教育程度、不同的消费习惯和生活方式、不同的民族，市场需求也呈现出多种多样的形式，企业要了解市场需求的差异，就要了解人口环境，同时，以家庭为单位的消费占市场需求的比重也不容忽视。家庭人口的构成，家庭形成和发展的不同阶段，所需要的商品不同，市场需求也不同。

（二）经济因素

经济环境是指影响企业营销活动的一个国家或地区的宏观经济状况，主要包括经济发展状况、经济结构、消费者收入、消费结构等方面的情况。经济环境对企业营销的影响最直接，主要包括社会购买力、消费者收入与支出。

社会购买力是在一定时期内社会各方面用于购买商品包括劳务的货币支付能力。市场需求主要是由社会购买力构成的，也表现了市场规模的大小。

消费者的收入与支出是企业最关心的问题，它与企业的投资选择、生产和销售都有很大的联系，消费者的收入变化影响其支出模式。消费者收入是指消费者个人所获得的各种货币收入，一般包括个人的工资、奖金、其他的劳动收入、红利、退休金、租金收入和馈赠等。消费者收入用于生活消费支出、购买消费资料，是社会购买力的主要组成部分。由于消费者收入不是全部购买商品，企业对消费者收入有必要区分为两种：一种为消费者个人可支配收入，另一种为可任意支配收入。

个人可支配收入是个人全部收入减去消费者所承担的各项税款和非税性负担后的余额。这部分收入是消费者可以支配的收入，用于消费或储蓄。

可任意支配收入是个人可支配收入减去维持生活所必需的支出（如购买食品、生活用品和住房等）和其他固定支出（如分期付款、学费）后的余额。

消费者支出受消费者收入变化的影响很大，这种变化的规律是由德国统计学家恩斯特·恩格尔在调查统计德国家庭收入与支出的变化时发现的，并提出了有名的恩格尔定律，其内容是：一个家庭收入越少，其食物支出占总支出中的比重

（即恩格尔系数）就越大；而当家庭收入不断增加时，食物支出在总支出的比例会不断地下降，用于其他方面的支出（教育、医疗、保健、交通、通信、娱乐等）会不断上升。其公式可以表示为：

恩格尔系数＝食物支出/总支出×100%

不同地区收入水平不同，恩格尔系数就不同，反映消费者不同的消费支出模式。联合国将恩格尔系数的大小作为衡量一个家庭、阶层、国家或地区贫富的标准，即恩格尔系数在59%以上为极度贫困化水平；50%~59%为勉强度日水平；40%~49%为小康水平；30%~39%为富裕水平；30%以下为最富裕水平。

（三）政治法律环境

政治法律环境主要包括政治形势、政治体制、政府的方针和政策、法律法规等。政治与法律是影响企业营销的重要宏观环境因素。政治因素调节着企业营销活动的方向，法律则为企业规定商贸活动行为准则。政治与法律相互联系，共同对企业的市场营销活动发挥影响和作用。

（四）社会文化环境

人们是在一定的社会文化环境中生存的，社会文化环境会对消费者的生活方式、消费方式产生重要的影响。研究社会环境主要研究人们在不同的社会地位、不同的阶层和群体的消费行为。文化对市场营销的影响是多方面的，不仅影响企业营销组合，而且影响消费心理、消费习惯等，这些影响多半是通过间接的、潜移默化的方式来进行的。

（五）科学技术环境

科学技术的发展，使得产品更新换代速度加快，产品的市场寿命缩短。今天，科学技术突飞猛进，新原理、新工艺、新材料等不断涌现，使得刚刚产生的技术和产品很快就被淘汰。这种情况，要求企业不断地进行技术革新，赶上技术进步的浪潮。否则，企业的产品跟不上更新换代的步伐，跟不上技术发展和消费需求的变化，就会被市场无情地淘汰。科学技术的进步，将会使人们的生活方式、消费模式和消费需求结构发生深刻的变化。科学技术是一种"创造性的毁灭力量"，它本身创造出新的东西，同时又淘汰旧的东西。一种新技术的应用，必然导致新的产业部门和新的市场出现，使消费对象的品种不断增加，范围不断扩大，消费结构发生变化。

(六) 自然环境

自然环境在这里主要是指自然物质环境。一个国家、一个地区的自然地理环境包括该地的自然资源、地形地貌和气候条件，这些因素都会不同程度地影响企业的营销活动，有时这种影响对企业的生存和发展起决定的作用。企业要避免由自然地理环境带来的威胁，最大限度地利用环境变化可能带来的市场营销机会，就应不断地分析和认识自然地理环境变化的趋势，根据不同的环境情况来设计、生产和销售产品。

任务三　市场调查

(一) 市场调查

市场调查是市场营销活动的起点，它是通过一定的科学方法对市场的了解和把握，在调查活动中收集、整理、分析市场信息，掌握市场发展变化的规律和趋势，为企业进行市场预测和决策提供可靠的数据和资料，从而帮助企业确立正确的发展战略。

(二) 市场调查的内容

市场调查的内容涉及市场营销活动的整个过程，主要包括：

1. 市场环境的调查

市场环境主要包括经济环境、政治环境、社会文化环境、科技环境和自然地理环境等。具体的调查内容可以是市场的购买力水平、经济结构、国家的方针、政策和法律法规、风俗习惯、科技发展动态、气候等各种影响市场营销的因素。

2. 购买动机和行为调查

市场需求调查主要包括消费者需求量调查、消费者收入调查、消费结构调查、消费者行为调查，包括消费者为什么购买、购买什么、购买数量、购买频率、购买时间、购买地点、购买方式、购买习惯、购买偏好和购买后的评价等。

3. 市场供给调查

市场供给调查主要包括产品生产能力调查、产品实体调查等。具体为某一产品市场可以提供的产品数量、质量、功能、型号、品牌等，生产供应企业的情况等。

4. 市场营销因素调查

市场营销因素调查主要包括产品、价格、渠道和促销的调查。产品的调查主要有了解市场上新产品开发的情况、设计的情况、消费者使用的情况、消费者的评价、产品生命周期阶段、产品的组合情况等。产品的价格调查主要包括了解消费者对价格的接受情况、对价格策略的反应等。渠道调查主要包括了解渠道的结构、中间商的情况、消费者对中间商的满意情况等。促销活动调查主要包括各种促销活动的效果，如广告实施的效果、人员推销的效果、营业推广的效果和对外宣传的市场反应等。

5. 市场竞争情况调查

市场竞争情况调查主要包括对竞争企业的调查和分析，了解同类企业的产品、价格等方面的情况，他们采取了什么样的竞争手段和策略，做到知己知彼，通过调查帮助企业确定竞争策略。

（三）市场调查的方法

市场调查的方法主要有观察法、实验法、访问法和问卷法。

1. 观察法

观察法是社会调查和市场调查研究的最基本的方法。它是由调查人员根据调查研究的对象，利用眼睛、耳朵等感官以直接观察的方式对其进行考察并搜集资料。例如，市场调查人员到被访问者的销售场所去观察商品的品牌及包装情况。

2. 实验法

实验法是由调查人员根据调查的要求，用实验的方式，将调查的对象控制在特定的环境条件下，对其进行观察以获得相应的信息。控制对象可以是产品的价格、品质、包装等，在可控制的条件下观察市场现象，揭示在自然条件下不易发生的市场规律，这种方法主要用于市场销售实验和消费者使用实验。

3. 访问法

访问法可以分为结构式访问、无结构式访问和集体访问。

结构式访问是事先设计好的、有一定结构的访问问卷的访问。调查人员要按照事先设计好的调查表或访问提纲进行访问，要以相同的提问方式和记录方式进行访问。提问的语气和态度也要尽可能地保持一致。

无结构式访问是没有统一问卷，由调查人员与被访问者自由交谈的访问。它可以根据调查的内容，进行广泛的交流。如对商品的价格进行交谈，了解被调查者对价格的看法。

集体访问是通过集体座谈的方式听取被访问者的想法，收集信息资料，可以分为专家集体访问和消费者集体访问。

4. 问卷法

问卷法是通过设计调查问卷，以让被调查者填写调查表的方式获得所调查对象的信息。在调查中将调查的资料设计成问卷后，让接受调查的对象将自己的意见或回答填入问卷中。在一般进行的实地调查中，以问答卷采用最广。

（四）问卷法的基本步骤

问卷也称调查表，是根据调查目的所涉及的具体调查内容的问题集合。调查表的设计要求主题突出、态度诚恳、措辞得体、形式简明、易懂易答、便于处理。

问卷法要实地进行市场调查，从确立调查目的、内容到提出市场调查分析报告，可分为八个步骤，以下分别介绍每一个步骤。

1. 确立调查目的和内容

确立调查的目的是市场调查的前提，便于企业遇到问题时能解决问题，为长远发展及制定营销策略而寻找依据。有一个明确的调查目的，就要继续确定调查的内容，经过深入和细致的分析、讨论，确定调查问卷的具体内容。

2. 决定调查方式和设计问卷

（1）选择问卷调查方式。

通信问卷调查：拟定问卷函寄给样本户，请被访者逐一回答问卷的问题，并寄回问卷。

电话访问调查：以电话号码簿的用户为母群体，样本抽好之后，再由访问者以电话访问样本户，获得调查资料。

人员访问调查：由受过训练的访问员，向样本展开面对面访问，以获得调查资料。

一般要根据调查的范围、调查的内容等，选择不同的调查方式。

（2）调查问卷设计步骤。一份问卷应具备的条件是：通过问卷能达到市场调查目的；以询问方式将问题具体简明列出，使被访问者愿意合作，提供正确的情报；正确表明访问者与被访问者的相互关系。

在结构上，按照顺序应包括四个部分。

开场白：在表达问候以后，接着表达主持调查机构及访查员的身份，说明调查目的并提示回答方法，确定受访者是否了解，必要时重复说明，并交代访问结果将如何处理。如果当时不方便进行访问，预约适当的访问时间。

示范答复例子：由访问员示范一个与访问主题无关的中性例子，将有助于双方的沟通。

访问主题：以问卷形式体现的调查内容。

受访者个人资料：通常有年龄、性别、教育程度、电话号码，依调查目的而定。

问卷设计共有八个步骤，依次如下：

第一，确定所要搜集的信息、资料。

第二，根据问卷调查方式确定调查问卷的内容。

因问卷调查方式不同，问卷内容的繁复及问卷设计方式必有不同。应依问卷方式做适当的问卷内容安排；在决定问题内容时，应顾虑下述问题：问题必须切题，所要提出的问题都是必要的，最好不要出现与调查目的无关的问题；要提出访问者所知道的问题，使被访者乐于回答。

第三，决定问题形式。

开放自由式问题：让被询问者自由回答所提问题，不做任何限制。除第一次询问或试探性调查外，尽量少用。如：家庭人口、喜欢什么牌子的洗发液等。

二分式问题：把问题简化成是与否两种答案，由被访者回答。举例如下。

问："你会不会开车？"

□会　　　　　　　□不会

多选式：对于每一问题列举几个答案，让被问者在限定答案中勾选答案。举例如下。

问："你使用过哪种洗发液？"

□飘柔　　　　□飘影　　　　□拉芳　　　　□夏士莲

顺位式问题：在提出问题时，给出多种答案，按照要求依次回答问题。举例如下。

问："你选购电冰箱时，认为哪些方面更重要？请按重要顺序 1，2，3，4，

5，6 注明下列答案。

□功能多　　　□制冷性强　　□价格合理　　□省电

□保修期长　　□服务好

第四，选择问题用语。

询问用语在答卷调查中，应注意几个方面。

询问的着眼点要明确。如问："你现在使用什么牌子的洗发液？"

用平易语句，让被询问人易于回答。如问："贵公司对新进推销人员有无给予岗前培训？"

避免有诱导性作用的问题，使答案和事实产生误差。例如不该问："家中拥有汽车吗？"应该问："家中拥有的是××牌汽车？"

避免过于涉及个人隐私。如不应直接问："你的年龄多大？"、"你结婚了吗？"而不妨用"你是哪一年出生的？"、"你先生在哪工作？"来代替。

第五，决定问题先后顺序。

第一个问题必须有趣且容易答复，重要问题放在突出的位置，容易的问题放在前面，慢慢引入比较难答的问题。问题要一气呵成，注意问题前后的连贯性，不要让答卷人思绪中断。

第六，问卷版面布局。

问卷形式及体裁的设计，对搜集资料成效关系很大，应力求纸质及印刷精美，留作填充空白处易于填写，日后处理作业方便。

第七，试着进行调查。

在设计市场调查问卷后，有必要根据计划举行小规模试验检查，以得知问卷格式是否适合、调查员调查方式是否正确、调查编组是否合理，从而加以改进并做必要的人员调整。调查成本的支出情况，用作进行成本控制的参考。考察对未来资料整理统计的有效性。

第八，修订及定稿。

将调查问卷进行修改后，印刷出来，在调查中使用。可将调查中应注意的问题编辑成册，以供相关人员参考。

3. 确定调查对象

在确定所调查的对象时，可以根据调查的情况，指定市场中的某一个区域或根据年龄阶段、性别等，直接通过选定的被调查者进行询问调查。也可以采用抽样的方法，大部分市场调查采用的是抽样调查，即从全部调查对象（也称为母体或总体）中抽取一部分对象，不确定具体的调查对象（也称为样本），通过对所抽取的对象进行调查而了解整个市场的情况。抽样的办法，有随机抽样和非随机抽样两种方法来抽取调查样本，确定样本时要将调查群体特性具体化，并决定抽样调查方式，最后确立最适合样本的数量。在决定最适合样本数量时应考虑样本数是否恰好能解答问题需要，样本的可行性，进行调查所需要的经费、人力是否能够达到，时间的安排、设备及工具的使用是否在能力范围内。

4. 选择访问员

访问人员素质的高低将影响调查结果，因此，选择合适的访问人员，并进行必要的访前培训，可以提高调查质量。访问人员要具备一定的条件。要敬业，不能随意改动或歪曲调查的资料；要有耐心、不怕重复性工作，并能循循善诱受访者与之合作；性格开朗，能使受访者讨论各种问题；积极努力工作，能完成交给的访问工作，仔细记录访问答案；人要和善、易于接近，衣着整洁，并且口齿清晰。

5. 访问前训练

访问前训练的内容主要有：调查访问的相关知识，如市场调查问题性质、访问员的态度和行为准则、受访者的心态等；访问技巧研习，如建立和谐气氛、提问技巧、处理拒绝访问技巧、访问员自身安全保护等；问卷内容的解释和讨论，如问卷设计观念、题目说明技巧等；提供实地访问的训练和室内模拟访问演练，目的在于使访问员在正式访问之前拥有实际的经验，以便能够在调查中有能力应对各种情况的发生。

6. 展开实地调查

进行调查时，每天要审核调查结果，减少非统计性偏差，以增加抽样调查的精确度。导致非统计性的偏差有：选择原始样本错误，如在对某商品市场调查时，被访问人无决定购买权；访问者措辞不当，引出不同答案；访问者无经验，应答率低，访问人不诚实；访问表格设计不佳等。

展开调查后，应掌握每天的调查工作进度，促使调查工作如期完成。应进行日常调查工作检查，改进调查中的不足，以使调查不断完善，工作质量日益提高。

7. 统计分析

当实地调查完成时，搜集的所有访问表格，只是一些资料。研究人员必须将所有搜集来的资料，加以编辑、组织及分类与制表，方能使调查资料变成有价值的资料。在资料整理阶段，可包括下列程序：统计分析，编辑，剔除不可靠、不准确及与调查目的无关的资料，使剩余资料都整理为有排序、可靠的、有参考价值的资料；进行汇总及分类，将调查资料先按大类分门别类加以汇总，再将大量资料依调查目的需要，更为详细地分类；进行制表，将分类后的资料分别进行统计，并将汇总结果以统计数字形式或列表来表示，制表方式分为简单制表、交叉制表和多变数制表。简单制表是将答案一个一个列出而形成的统计表。交叉制表是将两个问题的答案联系起来形成的统计表。多变数制表是多变数间关系分析的结果，是将两个以上问题的答案联系起来形成的统计表。有了调查的数据后，就可用因素分析、回归分析、组群分析等方法，分析归纳出市场规律及各种因素之间的关系。也可以将问卷答案输入电脑，通过有关的统计软件，统计出结果并列出表格打印出来，统计方便并且精确度高。

市场调查经过访问、资料搜集、整理和分析之后，最终目的是提出调查结论并分析说明调查的结论，进而完成市场调查分析报告。

8. 提交报告

在撰写实地市场调查报告时，应按市场调查报告格式完成。但应该加强以下内容，使报告内容更加充实：提出建议必须能切实掌握企业状况及市场变化，使建议有可能付诸实行；建议付诸实行的程序要能具体清楚地叙述；应列举具体的利益以支持建议内容，必要时应附上"成本效益评估建议书"；调查内容要包括市场可能的变化及推论；提建议要综合渐进。

（1）调查报告的格式。调查报告的格式一般由题目、目录、概要、正文、结论和建议、附件等部分组成。

题目，包括市场调查的题目、报告日期、委托方、调查方，一般出现在报告的扉页上。

目录，当调查报告内容、页数多时，可以将报告标上标题和页码，在目录中注明。

概要，介绍调查报告的基本内容，包括简要地说明调查的原因，调查的对象，主要内容，时间，地点，范围，方法等。

正文，是调查报告的主要内容，有调查研究的问题及分析，包括从调查中发现问题，问题的分析、论证过程以及引出结论。

结论和建议，是调查报告的关键部分，前面的分析论证都是为了得出结论，为委托方提出建议和可供选择的措施、实施方案。

附件，一般是附加说明的补充内容，如数据汇总表、原始的背景资料等。

（2）调查报告的内容。调查报告的内容主要有调查目的，要解决的问题，市场背景，分析方法，调研数据，提出结论，论证观点的理由，建议，解决方案，实施步骤，预测可能发生的风险和对策。

（3）调查报告撰写的步骤。撰写的步骤依次是：构思，收集资料，确立主题思想、观点，构思报告的层次结构；选取数据资料；撰写初稿；定稿。[①]

---

① 唐平. 市场营销学 ［M］. 北京：清华大学出版社，2011.

项目三
制定营销战略

一、经典案例

案例 1　格力的发展战略

格力的快速发展，使其成为空调的代名词。这和格力走的密集增长战略是分不开的，通过市场渗透、市场开发、产品开发策略，格力一步一个脚印，取得了辉煌的成绩。而格力董事长董明珠和小米手机董事长雷军的一亿赌局，也让人印象深刻。但实际上，董明珠以及她背后的格力军团并没有人们想象的那么"保守"，而是正在制造业转型智造的战场上，构建着另一幅景象。

事实上，在这场互联网转型的大潮之中，董明珠及其率领的格力军团其实是在全产业链开始了互联网化的布局，这包括生产环节的自动化、产品的智能化、售后服务的大数据化以及销售渠道的电商化。

在整个转型的过程中，同其他同类企业轰轰烈烈的渠道网络化转型及开放式的强强合作以及企业内部管理重构相比，格力的独特性在于专注苦修内功，注重自主核心科技的掌控，而这主要表现在自主研发机器人以及对于智能化家居的打造之上。

"我觉得创造永远是最重要的"，"我看重的不是一种商机，而更多的是一种责任"，董明珠在接受中国日报网记者采访时强调。不知道是否是巧合，就在美的集团宣布与日本安川合资成立机器人公司的同一天，格力向首届珠江西岸先进装备制造业投资贸易洽谈会采访团，开放了自动化生产车间的参观，高调公开了其自主研发机器人的最新进展。

在偌大的生产车间，以往人挨人密集工作的景象已消失不见，取而代之的是整齐有序的自动化生产流程：在钣金喷涂分厂的 ABB 冲压自动化线上，几个橘黄色机器人排列整齐，正灵活挥动"手臂"抓取零部件，干得"热火朝天"。

据厂区内相关负责人介绍，这些高性能六轴机器人来自瑞士的 ABB 集团，而这条由机器人及相关设备组成的生产线却是由格力自主设计研发的。

"该机器人本体是外购的，但整个集成方案核心内容是我们自己在做。"格力电器主抓自动化生产的相关负责人向中国日报网记者介绍称，"目前，负载 12 公斤的机器人，格力已基本都能自己搞定，50 公斤、80 公斤的，正在进行最后的试制量产，150 公斤的，到今年年底，基本上也可以全面实现自制。"

资料显示，格力自 2011 年实施"机器换人"开始，相继成立了自动化办公室、自动化技术研究院、自动化设备制造部等部门，已拥有相关研究人员 2000 多人。

目前，格力已自主研发近 100 种自动化产品，覆盖了工业机器人、智能 AGV、注塑机械手、大型自动化线体等 10 多个领域，拥有 20 几项设计专利。截至 2014 年 12 月 31 日，自动化设备制造部累计产出设备 1660 台，工装 1482 套。

"应该说我们已经制造的，而且已经应用的机器人，基本上和国际的水平是相当的，比如 ABB，"上述负责人称，"对于一些要求比较高的设备，我们尽可能地要求要有自己的制造方式，自己的设计。"

那么，为何要如此痴迷于"自主研发"？董明珠给出的答案是："我们很多的制造业都是依赖于别人的技术来做的，你仅仅是代工，所以我们要改变这个局面，要用自己的东西来创造一个新的生活。"

"我看重的不是一种商机，而更多的是一种责任。"董明珠强调。当然，除却情怀，自己研发的机器人在节约成本方面也显示了巨大的优势。据上述人士介绍，相较于外购，自主研发机器人的成本至少可以节约近一半。

为了更好地适应机器人生产的要求，格力的整个制造体系都要面临着变革。为此，2015 年 6 月，格力成立了技术标准化委员会，由格力总工程师黄辉亲自挂帅，统一协调格力整个标准体系的重置。

"外界都知道格力是做空调的，但你走进公司再一看，它已经变成一个装备制造公司，我们在无形之中已经走到这条路上去了。"董明珠称。

"上班后忘关空调，可随时使用手机关闭家中空调；下班回家路上，可提前开启空调，到家即可享受凉爽的清风，省电便捷更省心。"

2015 年 5 月，格力智能家用中央空调亮相，可实现远程监控维修及手机联动。

不过，这仅仅是格力智能家居的一个单品。在未来，格力的愿景是，把家庭生活电器品类作为一个整体，与大品牌地产商的合作，将格力空调、空气能热水器、净水机、TOSOT 生活电器等全系产品进行齐套商务配套。

财报显示，2015 年，格力在智能家居领域，将主要推进三方面的工作：

一是建立格力智能环保家居控制平台中心，将格力光伏空调、热泵热水器、中央空调新风换气、空气净化器、饮水机、格力智能移动控制终端等设备进行平台化控制，一步到位地解决用户在能源供给、空气温湿度调节、空气品质控制、健康饮水、睡眠管家、远程监控、用电分析等方面的需求，打造"智慧生活"新方式。

二是建设家庭智慧能源管理中心，实现家庭发用电一体化管理。利用光伏能源技术和互联网技术，将家庭中所有电器设备的耗电、光伏板的发电与蓄电池的储电进行智能化管理，建立家庭级的能源调度中心。

三是利用大数据处理技术，实时采集、分析上亿名格力空调用户的使用数据，研究出最佳省电运行方案，定期推送给用户进行参考。并且，通过对运行数据库进行研究，对空调出现的故障进行运行数据标记，一旦空调出现故障，可快速进行诊断，提高售后响应速度，为用户带来最便捷舒适的智能生活。

总而言之，在这场关乎生死的互联网转型大潮中，格力显得尤其"淡定"。谈到互联网战略，董明珠的定义是，"互联网只是一种工具"，"我们都是在这个平台上延伸出很多产品"。

也许正因为如此，格力并没有狂热地"随大流"，而是一如既往地坚守着自己的初心——工业精神，即董明珠所言的："制造业与商业不同，这是一座用思想与汗水，一个零件一个零件构造起来的大厦，大厦的高度，取决于地基的牢固程度。因此，侥幸与投机在这里都不管用，只有秉承'工业精神'，扎扎实实朝着理想一步一个脚印，才能把握现在，拥有未来。"①

思考分析：

（1）你如何看待格力采取的发展战略。

（2）格力的营销战略给我们的启示和启发是什么？

案例2　娃哈哈的多元化战略

娃哈哈的前身是杭州市一个校办企业，它是由宗庆后带领两名退休老师，靠着 14 万元借款，从卖 4 分钱一支的棒冰开始，于 1987 年创办起来的。1989 年，娃哈哈营养食品厂成立，开发生产以中医食疗"药食同源"理论为指导思想的天然食品"娃哈哈儿童营养液"。"喝了娃哈哈，吃饭就是香"的广告从此轰动大江南北，娃哈哈也取得了巨大成功。1991 年，创业只有三年的娃哈哈产值已突破亿元大关，同年在杭州市政府的支持下，仅有 100 多名员工却有着 6000 多万元银行存款的娃哈哈营养食品厂，毅然以 8000 万元的代价有偿兼并了有 6 万多平方米厂房、2000 多名员工、已资不抵债的全国罐头生产骨干企业之一的杭州罐头食品厂，组建成立了杭州娃哈哈集团公司。从此，娃哈哈逐步开始步入规模经营之路。

1996 年，公司以部分固定资产作投入与法国达能等外方合资成立五家公司，引进外资 4500 余万美元，随后又引入追加投资 2620 万美元，先后从德国、美国、意大利、日本、加拿大等国家引进大量具有世界先进水平的生产流水线，通过引进资金技术，发展民族品牌，娃哈哈再次步入了高速发展的快车道。2002年 1~4 月，娃哈哈在饮料市场的份额由 2001 年的 15% 上升至 18%，仅前 4 个月，娃哈哈就已实现利润 4 亿多元。

"稳健进取，步步领先"这八个字足以概括娃哈哈走过的历程。娃哈哈没有

---

① 中国日报网，2015-08-11。

出奇制胜的本领，但却能靠战略领先创造优势，攀上中国食品饮料行业的宝座。从 1987 年的儿童营养液，1991 的果奶，1996 年的纯净水，1998 年的非常可乐，2001 年的茶饮料，我们都会发现娃哈哈的每一个产品，都不是先吃螃蟹，但在"宗氏兵法"的指导下，娃哈哈做一个赚一个，并且还在银行里有 10 亿元存款。为了进一步发展，2002 年 8 月娃哈哈又推出令人惊讶的措施——上马服装业，迈出了跨行业经营、多元化发展的第一步。

在短短的几个月时间里，公司在全国各地开设了 800 家娃哈哈童装专卖店。"高中档的服装，中低档的价格，全力打造中国童装第一品牌"是公司进军服装业的口号。那么未来如何呢？请看业内人士的评价。

有人说：娃哈哈进军服装市场具有以下优势：

优势之一：倚仗品牌力，延伸不费力。很明显，娃哈哈此举的潜台词是：娃哈哈在中国儿童市场纵横驰骋了 20 年，连续多年排名中国饮料企业第一名，而且雄居中国儿童饮料行业霸主宝座，对于儿童市场的运作非常熟悉。经过多年的苦心经营，娃哈哈在儿童市场有着难以撼动的品牌地位和影响力。

优势之二：国内童装市场大。无疑，国内童装市场的潜力是十分巨大的，据一份调查资料显示：2002 年，中国 0~14 岁的少年儿童有 2.87 亿之多，占全国总人口的 22.5%，而我国的童装年产量只有不到 6 亿件，人均 3 件还不到。而且我国发达地区儿童的年平均消费已达 8000~10000 元，一些欠发达地区的儿童的年平均消费也达到 4000~6000 元水平，消费能力正处在逐年上升阶段。北京美兰德信息公司 2001 年对北京、上海、广州、成都、西安五大城市的调查显示：儿童月平均消费高达 897 元，最高的广州市儿童消费为 1101 元，最低的西安市也有 462 元，市场蕴藏着巨大的商机。据预测，我国童装将以 8%的速度增长，这无疑为发展童装提供了巨大的空间。

优势之三：童装业目前尚无巨头匹配。有关统计数据显示：2002 年在国内童装市场，派克兰帝、史努比等外资品牌童装稳居高端并占有 20%的市场份额，而"一休"等国内品牌据守中高端市场的 35%市场，余下 45%的市场被无品牌童装以及昙花一现的品牌占据。在中国，单个童装品牌的市场占有率没有哪家能够超过 10%，且每年每家的市场占有率都大起大落。业内人士指出，目前外资童装品牌进入中国市场，并没有明显的优势：一是国外品牌价格偏高，国内的消费水平有一定差距；二是国外企业必须在人力、物力、资金上进行本地化的磨合。

优势之四：价值链的管理。娃哈哈凭什么？凭的就是对价值链的管理。这种管理体现在：增强经销商的信心。娃哈哈给加盟经销商开出了100%换货的承诺。为节省成本，娃哈哈采用委托加工的方式生产童装，节省了生产线上的投入和原料采购、物流仓储及生产管理的费用。而且娃哈哈首批开发的800家连锁店中有一半左右是娃哈哈饮料渠道中的分销商，借用了饮料渠道的资源，节省了全盘构筑新的销售渠道的费用，为企业聚集了大量的发展资金。娃哈哈以品牌的无形资产为砝码，收取每家经销商30万元保证金，按照年发展2 000家的目标计算，仅保证金一年就可以先行收取6亿元，大大增加了手中的现金流量，使主要竞争对手陷入困境。娃哈哈的定位是：销售档次略高于目前位居国内品牌第一的"一休"，但价格却和"一休"持平。可以这样说，娃哈哈进入童装业的矛头直指中国童装品牌之王"一休"，但是，此时的"一休"却有些无暇应对。2002年6月，"一休"高层无意间透露：近10年稳居中国童装业市场占有率第一的"一休"，其综合应付款、借款和库存滞留产品，总值已达1.5亿元，企业目前实际能够周转的资金，只有五六百万元，而娃哈哈在银行的存款已有13亿元。

优势之五：娃哈哈有"非常可乐"成功的经验。1998年，娃哈哈在非碳酸饮料行业中已在全国遥遥领先，要不要进军占中国饮料市场近一半的碳酸饮料，同"两乐"正面交锋，曾引起了公司的思考。公司看到：20世纪90年代初的一批国产可乐品牌如重庆的"天府可乐"、山东的"崂山可乐"、河南的"少林可乐"、北京的"昌平可乐"，甚至杭州老家的"中国可乐"，都逃不过外国的"两乐"夹击，纷纷退出了碳酸饮料的舞台。而有数据调查显示，无论是国内还是国外，碳酸饮料的绝大部分份额一直被"可口可乐"和"百事可乐"垄断，五年前的中国，这个数据更是一度达到了80%。但公司的老总想到了联想，在PC这个并非中国人发明的产品中，我们都能产生"联想"这样敢于和跨国公司叫板、能够和跨国公司共舞前行的本土企业，为什么在传统的食品饮料行业中就不能呢？在IT等高科技行业中，国外公司还能依靠强大的研发实力形成技术标准作为战略竞争的壁垒，在国际分工中，中国本土企业的竞争优势应该更加明显。于是，在以后的几年里，它们用"农村包围城市"的销售战略，使"非常可乐"在中国广大农民的心目中有着很高的认知度，农民们认为"非常可乐"才是正宗的可乐，在农村市场上占领了绝对的优势。

但也有人认为，娃哈哈进军服装市场要面对较大的风险，对此持批评态度。

弱势之一：和众多国际企业相比，娃哈哈仍是弱者。有人曾提醒娃哈哈："什么叫中国童装第一品牌？在市场全球化的今天，你敢于视丽婴房、阿卡邦、米奇妙、史努比、派克兰帝不存在吗？我绝对相信只有一家企业有了足够自己所恃的资源优势后才敢于一往无前。也许娃哈哈在中国算是个大企业，但和跨国公司相比，只不过是中小公司罢了。的确，在儿童饮料市场，你是中国的第一，在全球市场一体化的角逐中，你可能拥有两个或者多个第一吗？你的品牌力还能支持你撑起几个'老大'地位？为什么英特尔没有大肆造电脑，然后再造浏览器去抢 IBM 和微软的市场？它们的品牌力怎样？因为它们要专心做好一件事，所以才有了它们在业界的辉煌。如果没有这样的战略定位思想，也许微软就只好成为 IBM、王安电脑的供应商和代理商，英特尔也就只好成为贴牌生产商了。奉劝娃哈哈，入世后中国市场今非昔比，别看现在波涛不兴，实则暗流汹涌。韬光养晦，守住儿童饮料和纯净水、可乐阵地，严阵以待，防备对手抢滩才是真的，不要过后闹得两头挂不上。"

弱势之二：外资企业在中国早已等候多时。虽然市场很大，但外资企业已潜伏多年。韩国阿卡邦 1986 年就开始考察中国市场，1998 年在中国开设公司，对于中国市场，该公司虽然极为重视和关注，但是它们现在做的还只是培育市场，渗透市场，亲近消费者，等待市场的进一步成熟，但也已经是虎视眈眈，窥视一旁。史努比以玩具为先头部队，带动童装进入中国市场伺机而动。丽婴房的销售渠道网络遍及中国、印度、泰国、新加坡等国家和地区，它的市场拓展也已经走到了娃哈哈的前面。世界著名运动服装品牌耐克也已在上海抢滩，委托"好孩子"公司代理耐克童装在中国的销售。因此，中国的服装市场是"山雨欲来风满楼"，一场暴风雨即将来临。娃哈哈虽快速建立了 800 个连锁店渠道，但这是"跑马圈地"吗？市场相信的是质量而不是凑数。

弱势之三：价格处于劣势。批评人士指出：作为一家刚刚进入服装或者说童装业的新厂家来说，所开出委托的代工生产的加工价格根本抵不过史努比、耐克，这样的专业服装企业以规模经济效应为依托，给代工厂商优惠。经销商受利润趋使，很可能被竞争对手抢走。①

思考分析：

（1）你认为娃哈哈进军童装业前景如何？

（2）企业如何实行多元化发展？

二、案例分析

（一）格力案例分析

格力曾经通过密集增长战略，获得了行业的优势地位，其密集增长战略主要体现在市场渗透、市场开发和产品开发战略的应用。市场渗透战略方面，格力通过大力度的宣传推广，其中"好空调，格力造"成为家喻户晓的广告语。格力在开始进入市场的时候，走的是"农村包围城市"的路线，即先在一些一线品牌影响力较弱的地方打开市场，当时的一线品牌包括春兰空调等，等实力增强了、时机成熟了之后再打进一线城市。市场开发战略方面，开发新的市场，专门针对一些单位和商店等场所进行市场的开发。产品开发主要是推出一些专门化的产品，如专门针对需要安静的人群推出静音王等新品。通过市场渗透、市场开发、产品开发，格力通过专业化的发展成为空调行业的领头羊。随着实力规模的扩大，格力在其他领域也崭露头角，并取得不俗的战绩。

格力取得的成绩给我们的启示是多层面的，首先，企业要集中力量在某一领域取得优势地位，站稳脚跟，然后随着实力的增强，可以向其他领域拓展。其次，要与时俱进，要抓住机遇，顺势而为。但是，格力的多元化发展，也受到一些专家学者的质疑，让我们持续关注格力的发展。

（二）娃哈哈的多元化战略案例分析

企业应该多元化还是专业化，仁者见仁，智者见智。很多企业通过多元化取得了成功，也有很多企业栽在多元化上。多元化战略既是陷阱也是馅饼，很多企

---

① 唐平. 市场营销学 [M]. 北京：清华大学出版社，2011.

业通过多元化实现企业的规模扩张和实力扩大。在采取多元化战略上，我们需要注意哪些问题，是值得企业思考的重要问题。

从娃哈哈案例来看，在饮料行业，娃哈哈可以说是战无不胜、攻无不克，非常成功。在有了足够的实力的基础上开始多元化，多元化的第一步是进入童装市场，原因之一是娃哈哈以做儿童营养液起步，所以比较了解儿童市场，而且有品牌效应，做市场也会有优势。但在开始的时候，娃哈哈的童装市场还是有一点问题，推向市场的童装卖得并不理想，所以在多元化的道路上并不是一帆风顺的，遇到了各种各样的问题。但是，娃哈哈针对出现的问题，在不断改进。2002 年起步，到 2007 年和大学合作，走产学研发展的道路，在渠道选址等方面不断更新策略。在童装市场迈出跨行业多元化的第一步后，又陆续进入不同的领域，包括开娃欧商场、进军机器人等领域。

跨行业多元化的风险是非常大的，在多元化的过程中，一定要把握几个原则：一是要具备多元化的实力，二是要有资金的积累，三是要稳步前进。

三、理论知识学习

项目三　制定市场营销战略					
授课内容	教学目标	教学重点	教学难点	教学方式	作业
企业战略规划	了解战略任务制定的原则掌握发展战略	发展战略	多元化发展战略	课堂教学案例讨论	分析家电、IT、乳品行业不同企业的竞争策略
市场竞争策略	掌握不同企业竞争地位的营销策略	竞争战略的一般形式	市场领导者战略	课堂教学	

任务一　企业发展战略

企业营销过程中，不仅要解决如何参与竞争，而且还要用发展的眼光看待企业今后的发展，选择企业今后的业务发展方向，制定企业的发展战略。如果从市场机会的角度出发，企业在进行新业务的开发时通常有四种战略可供选择：现有业务的调整、密集增长、一体化增长、多元化增长。

（一）现有业务调整战略

波士顿咨询集团是世界一流的管理咨询公司，它制定并推广了"市场增长率—相对市场份额矩阵"分析方法，所以又称为波士顿矩阵。我们可以利用这一矩阵对企业的业务逐一进行分析，从而决定企业现有业务的调整战略。具体步骤如下：

1. 计算各业务的市场增长率和企业的相对市场占有率

市场增长率表示该业务的销售量或销售额的年增长率，用数字 0~20% 表示，当市场增长率超过 10% 时，就是高速增长。相对市场份额表示该业务相对于最大竞争对手的市场份额，用于衡量企业在相关市场上的实力，用数字 0.1（该企业销售量是最大竞争对手销售量的 10%）到 10（该企业销售量是最大竞争对手销售量的 10 倍）表示，并以相对市场份额为 1.0 作为分界线。具体的数字范围可能在运用中根据实际情况的不同进行修改。

2. 划分业务区域，并对企业业务进行分类

企业的现有业务可以划分为：明星业务、现金牛业务、问题业务和瘦狗业务。明星业务是指高市场成长率、高相对市场份额的业务，这是由问题业务继续投资发展起来的，可以视为高速成长市场中的领导者，它将成为公司未来的现金牛业务。但这并不意味着明星业务一定可以给企业带来滚滚财源，因为市场还在高速成长，企业必须继续投资，以保持与市场同步增长，并击退竞争对手。现金牛业务指低市场成长率、高相对市场份额的业务，这是成熟市场中的领导者，是企业现金的来源。由于市场已经成熟，企业不必大量投资来扩展市场规模，同时作为市场中的领导者，该业务享有规模经济和高边际利润的优势，因而给企业带来大量财源。问题业务是指高市场成长率、低相对市场份额的业务，这往往是一个公司的新业务。为发展问题业务，公司必须建立工厂、增加设备和人员，以便跟上迅速发展的市场，并超过竞争对手，这些意味着大量的资金投入。瘦狗业务是指低市场成长率、低相对市场份额的业务。一般情况下，这类业务常常是微利甚至是亏损的。瘦狗业务通常要占用很多资源，如资金、管理部门的时间等，多数时候是得不偿失的。只有那些符合企业发展长远目标、企业具有资源优势、能够增强企业核心竞争能力的业务才有发展价值。

3. 制定业务调整战略

明星类业务可采用发展型全面投资战略，即企业通过积极投资来扶持和发展业务；现金牛类业务采取维持型市场拓展战略，企业以维持、巩固和拓展某些业务的市场地位为目的；问题类业务则采取选择型发展战略，企业通过分析，重点投资发展某些有前途的业务，而淘汰另一些业务；淘汰型控制战略适用于瘦狗类业务，企业应逐渐减少某些业务的投资，适时地退出市场。总之，通过以上四种战略措施，将从现金牛业务中获得的富余资金，提供给明星业务和一部分有发展前途的问题业务，促使问题业务向明星业务发展；进一步促进明星业务的发展，保持和扩大明星业务的市场占有率，随着市场需求量的减少，使明星业务向现金牛业务转化，而不至于转向瘦狗业务。这样，促使企业现有业务的结构趋向合理化，形成豆芽形结构，即有较多的现金牛业务和明星业务，有一部分问题业务，仅有少量的瘦狗业务。

(二) 密集增长

如果企业尚未完全开发潜伏在其现有产品和市场的机会，则可采取密集增长战略。通过产品与市场的对应关系，可将这一战略分为市场渗透、市场开发、产品开发三种。

1. 市场渗透战略

这一方法的基本点是企业根据市场潜力，通过增加销售渠道的宽度、实行短期削价、加强广告宣传等营销措施，努力在现有市场扩大现有产品的销售，从而使企业的业务增长。

2. 市场开发战略

这一方法的基本点是企业为现有产品寻找新的市场，通过在新的地区开设商业网点、开辟新的贸易渠道、充分利用现有的商业网点与贸易渠道、加强广告宣传等措施，努力在新市场上扩大现有产品的销售。

3. 产品开发战略

产品开发是指在深入了解现有市场的需要之后，通过提供多种改型变异产品并开展以产品特色为主要内容的宣传促销活动等营销措施，努力在现有市场扩大改进后产品的销售，以实现企业的业务增长。

（三）一体化发展战略

一体化发展战略是指企业以原有业务为基础，向供、产、销中某个环节或某些环节的延伸。在企业将现有业务向产、供、销等方面进行扩展或延伸以发挥自身的潜力、提高经营能力、加强对生产经营过程的控制、提高经营效率和经济效益的情况下，便可采用这一战略。一体化战略有三种：后向一体化、前向一体化、水平一体化。

1. 后向一体化

这一方法是通过自办、联营、投资或兼并等形式，拥有或在一定程度上控制原料或产品供应系统，从而实现其业务增长。由于核心企业不同，因而后向一体化又表现出不同的形式：产供一体化，加工企业向原材料或配件生产方面延伸；批零一体化，如大零售商向商品采购批发方面延伸；商工一体化，如商业企业向有关商品的生产方面发展。

2. 前向一体化

这一方法是通过向后序的生产领域发展，或者以某种形式控制其生产经营的产品分销系统，从而实现其业务增长。这种一体化的情况正好与后向一体化相反。其基本形式有：供产一体化，如原材料或配件生产企业向原料深加工或整机生产方面发展；产销一体化，如生产企业通过建立自己的销售系统或与有关商业企业联营的形式向产品销售方面扩展；批零一体化，如批发企业设立零售网点。

3. 水平一体化

即企业收购、兼并同类型企业，或者在国内外与其他同类型企业合资经营等。

（四）多元化增长战略

多元化增长战略是指企业在新产品领域和新市场领域形成的战略，即企业增加新产品和增加新市场战略。企业实行这种战略是为了稳定地经营和追求最大的经济效益。多元化增长的主要方式有同心多元化、水平多元化和集团多元化三种。

1. 同心多元化

企业利用原有的技术、特长、经验等发展新产品，增加产品种类，从同一圆心向外发展。也就是说，同心多元化的特点是原产品与新产品的基本用途不同，但有较强的技术关联性。例如，冰箱和空调是两种用途的产品，但其技术相同，关键技术是制冷。

2. 水平多元化

利用原有市场，采用不同的技术来发展新产品，以增加产品种类来满足原有市场的其他需要，这种战略可使企业原有的分销渠道得到利用。例如，生产牙膏的柳州牙膏厂，原来一直生产"两面针"牙膏，后来增加了牙刷生产。

3. 集团多元化

即大企业收购、兼并其他行业的企业，或者在其他行业投资，把业务扩展到其他行业中去，新产品、新业务与企业现有的产品、技术、市场毫无关系。也就是说，企业既不以原有技术也不以原有市场为依托，而是向技术和市场完全不同的产品或服务项目发展。例如，美国通用电气公司于20世纪80年代收购了美国业主再保险公司，从而从单纯的工业生产行业进入金融服务业和广播电视行业。

任务二　市场竞争战略

（一）竞争战略的一般形式

所谓企业竞争优势，是指企业在产出规模、组织结构、劳动效率、品牌、产品质量、信誉、新产品开发以及管理和营销技术等方面所具有的各种有利条件。竞争优势是竞争性市场中企业绩效的核心，美国著名的战略学家迈克尔·波特在《竞争优势》一书中指出：尽管企业相对其竞争对手有很多优势和劣势，企业仍然可以拥有两种基本的竞争优势，即低成本和差异性。

1. 成本优势

成本领先优势，就是要使企业的全部成本低于竞争对手，通过最低成本获得竞争优势。成本领先是建立在规模效益和经济效益的理论基础之上的，当生产经营规模不断扩大时，单位产品的生产成本就会随之不断降低，从而使企业获得由规模扩大而带来的效益；而且随着生产数量的增加，人们的生产与管理的技术与经验水平不断提高，从而降低单位产品的成本，为企业带来效益。

2. 差异化

当一个企业能够为买方提供一些独特的、对买方来说其价值不仅仅是价格低廉的东西时，这个企业就具有了区别于其他竞争厂商的经营差异化[①]。具体而言，

---

① 迈克尔·波特. 竞争优势［M］. 陈小悦译. 北京：华夏出版社，2005.

企业要在产品品种、质量、价格、包装、服务、交货条件、促销手段等方面具有独特的优势。它不仅能满足用户的需要，而且在一定时期内，也是产业内其他企业难以比拟和取代的。

差异化对于形成顾客对品牌的忠诚度、降低顾客敏感度、提高企业的讨价还价能力和有效地防止替代品的威胁具有积极作用。

（二）不同企业的竞争战略

1. 市场领导者战略

市场领导者（市场主导者）是指在相关的产品市场上占有最大的市场份额，并且在价格变化、新产品开发、分销渠道和促销手段上，对其他企业起着领导作用的企业。一般而言，大多数行业都有一家企业被认为是市场领导者。市场领导者为了维持优势，保住自己的领导地位，通常要采取以下三种战略行动：

（1）扩大市场需求量。处于领导地位的企业，由于其占有的市场份额大，通常在总市场扩大时得益最多。因此它可以通过扩大市场需求量的方法使自己受益。通常开发新用户、开发新用途、增加产品使用次数等都是扩大市场需求量的行之有效的途径。

（2）保护现有的市场份额。市场领导者在努力扩大市场总规模的同时，还必须注意保护自己现有的市场份额不受侵犯。例如，可口可乐公司必须对百事可乐公司常备不懈；柯达公司要防备富士公司的进攻等。市场领导者为了保护它的地盘，就需要通过创新、筑垒、对抗等手段保护自己现有的市场份额。

（3）扩大现有市场份额。市场领导者可以通过进一步增加它的市场份额而增加收益率，但要注意一点，即收益率不会随市场份额的扩大而无限增加，当市场占有率达到一定程度时，为扩大市场份额而付出的代价是会把增加的收益全部抵消。因此，在通过扩大市场份额而追求收益增加时应注意两个前提：一是市场占有率的增加能够使单位成本下降；二是提供优质产品时，销售价格的提高会大大超过为提高质量所投入的成本。在此前提下，市场领导者可以通过增加新产品、提高产品质量、增加市场开拓费用等措施来扩大市场份额。

2. 市场挑战者战略

市场挑战者是指那些积极向产业领导者或其他竞争者发动进攻来扩大市场份额的企业。这些企业市场份额大多仅次于市场领导者，例如汽车行业的福特公司、软饮料行业的百事可乐公司等。市场挑战者在进行竞争战略的选择时主要解决两方面的问题，同时还要注意分析自己的条件。

（1）确定竞争对象。一般而言，市场挑战者可攻击的对象有：市场领导者、与自己实力相当者、地方性小企业。

（2）确定竞争策略。市场挑战者可以利用正面进攻、侧翼进攻、包围进攻、迂回进攻、游击进攻等不同的战略向其对象发动攻击。

3. 市场追随者战略

市场追随者是指那些不愿扰乱市场形势的一般性企业。这些企业认为，它们占有的市场份额比领先者低，但自己仍可以盈利，甚至可以获得更多的收益。它们害怕在混乱的市场竞争中损失更大，其目标是盈利而不是市场份额。市场追随者通常采用三种方式进行跟随：紧密跟随、距离跟随、选择追随。

4. 市场补缺者（市场利基者）战略

市场补缺者是指那些选择不大可能引起大企业兴趣的在某一部分市场进行专业化经营的小企业。市场补缺者战略包括补缺基点的选择和专业化营销两个方面。

市场补缺者为了避免与大企业发生冲突，往往占据着市场的小角落。它们通过专门化的服务，来补缺可能被大企业忽视或故意放弃的市场，这些小角落被称为补缺基点。

一个理想的市场补缺基点一般有以下特征：第一，有足够的市场潜力和购买力；第二，有利润增长的潜力；第三，对主要竞争者不具有吸引力；第四，企业具有占领此位置必要的资源和能力；第五，企业可依靠既有的信誉对抗竞争者。市场补缺者可以选择两个或两个以上这些小角落作为补缺基点，以减少风险。

一、经典案例

案例 1　海尔产品细分市场的案例

海尔在国际化的过程中，走的是先难后易的路线，即先进入难进入的国家，比如，海尔国际化第一步选择的是德国，在无商标测试中，海尔产品的指标很多比其本国其他品牌要高。在进入美国市场时，海尔做的是小冰箱而不是大冰箱，如果大家到美国或者是看美国电影也可以看到，他们厨房的冰箱非常大，这与他们的生活习惯有关，他们每星期只开车购物一次，开车购物的时候恨不得把一星期的食品买好了，回来放在冰箱里面，所以冰箱一定要很大。可是海尔的冰箱不是大冰箱，而是小冰箱，那么小冰箱要进入这个市场，怎么办呢？就要进行市场细分，就是要找到一个缝隙产品，现在海尔小冰箱在美国学生群体中有相当多的买家，因为这符合市场需求。

海尔还推出过"定制冰箱"，所谓定制冰箱，就是消费者需要的冰箱由消费者自己来设计，企业则根据消费者提出的设计要求来定做一种特制冰箱。比如，消费者可根据自己家具的颜色或是自己的喜好，定制自己喜欢的外观色彩或内置设计的冰箱。他可以选择"金王子"的外观，"大王子"的容积，"欧洲型"的内置，"美国型"的线条等，从而最大限度地满足了顾客的不同需求。

对于这一举措的市场反应，下面的数字提供了有力的说明：从 2000 年 8 月海尔推出"定制冰箱"后只一个月时间，就从网上接到了多达 100 余万台的要货订单。这个数字的含义是什么？1995 年，海尔冰箱年产量首次突破 100 万台，不到 5 年时间，定制冰箱一个月便刷新了这个纪录，相当于海尔冰箱全年产销量的 1/3。

消费者希望自己购买的产品能显示出自己独特的个性，这就要求企业生产的产品品种丰富，不相雷同。于是，定制营销应运而生。

定制营销，是指企业在大规模生产的基础上，将每一位顾客都视为一个单独的细分市场，根据个人的特定需求来进行市场营销组合，以满足每位顾客的特定需求的一种营销方式。现代的定制营销与以往的手工定做不同，定制营销是在简单的大规模生产不能满足消费者多样化、个性化需求的情况下提出来的，其最突出的特点是根据顾客的特殊要求来进行产品生产。

比如海尔的"定制冰箱"服务、设计系统、模具制造系统、生产、配送、支付、服务，都比普通冰箱的要求高得多，假如消费者看中了"金王子"的外观，"大王子"的容积，"欧洲型"的内置，"美国型"的线条，设计人员就需要对其进行科学的搭配，模具要重新制作，生产线要重新调试，配送系统要送对型号，服务系统要清楚这种机型的配置。一台冰箱容易做到，而几百万台各不相同的冰箱要做到丝毫不差绝不是一般的企业所能做到的。事实上，海尔为获得这种神速的成功，数年前就已进行了观念和技术上的磨炼。[①]

案例 2　宝洁公司的目标市场战略

对于当代中国年轻消费者来说，提起宝洁（P&G），脑海里一定能立即蹦出一个又一个家喻户晓的牌子：能使头屑去无踪，秀发更出众的"海飞丝"；让头

---

① 豆丁网。

发飘逸柔顺，洗发护发二合一的"飘柔"；含有维他命原 B5，令头发健康，加倍亮泽的"潘婷"；洁肤而且杀菌的"舒肤佳"香皂；对蛋白质污渍有特别强的去污力的"碧浪"洗衣粉；滋润青春肌肤，蕴含青春美的"玉兰油"……P&G 的各类产品已经成为大陆消费者、特别是年轻消费者日常生活中必不可少的一部分，走进了千家万户。

美国 P&G 公司是目前世界上名列前茅的日用消费品制造商和经销商。它在世界上 56 个国家设有工厂及分公司，所经营的 300 个品牌畅销 140 个国家和地区，其中包括食品、纸品、洗涤用品、肥皂、药品、护发护肤产品、化妆品等。P&G 的国际部是业务发展最快的部门，其销售量和利润超过 P&G 公司销售和利润总额的 50%。P&G 公司于 1988 年 8 月创建了在中国的第一间合资企业——广州宝洁有限公司，专门生产洗涤护肤用品；1990 年合资各方为满足日益增长的市场需要又创办了广州宝洁纸品有限公司；1992 年再次合资创建广州宝洁洗涤用品有限公司，然后陆续在北京、天津、上海、成都建立了分公司，并先后在华东、华南、西北、华北等地建立分销机构，不断向市场推出多种品牌的产品，提供一流的产品和服务，销售覆盖面遍及全国。

1. 抢滩点——选取广州作为最先的目标市场

P&G 选择广州抢滩登陆，将其在大陆市场的总部设在广州，然后逐渐向沿河地区（上海等地）扩展，是别具匠心的。20 世纪 80 年代的广州是中国改革开放的前沿阵地，具有优越的投资环境和优惠的投资政策。广州地处珠江三角洲腹地，毗邻中国香港和中国澳门，享有得天独厚的地理优势，是中国 14 个沿海开放城市之一。这里优越的投资环境以及发展高新技术产品和高档居民消费品的特别优惠政策，再加上良好的城市设施，每年举行两次的商品交易会吸引着大批的海外投资者。灵活开放的政策给广州的经济带来了空前的繁荣，使广州成为外商竞相投资的热点地区。

广州是中国的先导消费区域，消费潮流全国领先。中国的消费品市场很大，各地区间的消费水平发展不平衡，这是由于各地区所受到的外来影响程度不同，收入水平和消费方式的明显差异所造成的。广州作为起先导作用的消费地区引起了外商的特别关注。经济的繁荣带来了广州居民人均年收入的显著增加和人均消费水平的不断提高，形成了强大的购买力，已在传统文化的基础上形成了自身鲜明的特点和风格——崇实、开放、进取、创新，广州居民对外来文化的涌入更是持有一种善于兼容并蓄的学风和积极引进、消化的态度。因此，广州地区成为国内消费水平和购买力居高的代表性区域，也将是高档产品进入普通居民家庭的先导性市场。

2. 以高取胜——宝洁的品牌定位

P&G 公司在国际市场的产品一向以高价位、高品质著称。P&G 公司的一个高级顾问曾经说过："P&G 永不甘于屈居第二品牌的地位，我们的目标是争取第一。"宝洁公司在进入中国的洗发水行业时，首先将整个中国市场的洗发水市场划分为高、中、低档三个部分，广州宝洁在市场中的定位很鲜明，即一流、高档。同时在每个部分市场又根据不同的标准分为更细的细分市场：根据不同发质和不同消费者喜好分成专用功能市场；根据市场的人口密度又可以分为都市、市郊和乡村市场；根据年龄可分为青年、中年和老年市场；等等。广州宝洁设有产品开发部，专门研究如何提高产品的质量、包装技术和工艺技术，力求在满足中国消费者需求方面做得比竞争对手更好。在中国消费者的心目中，P&G 已经成为高品质的代名词。P&G 打入中国市场的 1988 年，中国洗发用品市场上的同类产品种类不多，大多数产品质量差，包装粗糙，缺乏个性，但价格低廉，进口产品质量虽好，但价格昂贵，很少有人问津。P&G 将自己的产品定在高价上，价格是国内品牌的 3~5 倍，比如一瓶 200ml 的飘柔定价 16.50 元，比国产同等规格的洗发香波贵 3 倍，但比进口品牌便宜 1~2 元。

由此可见，P&G 是以高品质、高价位的品牌形象打进中国市场的，这正切中了消费者崇尚名牌的购买心理。对于一种商品，大陆消费者首先要对其产地做出选择：国产的，进口的，还是合资生产的。多年来，与物美价高的进口货和价廉物不美的国产货相比，合资产品因其价廉物美而备受青睐，往往是优先选择的目标。P&G 的产品虽然价格稍贵，但其高品质的形象，新颖的包装，却有着强大的竞争力，于是得以在洗发水用品市场上的众多品牌中脱颖而出。自 1988 年推出"海飞丝"洗发水起，P&G 接连打响了"飘柔二合一"、"潘婷 PRO-V"等一个又一个洗发水牌子。

3. 抓住新一代——目标市场的选取

P&G 广告画面多选用年轻男女的形象，展示年轻人追求浪漫的幻想，崇尚无拘无束和富有个性色彩的生活画面，并针对年轻人的心理配上如"滋润青春肌肤，蕴含青春美"等广告语。P&G选择青年消费群作为其目标市场，是看中了青年人的先导消费作用。在中国大陆消费者中，消费心理和方式显而易见地发生了较大变化的首先是青年消费者。青年人带动了消费主义运动的兴起，改变了人们传统的生活态度和节俭观念，刺激着人们的消费欲望和财富欲望。对于青年消费者来说，追求享受和享乐不再是可耻的念头，而是堂而皇之树立和追求的人生目标。青年人求新、好奇、透支消费、追求名牌、喜欢广告、注重自我等心理正先导性地改变着人们的消费习惯和行为。P&G选取青年人崇尚的青春偶像郑伊健、张德培以及具有青春活力的年轻女孩作为广告模特；举办"飘柔之星全国竞耀活动"展示年轻女性的真我风采，以及围绕青年所做的一系列促销活动，如"海飞丝美发亲善大行动"等充分表明了它抓住新一代的定位意图，而其卓著的市场业绩也充分证明了其目标市场定位的正确性。①

思考分析：

（1）宝洁公司是如何选取目标市场的？考虑了哪些因素？

（2）宝洁的成功给我们带来的启示是什么？

案例3 万宝路的重新定位

随着全球戒烟运动的风起云涌，制烟业似乎已走入死胡同，但世界上最大的烟草公司——美国的菲利普·莫里斯公司却凭其主流品牌"万宝路"（Marlboro）使得公司销售额连年上升。该公司借世人熟知的西部牛仔悠然吸着万宝路香烟的形象，将一种"自我选择、自愿吸烟"的感觉传播到世界每一个角落。市场定位的成功造就了这一世界上最成功和最持久的品牌。在全球消费者心目中，万宝路无疑是知名度最高和最具魅力的国际品牌之一。在多项权威性的国际品牌评估排行榜中，万宝路总是出现在前十名。据美国《金融世界》的评估，1995年万宝路居全球品牌之首，其品牌价值高达446亿美元。从销售而言，全球平均每分钟消费的万宝路香烟就达一百万支之多！无论您是否吸烟，万宝路的世界形象和魅力必定都给您留下了深刻的印象，令您难以忘怀。

---

① 《市场周刊》。

大概谁也不会想到风靡全球的万宝路香烟曾是在 1854 年以一间小店起家、1908 年正式以品牌 Marlboro 在美国注册登记、1919 年才成立菲利普·莫里斯公司（该公司主要产品品牌是万宝路香烟）、在 20 世纪 40 年代就宣布倒闭的一家公司。然而：

● 1954 年，万宝路彻底改变其品牌策略与广告策略，在第二年，万宝路香烟在美国香烟品牌中销量一跃排名第 10 位，之后便扶摇直上。

● 20 世纪 60 年代，该公司进入美国 200 家大公司之列，并超过三大烟草垄断公司之一的利格特·迈尔烟草公司的实力，一跃成为三大烟草公司之一。

● 1968 年，万宝路香烟已占美国香烟市场销量的 13%，成为 100 家俱乐部的成员，又超过了美国标准公司，居美国烟草工业第二位。

● 1975 年，万宝路香烟销量超过当时一直居首位的威斯顿香烟，摘下美国香烟王国的桂冠。

● 1955~1983 年，莫里斯公司平均每年销售额增长率为 24.7%，这个速度在战后美国轻工业公司中是绝无仅有的。

● 从 20 世纪 80 年代中期一直到现在，万宝路香烟销量一直居世界各品牌香烟销量首位，成为全球香烟市场的领导品牌。

● 1989 年，万宝路在全世界售出 3180 亿支香烟，比瓶装可口可乐或罐装 Campbell 汤销量还大。若将万宝路作为一家独立公司来看，以其 1989 年的营业额 940 亿美元计算，可在全球 500 强企业中排第 45 位。

● 1995 年，美国《金融世界》评定万宝路为全球第一品牌，其价值高达 446 亿美元。

● 在全球"反烟浪潮"高涨的今天，1996 年，万宝路在全球十大品牌中仍稳定在第 10 位。

万宝路之路是如此的神奇，那么万宝路究竟是如何在一片倒闭的"废墟"中重新站起，并在近半个世纪中屹立于世界香烟之林并创造一个世界顶级品牌的奇迹的呢？下面试从营销的角度，探索万宝路成功的原因，揭开万宝路成功之谜。

在万宝路创业的早期，其定位是女士烟，消费者绝大多数是女性。万宝路（Marlboro）这一名称是 "Man Always Remember Love Because of Romance Only" 的缩写，意为"男人总是忘不了女人的爱"。万宝路最初的市场定位，就如其广告所述"像五月天气一样温和",是一种女性香烟。美国 20 世纪 20 年代被称为是"迷茫时代",年轻人都沉浸在享乐之中,万宝路的诞生就是为了迎合女性烟民的需要,甚至将烟嘴都染成红色。可是,事与愿违,尽管当时美国吸烟人数年年都在上升,但万宝路香烟的销路却始终平平,正是女性香烟这一定位导致了如此后果。女性由于爱美之心,抽烟较男性要有更多节制,这就很难形成稳定的消费群体。可是这一切都没能挽回万宝路女子香烟的命运。莫里斯公司终于在 20 世纪 40 年代初停止生产万宝路香烟。

"二战"后,美国吸烟人士继续增多,万宝路把最新问世的过滤嘴香烟重新搬回女子香烟市场,并推出三个系列:简装的一种,白色与红色过滤嘴的一种以及广告语为"与你的嘴唇和指尖相配"的一种。当时美国每年香烟消费量达3820 亿支,平均每个人每年要抽 2262 支之多,然而万宝路的销路仍不佳,吸烟者中很少有抽万宝路的,甚至知道这个牌子的人也极为有限。

抱着一筹莫展而又不甘的心情,1954 年莫里斯公司决策层对香烟市场审慎分析之后,做出了几项重大决策,改变了万宝路的品牌方针,具体如表 2-1 所示。

表 2-1　万宝路品牌方针改变前后比较

旧万宝路	新万宝路
淡烟	重口味香烟
香料少	香料多
没有过滤嘴	有过滤嘴
白色包装	红白色包装
老旧形象	现代化形象
针对女性	针对男性
功能诉求广告	形象诉求广告

莫里斯公司所进行的一系列的产品及形象改变中,最重要的、起决定作用的就是李奥·贝纳对万宝路所做的"变性手术"——把原来定位为"女士香烟"的万宝路重新定位为"男子汉香烟"。

李奥·贝纳是美国广告界最有名的大师之一,也是世界广告学奠基人之一,当时在美国享有极高的威望。他经过周密的调查和深思熟虑之后,大胆地向莫里斯公司提出:将万宝路香烟定位为"男子汉香烟",并大胆改造万宝路的形象,包装采用当时首创的平开盒盖技术,并以象征力量的红色作为外盒的主要色彩;

广告上的重大改变是万宝路广告不再以妇女为主要诉求对象，广告中一再强调万宝路香烟的男子汉气概，吸引所有喜爱、欣赏和追求这种气概的消费者。按李奥·贝纳的创意，这种理想中的男子汉也就是后来在万宝路中充当主角的美国西部牛仔形象：一个目光深沉，皮肤粗糙，浑身散发着粗犷、原野、豪迈英雄气概的男子汉，袖管高高卷起，露出多毛的手臂，手指间总是夹着一支冉冉冒烟的万宝路香烟，骑着一匹雄壮的高头大马驰骋在辽阔的美国西部大草原。

从万宝路两种风格的广告戏剧性的效果转变中，我们可以看到：采用集中的策略，定位目标市场，使万宝路成长为当今世界第一品牌。浑身散发着粗犷豪气的美国牛仔洗尽了原品牌中的脂粉味，将男性香烟的定位赋予"绝不矫饰的正直男子汉气魄"。富有戏剧性的定位转变，为万宝路创造了近50亿美元的品牌资产。[①]

思考分析：

（1）万宝路原来的市场定位存在什么问题？

（2）万宝路的重新定位为何能够成功？

（3）你认为中国烟草行业应如何应对万宝路的挑战进行市场定位？

二、案例分析

（一）海尔产品细分市场的案例分析

市场细分的好处在于：一是获得消费者高度的忠诚度，二是保护企业利润，三是容易获得成功。

定制营销能够让企业更有竞争力，其优点表现如下：

消费者希望购买的产品能显示出自己独特的个性，这就要求企业生产的产品品种丰富，不相雷同。

于是，定制营销应运而生。

---

① 中国营销传播网。

定制营销，是指企业在大规模生产的基础上，将每一位顾客都视为一个单独的细分市场，根据个人的特定需求来进行市场营销组合，以满足每位顾客的特定需求的一种营销方式。现代的定制营销与以往的手工定做不同，定制营销是在简单的大规模生产不能满足消费者多样化、个性化需求的情况下提出来的，其最突出的特点是根据顾客的特殊要求来进行产品生产。

首先，能极大地满足消费者的个性化需求，提高企业的竞争力。对此，海尔的"定制冰箱"服务已充分说明这一点。

其次，以销定产，减少了传统营销模式中的库存积压，企业通过追求规模经济，努力降低单位产品的成本和扩大产量，来实现利润最大化，这在卖方市场中当然是很有竞争力的。但随着买方市场的形成，这种大规模的生产产品品种的雷同，必然导致产品的滞销和积压，造成资源的闲置和浪费，定制营销则很好地避免了这一点。因为这时企业是根据顾客的实际订单来生产，真正实现了以需定产，因而几乎没有库存积压，大大加快了企业资金的周转速度，同时也减少了人力资源的浪费。

最后，有利于促进企业的不断发展，创新是企业永葆活力的重要因素。但创新必须与市场及顾客的需求相结合，否则将不利于企业的竞争与发展。传统的营销模式中，企业的研发人员通过市场调查与分析来挖掘新的市场需求，继而推出新产品。这种方法受研究人员能力的制约，很容易被错误的调查结果所误导。而在定制营销中，顾客可直接参与产品的设计，企业也根据顾客的意见直接改进产品，从而达到产品技术上的创新，并能始终与顾客的需求保持一致，从而促进企业的不断发展。

当然，定制营销也并非十全十美，它也有其不利的一面。首先，由于定制营销将每一位顾客视作一个单独的细分市场，这固然可使每一个顾客按其不同的需求和特征得到有区别的对待，使企业更好地服务于顾客，但另外也将导致市场营销工作的复杂化，经营成本的增加以及经营风险的加大。

其次，技术的进步和信息的快速传播，使产品的差异日趋淡化，今日的特殊产品及服务，到明天可能就大众化了，产品、服务独特性的长期维护工作因而变得极为不容易。

再次，定制营销的实施要求企业具有过硬的软硬件条件。一方面，企业应加强信息基础设施建设。信息是沟通企业与顾客的载体，没有畅捷的沟通渠道，企业无法及时了解顾客的需求，顾客也无法确切表达自己需要什么产品，目前，Internet、信息高速公路、卫星通信、声像一体化可视电话等的发展为这一问题提供了很好的解决途径。海尔"定制冰箱"的成功，与它完善的电子商务网络设施是分不开的。另一方面，企业必须建立柔性生产系统。柔性生产系统的发展是大规模定制营销实现的关键。这里所说的"柔性"是相对于20世纪50年代发展起来的硬性标准化自动生产方式而言的。柔性生产系统一般由数控机床、多功能加工中心及机器人组成，它只要改变控制软件就可以适应不同品种式样的加工要求，从而使企业的生产装配线具有了快速调整的能力。

最后，也是最重要的，定制营销的成功实施必须建立在企业卓越的管理系统之上。没有过硬的管理，"定制营销"的实施将很难实现，海尔产品细分市场还有：

（1）海尔根据消费者夏天洗衣次数多、单次量少的特点，推出了省水省电型的"小神童"系列洗衣机。

（2）海尔改善洗衣机通水装置，解决了四川农民提出的洗衣机既洗衣服又洗地瓜的问题。

（3）海尔进军日本市场时，细分市场，推出小型的、适合单身白领使用的洗衣机。

（二）宝洁公司的目标市场战略案例分析

宝洁公司选择的是差异化营销战略，针对不同的目标顾客群采取不同的营销组合策略。宝洁公司能够有针对性地满足不同顾客群的需要，非常重要的一个原因在于宝洁公司在市场调研上的投入，宝洁对每个不同地区的文化形态的深入理解，是宝洁产品能在全球迅速推广的根本原因之一。宝洁（P&G）是美国蜡烛制造商威廉·波克特（WILLIAM PROCTER）与肥皂制造商詹姆斯·甘保（JAMES GAMBLE）于1837年在美国合资成立的，总公司设在辛辛那提。宝洁公司于1988年正式进入中国。在进军中国市场之初，宝洁公司在中国全境做了长达两年的市场调查，对目标市场和消费群体建立了比较充分、清晰、客观的概念。为了深入了解中国消费者，宝洁公司在中国建立了完善的市场调研系统，开展消费者追踪并尝试与消费者建立持久的沟通关系。早期国人的消费观念还停留在比较单纯的"名牌崇尚"阶段。宝洁在观察、认识、理解消费者之后，很注意与中国消费者在各个层面上的沟通，在其中国的市场研究部建立了庞大的数据库，及时捕捉消费者的意见。这些意见被及时分析处理后，反馈给市场、研发、生产等部门，以生产出更适合中国消费者使用的产品。

（三）万宝路的重新定位案例分析

万宝路重新定位的成功，塑造了世界上最成功的品牌之一。原有的定位主要面向女士消费群体，虽然在产品的设计上不断改进，比如为了避免女士口红留在白色的烟嘴上，把烟嘴改成红色，这样的改变并没有改变女士香烟销售不佳的状况。菲利普·莫里斯公司找到李奥·贝纳为万宝路进行宣传推广，他是美国广告界最有名的大师之一，也是世界广告学奠基人之一。重新定位之后，李奥·贝纳通过品牌形象传播策略把万宝路从女士香烟变成了男子汉香烟。

三、理论知识学习

项目四　选择目标市场					
授课内容	教学目标	教学重点	教学难点	教学方式	作业
市场细分	了解市场细分的标准和方法	市场细分标准	市场细分方法	实训教学	进行 STP 营销战略的制定
目标市场选择	了解目标市场选择的策略及影响因素分析	目标市场选择策略	目标市场评估	课堂教学	
市场定位	掌握定位的程序	三大定位方法	重新定位	课堂教学	

任务一　市场细分

从企业营销的角度看，一种产品的市场是指该种产品的全体买主（消费者或用户）。因此，任何一个企业都会面对成千上万个买主。而这众多的买主，一般来说，对一种产品的具体消费需求往往并不相同，甚至差异很大。这就决定了任何规模的企业都不可能满足全体买主对某种产品的互有差异的整体需求。

市场细分、目标市场的选择和市场定位，即 STP 战略（Segmentation Targeting and Positioning）是市场营销中的重要内容。市场是一个综合体，是多层次、多元化的消费需求的集合体，任何企业都不能满足所有需求。因此进行市场策划时，掌握市场细分的方法，选择目标市场，制定市场定位战略是营销策划成功的关键因素。

（一）市场细分

"市场细分"的概念是 20 世纪 50 年代中期由美国市场营销学家温德尔·史密斯提出来的，它顺应了第二次世界大战后美国众多产品由卖方转入买方这一趋势，是市场营销发展过程中的一次重要变革。市场细分是实施目标市场的基础。

所谓市场细分，就是营销者通过市场调研，依据消费者（包括生活消费者、生产消费者）的需要与欲望、购买行为和购买习惯等明显的差异性，把某一产品的市场整体划分为若干个消费群（买主群）的市场分类过程。每一个消费群就是一个细分市场，亦称子市场或亚市场，每一个细分市场都是由具有类似需求倾向的消费者构成的群体。

市场细分并不总是意味着把一个整体市场加以分解。实际上，细分化通常是一个聚集而不是分解的过程。所谓聚集的过程，就是把对某种产品特点最易做出反应（敏感）的人们或用户集合成群。聚集的过程可以依据多种变量连续进行，直到鉴别出其规模足以实现企业利润的某一个顾客群。

（二）市场细分的作用

一般情况下，一个企业不可能满足所有消费者的需求，尤其是在激烈的市场竞争中，企业更应集中力量，有效地选择市场，取得竞争优势。市场细分化对于企业来讲，有以下作用：

1. 有助于企业深刻地认识市场和寻找市场机会

如果不对市场进行细分化研究，市场始终是一个"混沌的总体"，因为任何消费者都是集多种特征于一身的，而整个市场是所有消费者的总和，呈现高度复杂性。市场细分可以把市场丰富的内部结构一层层地抽象出来，发现其中的规律，使企业可以深入、全面地把握各类市场需求的特征。

2. 有利于企业确定经营方向，有针对性地开展营销活动

市场营销策略组合是由产品策略、价格策略、促销策略、分销策略所组成

的。企业通过市场细分确定自己所要满足的目标市场，找到自己资源条件和客观需求的最佳结合点，这有利于企业集中人力、物力、财力，有针对性地采取不同的营销策略，取得投入少、产出多的良好经济效益。

3. 有利于研究潜在需要，开发新产品

一旦确定了自己的细分市场后，企业能够很好地把握目标市场需求，发现营销组合的变化状况，分析潜在需求，发展新产品及开拓新市场。

4. 社会效益好

市场细分不仅给企业带来良好的经济效益，而且也创造了良好的社会效益。一方面，细分化可以使不同消费者的不同需求得到满足，提高了生活水平；另一方面，有利于同类企业合理化分工，在行业内形成较为合理的专业化分工体系，使各类企业各得其所、各显其长。

（三）消费者市场细分标准

随着市场细分理论在企业营销中的普遍应用，消费者细分的标准可归纳为四大类：地理环境因素、人口因素、消费心理因素和消费行为因素。这些因素有些相对稳定，但多数则处于动态变化中。

1. 地理环境因素

即按照消费者所处的地理位置、自然环境来细分市场，具体变量包括国家、地区、城市规模、不同地区的气候及人口密度等。

2. 人口因素

指各种人口统计变量，包括年龄、婚姻、职业、性别、收入、教育程度、家庭生命周期、国籍、民族、宗教等。不同年龄、不同受教育程度的消费者在价值观念、生活情趣、审美观念和消费方式等方面会有很大差异。

例如，指南针和地毯本是风马牛不相及的两件东西，一个比利时商人却把它们结合起来，从而赚了大钱。在阿拉伯国家，虔诚的穆斯林每日祈祷，无论在家还是旅行，都守时不辍。穆斯林祈祷的一大特点是祈祷者一定要面向圣城麦加。一个名叫范德维格的比利时地毯商聪明地将扁平的指南针嵌入祈祷地毯。指南针指的不是正南正北，而是麦加方向。新产品一推出，在有穆斯林居住的地区，立即成了抢手货。范德维格并不满足已取得的成功，在非洲又推出了织有领袖头像的小壁毯。因为他发现，在非洲国家的机关里总要挂元首的照片。

3. 消费心理因素

即按照消费者的心理特征来细分市场。处于同一群体中的消费者对同类产品的需求仍会显出差异性，可能原因之一是心理因素发挥作用。心理因素包括个性、购买动机、价值观念、生活格调、追求的利益等变量。

4. 消费行为因素

即按照消费者的购买行为细分市场，包括消费者进入市场的程度、使用频率、偏好程度等变量。按消费者进入市场的程度，通常可以划分为常规消费者、初次消费者和潜在消费者。

任务二　目标市场选择

所谓目标市场，就是企业营销活动所要满足的市场，是企业为实现预期目标而要进入的市场。企业的一切营销活动都是围绕目标市场进行的。选择和确定目标市场，明确企业的具体服务对象，关系到企业任务、企业目标的落实，是企业制定营销战略的首要内容和基本出发点。一般来说，市场细分是企业选择和确定目标市场的基础与前提，但并非所有企业都要一律奉行细分化策略。将两种情况都考虑在内，企业确定目标市场必定会有多种选择，并产生出不同的营销策略。

(一) 目标市场的条件

成功、有效的市场细分，应当考虑四个方面的条件，或者说，应当遵循四条基本原则。

1. 可衡量性

指细分市场必须是可以识别和可以衡量的，亦指细分出来的市场不仅范围比较明晰，而且也能大致判断该市场的大小。像男女性别的人数、各个年龄组的人数、各个收入组的家庭，都是可以衡量的。

2. 殷实性

即需求足量性，指细分市场的容量足够大或获利性足够高，达到公司值得开发的程度。

3. 可进入性

指能有效接触和服务细分市场的程度，也就是企业有能力进入所选定的细分市场。

4. 反应差异性

指细分出来的各个子市场，对企业市场营销组合中任何要素的变动都能灵敏地做出差异性的反应，如果几个子市场对于一种市场组合以相似的方式做出反应，就不需要为每一个子市场制定一个单独的市场营销组合。

（二）目标市场策略

企业选择的涵盖市场的方式不同，营销策略也就不一样。归纳起来，有三种不同的目标市场策略可供企业选择：无差异性营销、差异性营销和集中性营销。

1. 无差异性营销

如果企业面对的市场是同质市场，或者企业推断，即使消费者是有差别的，他们也有足够的相似之处可以作为一个同质的目标市场加以对待，在这两种情况下，企业采用的就是无差异市场策略，开展的是无差异营销活动。该策略的具体内容是：企业把一种产品的整体市场看作一个大的目标市场，营销活动只考虑消费者或用户在需求方面的共同点，而不管他们之间是否存在差异。因而企业只推出单一的标准化产品，设计一种市场营销组合，通过无差异的大力推销，吸引尽可能多的购买者。采用无差异营销战略的最大优点是成本的经济性。大批量的生产销售，必然降低单位产品的成本；无差异的广告宣传可以减少促销费用；不进行市场细分，也相应减少了市场调研、产品研制与开发，以及制定多种市场营销战略、战术方案等带来的成本开支。

但是，无差异性营销战略对市场上绝大多数产品都是不适宜的，因为消费者的需求偏好具有极其复杂的层次，某种产品或品牌受到市场普遍欢迎的情况是很少的。即便一时赢得某一市场，如果竞争者仿照，就会造成市场上某个部分竞争非常激烈，而其他市场部分的需求却未得到满足。

2. 差异性营销

差异性市场营销战略是把整体市场划分为若干需求与愿望大致相同的细分市场，然后根据企业资源及营销实力选择部分细分市场作为目标市场，并为各目标市场制定不同的市场营销组合策略。

采用差异性市场营销战略的最大长处是可以有针对性地满足具有不同特点的顾客群的需求，提高产品的竞争力。但是由于产品品种、销售渠道、广告宣传的扩大化与多样化，市场营销费用大幅度增加。所以，无差异性营销战略的优势基本上成为差异性营销战略的劣势。其他问题还在于，该战略在推动成本和销售额上升的同时，市场效益并不具有保证。因此，企业在市场营销时需要进行反细分或扩大顾客的基数。

3. 集中性营销

集中性市场战略是在将整体市场分割为若干细分市场后，只选择其中某一细分市场作为目标市场。其指导思想是把企业的人、财、物集中于某一个或几个小型市场，不要求在较多市场都获得较小的市场份额，而要求在少数较小的目标市场上得到较大的市场份额。

这种战略称为弥隙战略，即弥补市场空隙的意思，适合资源薄弱的小企业。小企业如果与大企业硬性抗衡，弊大于利，必须学会寻找对自己有利的小生存环境。也就是说，如果小企业能避开大企业竞争激烈的市场部位，选择一两个能够发挥自己技术、资源优势的小市场，往往容易成功。由于目标集中，可以大大节省营销费用和增加盈利；又由于生产、销售渠道和促销专业化，也能够更好地满足这部分特定消费者的需求，企业易于取得优越的市场地位。

这一战略的不足是经营者承担风险较大，如果目标市场的需求情况突然发生变化、目标消费者的兴趣突然转移或市场上出现了更强的竞争对手，企业可能陷入困境。

任务三 市场定位

（一）市场定位含义

市场定位（Marketing positioning）是根据竞争者现有产品在市场上所处的地位和顾客对产品某些属性的重视程度，塑造出本企业产品与众不同的鲜明的个性或形象，并传递给目标顾客，使该产品在细分市场上占有强有力的竞争位置。

企业在进行市场定位时，一方面要了解竞争对手的产品具有何种特色，另一方面要研究目标顾客对该产品的各种属性的重视程度。在对以上两方面进行深入研究后，再选定本企业产品的特色和独特形象，向潜在顾客勾画这个产品的市场定位。

（二）市场定位的方式

市场定位作为一种竞争战略，显示了一种产品或一家企业同类似的产品或企业之间的关系。定位方式不同，竞争态势也不同，下面主要分析三种定位方法。

1. 避强定位

这是一种避开强有力的竞争对手的市场定位。其优点是：能够迅速在市场上站稳脚跟，并能在消费者或用户心目中树立一种形象。由于这种定位方式市场风险小，成功率较高，常常为多数企业采用。

2. 迎头定位

这是一种与市场上占支配地位的即最强的竞争者"对着干"的定位方式。显然，这种定位方式有时会产生风险，但不少企业认为能够激励自己奋发向上，一旦成功会取得巨大的市场优势。例如，可口可乐与百事可乐之间持续不断地争斗，肯德基与麦当劳对着干。实行对抗性定位，必须知己知彼，尤其要清醒估计自己的实力，不一定试图压垮对方，只要能够平分秋色就是巨大的成功。

3. 重新定位

重新定位是指对销路少、市场反应差的产品进行二次定位。这种重新定位旨在摆脱困境，重新获得增长与活力。这种困境可能是企业决策失误引起的，也可能是对手反击或出现新的强有力的竞争对手造成的。不过，也有的重新定位并非已经陷入困境，而是因为产品意外地扩大销售范围引起的。例如，专为青年人设计的某种款式的服装在中老年中也流行开来，该服饰就会因此而重新定位。

项目五
制定产品策略

一、经典案例

案例 1　宜家家居的产品营销

宜家（IKEA）原是瑞典一个普通的家具企业，2003 年进入"全球 100 个最有价值品牌"排行榜，2004 年，宜家以 128 亿欧元的销售额位居世界家具用品销售企业之首。同年，宜家公司创始人英格瓦·坎普拉德曾超过比尔·盖茨，一跃成为世界首富。自 1943 年成立以来，经过 60 多年的发展，宜家现已成为全球最具影响力的家居用品零售商。

宜家成功营销的策略在于：一是巧妙命名。IKEA 这个名字，是由创始人英格瓦·坎普拉德名字的首写字母（IK）和他所在农场（Elmtaryd）以及村庄（Agunnaryd）的第一个字母组合而成的。更为巧妙的是，中文的"宜家"既与 IKEA 谐音，又有成语"宜室宜家"的美好寓意。夫妻和顺，家庭美满，是每一个人的梦想。再加上宜家的种种经营优势，宜家产品在中国，尤其在年轻人心目中已经成为时尚生活的标志。二是独特设计。宜家产品充分体现了为大众设计的理念——价廉、耐用、简单、自然，产品不能成为生活的束缚，而是要能够满足全球化生产的需要。宜家将塑料、层板和松木作为基本的家具材料，通过对颜色和材料的精心选择搭配，使其产品既现代、美观，又实用、环保；既以人为本，又凸显地域特色，很好地表现出了那种源自瑞典南部斯莫兰自然、清新、健康的生活方式。这些产品与斯莫兰民众勤劳、节俭和对有限资源最大限度地加以利用的美德紧密相连，极易引起消费者的认同和好感。三是品种齐全。在宜家商场里，沙发、床、桌子、椅子、纺织品、厨房餐具、地板、地毯、厨房家具、浴室用品、灯具及植物等家居用品应有尽有。而且，宜家产品风格多样，浪漫主义者与简约主义者到宜家，都能乘兴而来、满意而归。四是拆装便利。1955年，宜家一位员工突发灵感，决定把桌腿卸掉，以方便装车，并避免运输过程中的损坏。没想到，这种平板式包装，成了宜家节省生产和运输成本的重要手段。更为重要的是，在自己动手（DIY）渐成时尚的情况下，这些拆装便利的家具大受欢迎。尤其是那些喜欢自己动手的德国人，往往不惜在宜家的收款台前排上个把小时的长队，回家再拼命地拧几个螺丝，把那些零散部件装配成书架、柜子或者别的什么。五是开放销售。1965年，宜家开办了斯德哥尔摩商场，引来数千人排队等候开业。由于顾客太多，员工严重不足。后来，宜家决定开放仓库，让顾客自提货品。这种开放式销售方式从此成为宜家概念的重要组成部分。开放式销售使消费者可以仔细打量产品，并大大降低运输成本，它甚至导致了家具零售和制造业的革命，同时也极大地推进了宜家走向世界的速度。六是低价入市。宜家的经营宗旨是：提供种类繁多、美观实用、老百姓买得起的家居用品。为打造低价商品，宜家在大力降低生产成本、采用平板式包装和自选购物方式的同时，还通过大批量采购尽可能降低采购成本。七是特色文化。在宜家文化中，除其具有瑞典自然、简朴特点的产品设计以及人性化的开放式销售外，还有三点不得不提：第一点是温馨餐厅。宜家的餐厅类似于"店中店"，顾客可以根据自己的需要随时选择就餐或休息。第二点是关爱儿童。为满足孩子们的特殊需要，宜家开发了一批既能吸引儿童兴趣，又能提高孩子运动能力和创造力等的产品，开发了儿童游戏区、儿童样板间，餐厅专门备有儿童食品等。第三点，就是"透明营销"。宜家始终坚持向消费者提供关于产品、价格、功能等方面的全部真实信息，使顾客能在充分掌握有关信息的前提下，自主做出合理的购物选择。宜家认为，如果你是最好的，就不会害怕让顾客知道。顾客知道得越多，只会增加对产品的信赖和喜爱。宜家告诉顾客，在宜家购物，除了可以通过自己动手组装家具外，也可以预约宜家的室内装饰建筑师和设计师，请他们帮助你设计新房、改造旧居。宜家就是要让你尽可能享受到全面、优质而又低价的服务。[①]

案例 2　海底捞的产品策略

四川海底捞餐饮股份有限公司成立于 1994 年，是一家以经营川味火锅为主、融汇各地火锅特色于一体的大型跨省直营餐饮民营企业。

公司自成立之日起，始终奉行"服务至上，顾客至上"的理念，以贴心、周到、优质的服务，赢来了纷至沓来的顾客和社会的广泛赞誉。公司高扬"绿色，健康，营养，特色"的大旗，致力于在继承川味原有的"麻，辣，鲜，香，嫩，脆"的基础上，不断开发创新，以独特、纯正、鲜美的口味和营养健康的菜品，赢得了顾客的一致推崇和良好的口碑。该公司坚持"绿色，无公害，一次性"的选料和底料熬制原则，严把原料关、配料关，历经市场和顾客的检验，成功地打造出信誉度高、颇具四川火锅特色、融汇巴蜀餐饮文化"蜀地，蜀风"浓郁的优质火锅品牌。

几乎每个去过海底捞的顾客都会对那里的特色服务如数家珍：保安及时给你拉开车门并护送你下来直到大厅门口，等待用餐时提供的擦鞋、美甲服务，供顾客消遣的跳棋、扑克以及用餐时提供的皮筋、手机袋、围裙，服务员细致的服务、配菜上的精巧、锅底料的专业配制等使每一位去过海底捞的顾客还想回头。

海底捞的服务营销策略使顾客体验了消费带来的贴心服务，众多企业逐步提升服务水平来提升企业效益。许多企业天天喊着"客户至上，服务第一"的口号，可是真正做到的有几家？服务不是简单喊两句口号就可以达到的，需要的是有责任心的企业踏踏实实的实施，海底捞这种贴心的服务营销策略值得大家学习。

---

① 分析宜家家居成功营销的七大策略 [J]. 新浪家居，2010（10）：18.

二、案例分析

（一）宜家案例分析

宜家的成功最主要的原因在于其体验式营销做得特别好。体验式经济时代的到来，对企业影响深远，其中最主要的方面在于企业的营销观念。就像伯德·施密特博士（Bernd H.Schmitt）在他所写的《体验式营销》（Experiential Marketing）一书中指出的那样，体验式营销（Experiential Marketing）站在消费者的感官（Sense）、情感（Feel）、思考（Think）、行动（Act）、关联（Relate）五个方面，重新定义、设计营销的思考方式。此种思考方式突破了传统上"理性消费者"的假设，认为消费者消费时是理性与感性兼具的，消费者在消费前、消费时、消费后的体验，才是研究消费者行为与企业品牌经营的关键。[1]

无疑，宜家是体验式营销的典范，在消费前，如果有顾客带着小孩，宜家有儿童乐园专门供小孩在里面玩耍，并且有专门的看护人员，会让消费者觉得服务非常的周到。在消费中，所有的商品都欢迎广大的消费者试用，并且没有服务人员打扰顾客体验，但是，当你需要店员服务的时候，店员会及时出现，并帮助你解决问题。消费后，只要觉得东西不想要了，不会问任何理由，都会无条件地退货。宜家的样板间也会经常更新，让消费者不断地有新鲜感。营销的生命力在于出奇制胜，宜家的体验式营销使其在竞争中取得了优势地位。

（二）海底捞案例分析

海底捞在服务上可以说做到了极致，就像有人用"地球人已经阻止不了海底捞"来形容其服务的到位，并且电视上也对海底捞进行了报道。黄铁鹰主笔的"海底捞的管理智慧"成为《哈佛商业评论》中文版，《海底捞你学不会》这本书，对海底捞进行了非常详细的介绍和揭秘。海底捞在产品整体概念的五个层次上可以说都非常有竞争力，把服务和体验作为提高企业知名度、美誉度的有效手段。

---

① 360 百科。

主要表现在以下几点：

（1）极致的服务营销策略。服务营销讲求的是通过提供细致周到的服务，树立企业和产品良好的消费者认可。"专业＋用心"的有效服务是成功营销策略的基础。

（2）独具特色的服务体系。通过提供优质、高效的服务来实现产品营销，作为常规营销手段的一个有效补充，是需要长期坚持的。只要企业可以真正理解其中的内涵，形成独具企业特色的服务营销体系，企业的前途自然会更加光明。

（3）服务创新。能为客户提供个性化产品需求和服务是营销服务的一个策略，通过不断的服务创新，为客户提供无微不至的贴心服务。

（4）体验服务。体验式营销是一种非常值得提倡的营销策略或观念，免费提供儿童乐园、美甲、护手等服务让消费者体验到海底捞的附加价值，从而提升其竞争力。

三、理论知识学习

项目五　制定产品策略					
授课内容	教学目标	教学重点	教学难点	教学方式	作业
产品整体概念和产品组合策略	了解产品整体概念含义和内容	产品整体概念及内容	产品延伸策略	课堂教学案例分析	进行新产品构思并设计品牌名称和品牌标志
产品生命周期	把握产品生命周期阶段及对策	各阶段特征	各阶段营销要点	课堂教学	
新产品开发	了解新产品开发的程序	新产品开发的程序步骤		课堂教学课堂讨论	
品牌与包装	了解品牌包装策略	品牌策略	品牌与商标	实训	

企业的市场营销活动，以满足市场需要为中心，而市场需要的满足只能通过提供某种产品或服务来实现。因此，产品是企业市场营销组合中的一个重要因素。产品决策直接影响和决定着其他市场营销组合因素的管理，对企业市场营销的成败关系重大。在现代市场经济条件下，每一个企业都应致力于产品质量的提

高和组合结构的优化，并随着产品生命周期的发展变化，灵活调整市场营销方案，以更好地满足市场需要，提高企业产品竞争力，取得更好的经济效益。

任务一 认知产品及产品组合

(一) 什么是产品

研究产品决策，必须明确产品的概念。所谓产品，是指能提供给市场，用于满足人们某种欲望和需要的任何事物，包括实物、服务、场所、组织、思想、主意等。可见，产品概念已经远远超越了传统的有形实物的范围，思想、策划、主意作为产品的重要形式也能卖钱。以往，学术界曾用三个层次来表述整体产品的概念，即核心产品、有形产品和附加产品（延伸产品）三个层次。近年来，菲利普·科特勒等学者更倾向于使用五个层次来表述整体产品的概念，如图 2-1 所示。

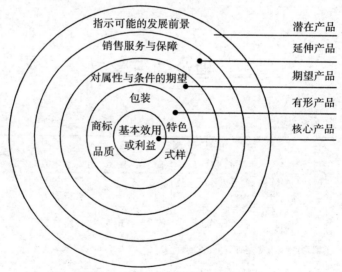

图 2-1 整体产品概念的五个层次

(二) 产品组合

企业的产品组合有一定的宽度、长度、深度和关联性。所谓产品组合的宽度，是指一个企业有多少产品大类。产品组合的长度是指一个企业的产品组合中所包含的产品项目的总数。产品组合的深度是指产品大类中每种产品有多少花色、品种、规格。产品组合的关联性是指一个企业的各个产品大类在最终使用、生产条件、分销渠道等方面的密切相关程度。产品组合的宽度、广度、深度和关联性在市场营销战略上具有重要意义。

（三）产品组合策略

企业在调整和优化产品组合时，依据情况的不同，可选择如下决策：

1. 扩大产品组合

扩大产品组合包括拓展产品组合的宽度和加强产品组合的深度。前者是在原产品组合中增加一个或几个产品大类，扩大经营产品范围；后者是在原有产品大类内增加新的产品项目。

2. 缩减产品组合

当市场繁荣时，较长、较宽的产品组合会为许多企业带来较多的盈利机会，但当市场不景气或原料、能源供应紧张时，缩减产品反而可能使总利润上升。这是因为从产品组合中剔除了那些获利很小甚至不获利的产品大类或产品项目，使企业可集中力量发展获利多的产品大类和产品项目。

3. 产品延伸

每一企业的产品都有其特定的市场定位，如"奥迪"汽车定位于高档车市场，"桑塔纳"定位于中档汽车市场，而"夏利"则定位于低档车市场。产品延伸决策指全部或部分地改变公司原有产品的市场定位，具体做法有向下延伸、向上延伸和双向延伸三种。

任务二　认知产品的生命周期理论

产品在市场上的销售情况及获利能力随着时间的推移而变化。这种变化的规律正像人和其他生物的生命一样，从诞生、成长到成熟，最终将走向衰亡。这个过程在市场营销学中指产品从进入市场开始，直到最终退出市场被市场淘汰所经历的全部时间。产品生命周期指的是产品的市场寿命，而不是使用寿命。产品只有经过研究、开发、试销，然后进入市场，它的市场生命周期才算开始。产品退出市场，标志着生命周期的结束。

（一）产品生命周期阶段

典型的产品生命周期一般可分为四个阶段，即介绍期（或引入期）、成长期、成熟期和衰退期。产品生命周期各阶段的划分是相对的。一般来说，各阶段的分界依据是产品的销售量和利润额的变化情况。在介绍期，产品销售量增长缓慢，利润增长也比较缓慢，一般利润为负。一旦销售量开始迅速增长，利润由负变正，则说明介绍期已经结束，进入成长期。当销售量的增长减慢，利润增长值接近于零时，说明已进入成熟期。在成熟期，产品的销售量从缓慢增加到缓慢递减，同时利润额开始下滑。当销售量加速递减，利润也比较快地下降时，说明产品已进入了市场衰退期。实际上，各种产品生命周期的曲线形状是有差异的。有的产品一进入市场就快速成长，迅速跳过介绍期；有的产品则可能越过成长期而直接进入成熟期；还有的产品可能经历了成熟期以后，进入了第二个快速成长期，如图 2-2 所示。

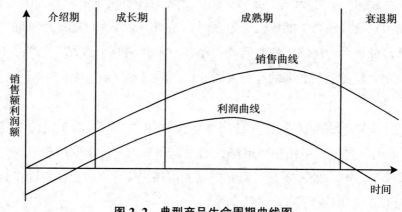

图 2-2　典型产品生命周期曲线图

（二）产品生命周期策略

产品生命周期理论说明，不会有一种产品经久不衰，永远获利。企业必须经常对各类产品的市场状况进行分析，淘汰老产品，开发新产品，使企业的产品组合处于最优状态。当一种产品进入衰退期时，必须保证有其他产品处于介绍期、成长期或成熟期，不至于因老产品的淘汰而引起企业利润下降。制定市场营销决策时，要认真分析产品所处的生命周期阶段。

1. 介绍期市场营销策略

介绍期开始于新产品首次在市场上普遍销售之时。新产品进入介绍期以前，需要经历开发、研制、试销等过程。进入介绍期产品的市场特点是：产品销量少，促销费用高，制造成本高，销售利润常常很低甚至为负值。在这一阶段，促销费用很高，支付费用的目的是建立完善的销售渠道。促销活动的主要目的是介绍产品，吸引消费者试用。

处于介绍期的产品，一般只有少数企业甚至独家企业生产。因为产量和技术方面的问题，使得产品成本高，售价也高。企业必须把销售力量直接投向最有可能的购买者，尽量缩短介绍期的时间。介绍期产品的市场营销策略，一般有以下四种：

（1）快速掠取策略（快取脂策略）。这种策略采用高价格、高促销费用，以求迅速扩大销售量，取得较高的市场占有率。采取这种策略必须有一定的市场环境，如大多数潜在消费者还不了解这种新产品，或者已经了解这种新产品的人急于求购，并且愿意按价购买；企业面临潜在竞争者的威胁，应该迅速使消费者建立对自己产品的偏好。以 1945 年美国雷诺公司经营圆珠笔为例，当时临近第二次世界大战后第一个圣诞节，许多人希望能买到一种新颖别致的商品作为圣诞礼物。雷诺公司看准了这一时机，不惜重金从阿根廷引进了当时美国还没有的圆珠笔生产技术，并在很短的时间内生产出产品。在制定价格时，他们进行了认真的研究分析，考虑到这种产品在美国首次出现，无竞争对手，战后市场物资供应缺乏，购买者求新好奇，追求礼物新颖等因素，决定采取快速掠取策略，以每支10 美元的价格卖给零售商，而当时每支笔的生产成本仅为 0.50 美元。零售商以每支 20 美元的价格出售，产品在美国风靡一时，雷诺公司获得了巨额利润。

（2）缓慢掠取策略（慢取脂策略）。以高价格、低促销费用的形式进行经营，以求得到更多的利润。这种策略可以在市场面比较小、市场上大多数的消费者已熟悉该新产品、购买者愿意出高价，潜在竞争威胁不大的市场环境下使用。

（3）快速渗透策略。实行低价格、高促销费用的策略，迅速打入市场，取得尽可能高的市场占有率。在市场容量很大，消费者对这种产品不熟悉，但对价格非常敏感，潜在竞争激烈，随着生产规模的扩大，企业可以降低单位生产成本的情况下适合采用这种策略，可以获得较高的市场占有率。

（4）缓慢渗透策略。这种策略是以低价格、低促销费用来推出新产品。这种策略适用于市场容量很大、消费者熟悉这种产品但对价格反应敏感，并且存在潜在竞争者的市场环境。可口可乐进入中国市场采用的就是渗透策略。早在 1933 年，上海就已经建立了可口可乐在美国本土以外的最大瓶装厂，但是新中国成立后，可口可乐作为美国文化的象征在中国大陆消失了。直到 1979 年中国实行改革开放重新打开国门时，罐装的可口可乐才在中国的涉外宾馆出现，但只卖给外国人且要收取外汇。美国商人不愧是有眼力的经营者，他们看中了当时中国 10 多亿人口消费的巨大潜力及巨大市场。可口可乐从改革开放初期重新踏入中国到在中国市场上随处可见的 10 年，其间共投资 8000 万美元并直到 20 世纪 80 年代末才在账面上消灭赤字。现在，可口可乐已经在中国所有省份成功地建立起了销售网，站稳了脚跟。

2. 成长期市场营销策略

新产品经过市场介绍期以后，消费者对该产品已经熟悉，消费习惯业已形成，销售量迅速增长，这种新产品就进入了成长期。进入成长期以后，老顾客重复购买，并且带来了新的顾客，销售量激增，企业利润迅速增长，在这一阶段利润达到最大。随着销售量的增大，企业生产规模也逐步扩大，产品成本逐步降低，新的竞争者会投入竞争。随着竞争的加剧，新的产品特性开始出现，产品市场开始细分，销售渠道增加。企业为维持市场的继续成长，需要保持或稍微增加促销费用，但由于销量增加，平均促销费用有所下降。针对成长期的特点，企业为维持其市场增长率，使获取最大利润的时间得以延长，可以采取下面几种策略：

（1）改善产品品质。如增加新的功能，改变产品款式等。对产品进行改进，可以提高产品的竞争能力，满足顾客更广泛的需求，吸引更多的顾客。

（2）寻找新的细分市场。通过市场细分，找到新的尚未满足的细分市场，根据其需要组织生产，迅速进入这一新的市场。

（3）改变广告宣传的重点。把广告宣传的重心从介绍产品转到建立产品形象上来，树立产品品牌形象，维系老顾客，吸引新顾客，使产品形象深入顾客心中。

（4）在适当的时机，可以采取降价策略。这样可以激发那些对价格比较敏感的消费者产生购买动机和采取购买行动。

3. 成熟期市场营销策略

产品经过成长期一段时间以后，销售量的增长会放慢，利润开始缓慢下降，这表明产品已开始走向成熟期。进入成熟期以后，产品的销售量增长缓慢，逐步达到最高峰，然后缓慢下降；该产品的销售利润也从最高点开始下降；市场竞争非常激烈，各种品牌、各种款式的同类产品不断出现。菲利普·科特勒根据成熟期产品销售量的变化情况，把成熟期分为三个阶段：第一阶段称为成熟中的成长，在这一阶段销售增长率开始下降，尽管有新的顾客进入市场，但销售渠道已达到饱和；第二阶段称为成熟中的稳定，这一阶段的市场已经饱和，大多数潜在的消费者已经试用过这种产品，未来的购买只受重复需求和人口增长的影响；第三阶段被称为成熟中的衰退，这一阶段由于消费者转向购买其他产品或代用品，销售量开始下降。对成熟期的产品，只能采取主动出击的策略，使成熟期延长，或使产品生命周期出现再循环。为此，可以采取以下三种策略：

（1）市场改良策略。这种策略不是要改变产品本身，而是发现产品的新用途或改变推销方式等，以使产品销售量得以扩大。采取这种策略可从以下三个方面考虑：一是寻求新的细分市场；二是产品引入尚未使用过这种产品的市场；三是要发现产品的新用途，应用于其他的领域，以使产品的成熟期延长。

（2）产品改良策略，也称"产品再推出"。整体产品概念的任何一个层次的改良都可称为产品再推出，包括提高产品质量，改变产品特性和款式，为顾客提供新的服务等。实现产品再推出的具体策略有两种：一是品质改进策略，主要侧重于增加产品的功能，如汽车制造商不断改进小轿车的性能。这种品质的改进将提高产品的竞争地位。二是特性改良策略，主要侧重于增加产品的新特性，尤其扩大产品的高效性、安全性和方便性。

（3）营销组合改良策略。市场营销组合改良策略是指通过对产品、定价、渠道、促销四个市场营销组合因素加以综合改革，刺激销售量的回升。比如在提高产品质量、改变产品性能、增加产品花色品种的同时，可通过特价、早期购买折扣、补贴运费、延期付款等方法来降价让利，扩大分销渠道，广设销售网点，调整广告媒体组合，变换广告时间和频率，增加人员推销，大搞公共关系等"多管"齐下，搞市场渗透，扩大影响，争取更多的顾客。

4. 衰退期市场营销策略

在成熟期，产品的销售量从缓慢增加到缓慢下降，如果销售量的下降速度开始加剧，利润水平很低，在一般情况下，就可以认为这种产品已进入市场生命周期的衰退期。衰退期的主要特点是：产品销售量急剧下降；企业从这种产品中获得的利润很低甚至为零；大量的竞争者退出市场；消费者的消费习惯已发生转变等。面对处于衰退期的产品，企业需要进行认真的研究分析，决定采取什么策略以及在什么时间退出市场。通常有以下几种策略可供选择：

（1）继续策略。继续沿用过去的策略，仍按照原来的细分市场，使用相同的销售渠道、定价及促销方式，直到这种产品完全退出市场为止。

（2）集中策略。把企业能力和资源集中在最有利的细分市场和销售渠道上，从中获取利润。这样有利于缩短产品退出市场的时间，同时也能为企业创造更多的利润。

（3）收缩策略。大幅度降低促销水平，尽量减少销售和推销费用，以增加目前的利润。这样可能导致产品在市场上的衰退加速，但也能从忠实于这种产品的顾客中得到利润。

（4）放弃策略。对于衰落比较迅速的产品，应该当机立断，放弃经营。可以采取完全放弃的形式，如把产品完全转移出去或立即停止生产，也可采取逐步放弃的方式，使其所占用的资源逐步转向其他的产品。

任务三　新产品开发

一般而言，当一种产品投放市场时，企业就应该着手设计新产品，使企业在任何时期都有不同产品处于产品生命周期的不同阶段，从而保证企业盈利的稳定增长。尤其在科学技术飞速发展的今天，在瞬息万变的国内国际市场中，在竞争越来越激烈的环境下，开发新产品对企业而言，是应对各种突发事件，维护企业生存与发展的重要保证。

（一）新产品概念及种类

市场营销中使用的新产品概念不是从纯技术角度理解的，产品只要在功能或形态上得到改进与原有产品产生差异，并为顾客带来新利益，即视为新产品。新产品可分为六种基本形态：一是全新产品，即运用新一代科学技术革命创造的整体更新产品；二是新产品线，是企业首次进入一个新产品市场的产品；三是现有产品的增补产品；四是现有产品的改进或更新，对现有产品性能改进或注入较多的新价值；五是再定位，进入新的目标市场或改良原有产品市场定位推出新产品；六是成本减少，以较低成本推出同样性能的新产品。企业新产品开发的实质是推出上述不同内涵和外延的新产品。对大多数公司来说，是改进现有产品而非创造全新产品。

（二）开发程序

为了提高新产品开发的成功率，必须建立科学的新产品开发管理程序。不同行业的生产条件与产品项目不同，管理程序也有所差异，但一般企业研制新产品的管理程序大致如图 2-3 所示。

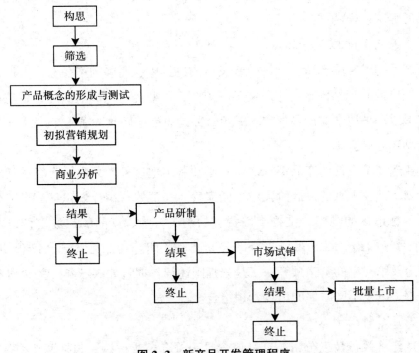

图 2-3　新产品开发管理程序

1. 新产品构思

研制新产品，首先必须提出符合市场需求的产品设计，而产品设计是建立在产品构思基础上的。所谓构思，就是为满足一种新需求而提出的设想。在产品构思阶段，营销部门的主要责任是：寻找，积极地在不同环境中寻找好的产品构思；激励，积极鼓励公司内外人员提出好的产品构思；提高，将所汇集的产品构思送交公司内部有关部门，征求修正意见，使内容更加充实。

2. 筛选

筛选的主要目的是选出那些符合本企业发展目标和长远利益，并与企业资源相协调的产品构思，摒弃那些可行性小或获利少的产品构思。筛选应遵循如下标准：一是市场成功的条件。包括产品潜在的市场成长率、竞争程度及前景，企业能否获得较高的收益。二是企业内部条件。主要衡量企业的人、财、物资源，企业的技术条件及管理水平是否适合生产这种产品。三是销售条件。即企业的现有销售结构是否适合销售这些产品。四是利润收益条件。即产品是否符合企业的营销目标，其获利前景及新产品对企业原有产品销售的影响。这一阶段的任务是剔除那些明显不适合的产品构思。

3. 产品概念的形成与测试

新产品构思经筛选后，须进一步发展成更具体、明确的产品概念。产品概念是指已经成型的产品构思，即用文字、图像、模型等予以清晰阐述，旨在在顾客心目中形成一种清晰的产品形象。一个产品构思能够转化为若干个产品概念。

4. 初拟营销规划

企业选择了最佳的产品概念之后，必须制定把这种产品引入市场的初步市场营销计划，并在未来的发展阶段中不断完善。初拟的营销计划包括三个部分：一是描述目标市场的规模、结构、消费者的购买行为、产品的市场定位以及短期（如三个月）的销售量、市场占有率、利润率预期等；二是概念产品预期价格、分销渠道及第一年的营销预算；三是分别阐述较长期（如 3~5 年）的销售额和投资收益率，以及不同时期的市场营销组合等。

5. 商业分析

即从经济效益角度分析新产品概念是否符合企业目标。包括两个具体步骤：预测销售额和推算成本与利润。

6. 新产品研制

主要是将通过商业分析后的新产品概念交送研究开发部门或技术工艺部门试制成为产品模型或样品，同时进行包装的研制和品牌的设计。这是新产品开发的一个重要步骤，只有通过产品试制，投入资金、设备和劳动力，才能使产品概念实体化，发现不足与问题，改进设计，从而确定这种产品概念在技术、商业上的可行性。应当强调，新产品研制必须使模型或样品具有产品概念规定的所有特征。

7. 市场试销

新产品试销应对以下问题做出决策：①试销的地区范围，试销市场应是企业目标市场的缩影；②试销时间，试销时间长短一般根据该产品的平均重复购买率决定，再购率高的新产品，试销时间应当长一些，因为只有重复购买才能真正说明消费者喜欢；③试销中所要取得的资料，一般应了解首次购买情况（试用率）和重复购买情况（再购率）；④试销所需要的开支；⑤试销的营销策略及试销成功后应进一步采取的战略行动。

8. 商业性投放

新产品试销成功后，就可以正式批量生产，全面推向市场。这时，企业要支付大量费用，而新产品投放市场的初期往往利润微小，甚至亏损，因此，企业在此阶段应在产品投放市场的时机、区域、目前市场的选择和最初的营销组合等方面做出慎重决策。

任务四　设计品牌与包装

企业的主要品牌策略包括：首先，决定是否给企业的产品起名字，设计牌号，这叫做品牌化策略；其次，决定用本企业（企业）的牌号，还是用经销商的牌号，或一部分产品用本企业的牌号，另一部分产品用经销商的牌号，这叫做品牌使用者策略；再次，决定品牌的质量水平，这叫做品牌质量策略；最后，决定企业的各种产品使用一个或几个品牌，还是分别使用不同的品牌，这叫做家族品牌策略。此外，还涉及一些特殊品牌策略。

（一）品牌与商标的概念

品牌策略是企业的整个产品管理的一个固有方面，企业给其产品起一个适当的名字，设计正确的品牌标志，向政府申请注册品牌等，这些活动都可以增加产品的价值。

1. 品牌

对于品牌的定义有多种，有的观点认为：品牌就是牌子、商号、商标。而著名市场营销专家菲利普·科特勒博士这样解释品牌："品牌是一种名称、术语、标记、符号或图案，或是它们的相互组合，用以识别某个销售者或某群销售者的产品或服务，并使之与竞争对手的产品或服务相区别。"

2. 品牌名称

品牌名称是指品牌中可以用语言称呼的部分，主要用于语音识别。例如，可口可乐、雪佛莱、爱芳等，都是美国著名的品牌名称。

3. 品牌标志

品牌标志是指品牌中可以被认出但不能用言语称呼的部分，如符号（记号）、设计、与众不同的颜色或书写字体，主要用于视觉识别。

4. 商标

商标是指厂商为其申请专利使用权，并且在法律上给予特别保护的品牌或品牌的一部分。企业在政府有关主管部门注册登记以后，就享有使用某个品牌名称和品牌标志的专用权，这个品牌名称和品牌标志受到法律保护，其他任何企业都不得仿效使用。因此，商标实质上是一种法律名词，是指已获得专用权并受法律保护的一个品牌或品牌的一部分。商标是企业的无形资产，驰名商标更是企业的巨大财富。

5. 名牌

名牌，简单地说，就是知名品牌，或在市场竞争中的强势品牌。"知名"的内涵是：知名度高，美誉度高，信任度高，追随度高，除此之外，在反应度、认识度、美誉度、传播度、忠诚度等方面也应有上佳表现。

(二) 品牌化策略

企业的市场营销人员首先要决定是否给其产品规定品牌名称，这叫做品牌化策略。世界各国的大多数产品都规定有品牌。品牌化虽然会使企业增加成本费用，但也可以使卖主得到以下好处：①规定品牌名称可以使卖主易于管理订货；②注册商标可使企业的产品特色得到法律保护，防止别人模仿、抄袭；③品牌化使卖主有可能吸引更多的品牌忠诚者；④品牌化有助于企业细分市场；⑤良好的品牌有助于树立良好的企业形象。

大多数购买者也需要品牌化，因为这是购买者获得商品信息的一个重要来源，因此，品牌化可使购买者得到一些利益，例如：购买者通过品牌可以了解各种产品的质量好坏；品牌化有助于购买者提高购物效率。

(三) 品牌使用者策略

企业给其产品规定了品牌之后，下一步还要进行品牌使用者策略。在这方面，企业有三种可供选择的策略，即：①企业可以决定使用自己的品牌，这种品牌叫做企业品牌、生产者品牌、全国性品牌；②企业可以决定将其产品大批量地卖给中间商，中间商再用自己的品牌将货物转卖出去，这种品牌叫做中间商品牌、私人品牌；③企业还可以决定有些产品用自己的品牌，有些产品用中间商品牌。企业品牌一向是工商业舞台的主角。大多数企业都创立了自己的品牌。此外，还有些享有盛誉的企业将其著名商标租借给别人使用，收取一定的特许使用费（因为注册商标也是一种工业产权）。

（四）家族品牌策略

企业如果决定其大部分或全部产品都使用自己的品牌名称，就要决定其产品是分别使用不同的品牌名称，还是统一使用一个或几个品牌名称。也就是说，在这个问题上也有若干不同的可供选择的决策。这种家族品牌策略，至少有以下四种：

1. 个别品牌

即企业决定其各种不同的产品分别使用不同的品牌名称。企业采取个别品牌名称策略的主要好处是：企业的整体声誉不至于受其某种商品的影响，例如，如果某企业的某种产品失败了，不致给这家企业的脸上抹黑（因为这种产品用自己的品牌名称）。

2. 统一品牌

即企业决定其所有的产品都统一使用一个品牌名称。例如，美国通用电气公司的所有产品都统一使用"GE"这个品牌名称。企业采取统一品牌名称决策的主要好处是：企业宣传介绍新产品的费用开支较低，如果企业的名声好，其产品必然畅销。但企业的产品存在明显差异或企业原有声誉、形象一般或较差时，不宜采用这种策略。而且一旦某一产品失败，会影响其他产品的声誉。

3. 分类品牌

西尔斯·罗巴克公司就曾采取这种策略，它所经营的器具类产品、妇女服装类产品、主要家庭设备类产品分别使用不同的品牌名称。这主要是因为：

（1）企业生产或销售许多不同类型的产品，如果都统一使用一个品牌名称，这些不同类型的产品就容易互相混淆。例如，美国斯维夫特公司同时生产火腿和化肥，这是两种截然不同的产品，需要使用不同的品牌名称，以免互相混淆。

（2）有些企业虽然生产或销售同一类型的产品，但是为了区别不同质量水平的产品，往往也分别使用不同的品牌名称。例如，美国大西洋和太平洋茶叶公司所经营的各种食品，一等品的品牌名称为"安·帕格（Ann Page）"，二等品的品牌名称为"苏坦娜（Sultana）"，三等品的品牌名称为"伊欧娜（Iona）"。

4. 企业名称加个别品牌

即企业决定其各种不同的产品分别使用不同的品牌名称，而且各种产品的品牌名称前面还冠以企业名称。企业采取这种策略的主要好处是：在各种不同新产品的品牌名称前冠以企业名称，可以使新产品合法化，能够享受企业的信誉；而各种不同的新产品分别使用不同的品牌名称，又可以使各种不同的新产品各有不同的特色。如美国通用汽车公司对它所生产的汽车前面都加上"GM"两个字母，作为通用产品的统一品牌。

（五）品牌扩展策略

品牌扩展策略是指企业利用其成功品牌名称的声誉来推出改良产品或新产品，包括推出新的包装规格、香味和式样等。例如，美国桂格麦片公司成功地推出桂格超脆麦片之后，又利用这个品牌及其图样特征，推出雪糕、运动衫等新产品，显然，如果不利用桂格超脆麦片这个成功的品牌名称，这些新产品就不能很快地打入市场。企业采取这种策略，可以节省宣传介绍新产品的费用，使新产品能迅速地、顺利地打入市场。

（六）多品牌策略

所谓多品牌策略，是指企业决定同时经营两种或两种以上互相竞争的品牌。这种策略是宝洁公司首创的。传统的市场营销理论认为，单一品牌延伸决策能使企业减少宣传成本，易于被顾客接受，便于企业形象的统一。但宝洁认为，单一品牌并非万全之策。因为一种品牌树立之后，容易在消费者当中形成固定的印象，不利于产品的延伸，尤其是像宝洁这样横跨多种行业、拥有多种产品的企业更是如此。

（七）包装策略

1. 包装的概念

大多数物质产品在从生产领域流转到消费领域的过程中，都需要有适当的包装。包装工作是整个商品生产的一个重要组成部分。所谓包装工作，就是企业的某些人员对某种产品的容器或包装物的设计和制造活动。

市场营销学认为，产品包装一般包括以下三个部分：

（1）首要包装。即产品的直接包装，如牙膏皮、啤酒瓶等。

（2）次要包装。即保护首要包装的包装物，如包装一定数量的牙膏的纸盒或纸板箱。

（3）装运包装。即为了便于储运、识别某些产品的外包装。此外，在产品包装上还有标签，这是为了说明产品而贴在产品上的招贴或印在产品包装上的文字、图案等。在标签上一般都印有包装内容和产品所包含的主要成分、品牌标志、产品质量等级、生产厂家、生产日期和有效期、使用方法等，有些标签上还印有彩色图案或实物照片，以促进销售。

2. 产品包装的作用

搞好产品包装，可以美化产品，保护产品，使产品在市场营销过程中，在消费者保存产品期间，不致损坏、变质、散落，保护产品的使用价值。

搞好产品包装，可以促进销售，增加盈利。特别是在实行顾客自我服务的情况下，更需要利用产品包装来向广大顾客宣传介绍产品，吸引顾客注意力。现代商品包装装潢已成为市场营销的一个重要手段。

搞好产品包装，还可以增加商品价值。由于消费者收入水平和生活水平的提高，消费者一般愿意为良好包装带来的方便、美感、可靠性和声望多付些钱。所以，良好的包装不仅可以促进销售，而且可以提高售价，并增加产品附加价值。

3. 包装策略

符合设计要求的包装固然是良好的包装，但良好的包装只有同包装策略结合起来才能发挥应有的作用。可供企业选择的包装策略有以下几种：

（1）相似包装策略。即企业生产的各种产品，在包装上采用相似的图案、颜色，体现共同的特征。其优点在于能节约设计和印刷成本，树立企业形象，有利于新产品的推销。但有时也会因为个别产品质量下降影响到其他产品的销路。

（2）差异包装策略。即企业的各种产品都有自己独特的包装，在设计上采用不同的风格、色调和材料。这种策略能够避免由于某一商品推销失败而影响其他商品的声誉，但也相应地会增加包装设计费用和新产品促销费用。

（3）相关包装策略。即将多种相关的产品配套放在同一包装物内出售，如系列化妆品包装。这可以方便顾客购买和使用，有利于新产品的销售。

（4）复用包装策略或双重用途包装策略。即包装内产品用过之后，包装物本身还可有其他用途，如奶粉包装铁盒。这种策略的目的是通过给消费者额外利益来扩大产品销售。

（5）分等级包装策略。即对同一种商品采用不同等级的包装，以适应不同的购买力水平。如送礼商品和自用商品采用不同档次的包装。

（6）赠品包装策略。即在包装上或包装内附赠奖券或实物，以吸引消费者购买。这一决策对儿童尤为有效。

（7）改变包装策略。当某种产品销路不畅或长期使用一种包装时，企业可以改变包装设计、包装材料，使用新的包装。这可以使顾客产生新鲜感，从而扩大产品销售。

一、经典案例

案例1 亚马逊公司的差别定价

（一）亚马逊公司实施差别定价背景

1994年，当时在华尔街管理着一家对冲基金的杰夫·贝佐斯（Jeff Bezos）在西雅图创建了亚马逊公司，该公司从1995年7月开始正式营业，1997年5月股票公开发行上市，从1996年夏天开始，亚马逊成功地实施了联属网络营销战略，在数十万家联属网站的支持下，亚马逊迅速崛起成为网上销售的第一品牌，到1999年10月，亚马逊的市值达到了280亿美元，超过了西尔斯（sears Roebuck & Co）和卡玛特（Kmart）两大零售巨人的市值之和。亚马逊的成功可以用以下数字来说明：

根据Media Metrix的统计资料，亚马逊在2000年2月时在访问量最大的网站中排名第8，共吸引了1450万名独立的访问者，亚马逊是排名进入前10名的唯一一家纯粹的电子商务网站。

根据 PC Data Online 的数据，亚马逊是 2000 年 3 月最热门的网上零售目的地，共有 1480 万名独立访问者，独立的消费者也达到了 120 万人。亚马逊当月完成的销售额相当于排名第二位的 CDNow 和排名第三位的 Ticketmaster 完成的销售额的总和。在 2000 年，亚马逊已经成为互联网上最大的图书、唱片和影视碟片零售商，亚马逊经营的其他商品类别还包括玩具、电器、家居用品、软件、游戏等，品种达 1800 万种之多，此外，亚马逊还提供在线拍卖业务和免费的电子贺卡服务。但是，亚马逊的经营也暴露出不小的问题。虽然亚马逊的业务在快速扩张，亏损额却也在不断增加，在 2000 年第一季度中，亚马逊完成的销售额为 5.74 亿美元，同期增长 95%，第二季度的销售额为 5.78 亿，同期增长了 84%。但是，亚马逊第一季度的总亏损达到了 1.22 亿美元，相当于每股亏损 0.35 美元，而前一年同期的总亏损仅为 3600 万美元，相当于每股亏损 0.12 美元，亚马逊 2000 年第二季度的主营业务亏损仍达 8900 万美元。

亚马逊公司的经营危机也反映在它在股票市场的表现上。亚马逊的股票价格自 1999 年 12 月 10 日创下历史高点 106.6875 美元后开始持续下跌，到 2000 年 8 月 10 日，亚马逊的股票价格已经跌至 30.438 美元。在业务扩张方面，亚马逊也开始遭遇到一些老牌门户网站如美国在线、雅虎等的有力竞争，在这一背景下，亚马逊迫切需要实现盈利，而最可靠的盈利项目是它经营最久的图书、音乐唱片和影视碟片，实际上，在 2000 年第二季度亚马逊就已经从这三种商品上获得了 1000 万美元的营业利润。

（二）亚马逊公司的差别定价实验

作为一个缺少行业背景的新兴的网络零售商，亚马逊不具有巴诺（Barnes & Noble）公司那样卓越的物流能力，也不具备像雅虎等门户网站那样大的访问流量，亚马逊最有价值的资产就是它拥有的 2300 万注册用户，亚马逊必须设法从这些注册用户身上实现尽可能多的利润。因为网上销售并不能增加市场对产品的总的需求量，为提高在主营产品上的盈利，亚马逊于 2000 年 9 月中旬开始了著名的差别定价实验。亚马逊选择了 68 种 DVD 碟片进行动态定价试验，试验当中，亚马逊根据潜在客户的人口统计资料、在亚马逊的购物历史、上网行为以及上网使用的软件系统确定这 68 种碟片的报价水平。例如，名为《泰特斯》(Titus)

的碟片对新顾客的报价为 22.74 美元，而对那些对该碟片表现出兴趣的老顾客的报价则为 26.24 美元。通过这一定价策略，部分顾客付出了比其他顾客更高的价格，亚马逊因此提高了销售的毛利率，但是好景不长，这一差别定价策略实施不到一个月，就有细心的消费者发现了这一秘密，通过在名为 DVDTalk（www.dvdtalk.com）的音乐爱好者社区的交流，成百上千的 DVD 消费者知道了此事，那些付出高价的顾客当然怨声载道，纷纷在网上以激烈的言辞对亚马逊的做法进行口诛笔伐，有人甚至公开表示以后绝不会在亚马逊购买任何东西。更不巧的是，由于亚马逊前不久才公布了它对消费者在网站上的购物习惯和行为进行了跟踪和记录，因此，这次事件曝光后，消费者和媒体开始怀疑亚马逊是否利用其收集的消费者资料作为其价格调整的依据，这样的猜测让亚马逊的价格事件与敏感的网络隐私问题联系在了一起。

为挽回日益凸显的不利影响，亚马逊的首席执行官贝佐斯只好亲自出马做危机公关，他指出亚马逊的价格调整是随机进行的，与消费者是谁没有关系，价格实验的目的仅仅是测试消费者对不同折扣的反应，亚马逊"无论是过去、现在或未来，都不会利用消费者的个人资料进行动态定价"。贝佐斯为这次的事件给消费者造成的困扰向消费者公开表示了道歉。不仅如此，亚马逊还试图用实际行动挽回人心，亚马逊答应给所有在价格测试期间购买这 68 部 DVD 的消费者以最大的折扣，据不完全统计，至少有 6896 名没有以最低折扣价购得 DVD 的顾客，已经获得了亚马逊退还的差价。至此，亚马逊价格实验以完全失败而告终，亚马逊不仅在经济上蒙受了损失，而且它的声誉也受到了严重的损害。

（三）亚马逊差别定价实验失败的原因

亚马逊的管理层在投资人要求迅速实现盈利的压力下开始了这次有问题的差别定价实验，结果很快便以全面失败而告终，那么，亚马逊差别定价策略失败的原因究竟何在？亚马逊这次差别定价实验从战略制定到具体实施都存在严重问题，分述如下：

1. 战略制定方面

首先，亚马逊的差别定价策略与其一贯的价值主张相违背。在亚马逊公司的网页上，亚马逊明确表述了它的使命：要成为世界上最能以顾客为中心的公司。在差别定价实验前，亚马逊在顾客中有着很好的口碑，许多顾客想当然地认为亚马逊不仅提供最多的商品选择，还提供最好的价格和服务。亚马逊的定价实验彻底损害了它的形象，即使亚马逊为挽回影响进行了及时的危机公关，但亚马逊在消费者心目中已经永远不会像从前那样值得信赖了，至少人们会觉得亚马逊是善变的，并且会为了利益而放弃原则。

其次，亚马逊的差别定价策略侵害了顾客隐私，有违基本的网络营销伦理。亚马逊在差别定价的过程中利用了顾客购物历史、人口统计学数据等资料，但是它在收集这些资料时是以向顾客提供更好的个性化的服务为幌子获得顾客同意的，显然，将这些资料用于顾客没有认可的目的是侵犯顾客隐私的行为。即便美国当时尚无严格的保护信息隐私方面的法规，但亚马逊的行为显然违背了基本的商业道德。

最后，亚马逊的行为同其市场地位不相符合。按照刘向晖博士对网络营销不道德行为影响的分析，亚马逊违背商业伦理的行为曝光后，不仅它自己的声誉会受到影响，整个网络零售行业都会受到牵连，但因为亚马逊本身就是网上零售的市场领导者，占有最大的市场份额，所以它无疑会从行业信任危机中受到最大的打击，由此可见，亚马逊的策略是极不明智的。

综上，亚马逊差别定价策略从战略管理角度看有着诸多的先天不足，这从一开始就注定了它的"实验"将会以失败而告终。

2. 具体实施方面

亚马逊的差别定价实验在策略上存在着严重问题，这决定了这次实验最终失败的结局，但实施上的重大错误是使它迅速失败的直接原因。

首先，基本的经济学理论认为一个公司的差别定价策略只有满足以下三个条件时才是可行的：

一是企业是价格的制定者而不是市场价格的接受者。

二是企业可以对市场细分并且阻止套利。

三是不同的细分市场对商品的需求弹性不同。

DVD 市场的分散程度很高，而亚马逊不过是众多经销商中的一个，所以从严格的意义上讲，亚马逊不是 DVD 价格的制定者。但是，假如我们考虑到亚马逊是一个知名的网上零售品牌，以及亚马逊的 DVD 售价低于主要的竞争对手，所以，亚马逊在制定价格上有一定的回旋余地。当然，消费者对 DVD 产品的需求弹性存在着巨大的差别，所以亚马逊可以按照一定的标准对消费者进行细分，但问题的关键是，亚马逊的细分方案在防止套利方面存在着严重的缺陷。亚马逊的定价方案试图通过给新顾客提供更优惠价格的方法来吸引新的消费者，但它忽略的一点是：基于亚马逊已经掌握的顾客资料，虽然新顾客很难伪装成老顾客，但老顾客却可以轻而易举地通过重新登录伪装成新顾客实现套利。

其次，亚马逊歧视老顾客的差别定价方案与关系营销的理论相背离，亚马逊的销售主要来自老顾客的重复购买，重复购买在总订单中的比例在1999年第一季度为66%，一年后这一比例上升到了76%。亚马逊的策略实际上惩罚了对其利润贡献最大的老顾客，但它又没有有效的方法锁定老顾客，其结果必然是老顾客的流失和销售与盈利的减少。

最后，亚马逊还忽略了虚拟社区在促进消费者信息交流方面的巨大作用，消费者通过信息共享显著提升了其市场力量。的确，大多数消费者可能并不会特别留意亚马逊产品百分之几的价格差距，但从事网络营销研究的学者、主持经济专栏的作家以及竞争对手公司中的市场情报人员会对亚马逊的定价策略明察秋毫，他们可能会把他们的发现通过虚拟社区等渠道广泛传播，这样，亚马逊自以为很隐秘的策略很快就在虚拟社区中露了底，并且迅速引起了传媒的注意。

比较而言，在亚马逊的这次差别定价实验中，战略上的失误是导致"实验"失败的根本原因，而实施上的诸多问题则是导致其惨败和速败的直接原因。[①]

思考分析：

（1）亚马逊差别定价实验的启示。

（2）差别定价需注意的问题。

案例2　长虹的定价策略

（一）背景条件

四川省长虹电子集团公司原是一家以生产军用品为主的国有企业。经过十几年的经营，长虹电视机的产量、销售收入和实现利税都大幅度增长。

"七五"、"八五"期间，长虹公司投入资金5亿多元进行技术改造，提高了产

---

① 365优中国办公网 http//:www.365u.com.cn.

品质量。在精心培育下，长虹电视的知名度迅速提高。从 1989 年起，长虹公司超过熊猫电视机厂等较早生产电视机的企业，成为国内最大的电视机生产基地。1993 年，长虹彩电年产量为 140 万台、产品销售收入 289447.2 万元、利润总额 50455.84 万元、净利润 42887.47 万元，企业资产计计 196034.72 万元。1994 年，长虹彩电年产量 195.8 万台，比上年增长 39.5%，市场占有率达到 17%；产品销售收入 508942.5 万元，比上年增长 75%；利润总额 831484.9 万元，比上年增长 54.9%；净利润 70722.3 万元，比上年增长 67.6%；资产达到 311198.9 万元，比上年增长 58.7%；1995 年长虹彩电的产量继续大幅度增加，全年生产彩电 305.18 万台，比 1994 年增长 55.8%；市场占有率达到 22%，产品销售收入 693351 万元、利润总额 135700 万元、净利润 115071.4 万元，资产总计 641378.2 万元。

正当长虹公司的产量、市场占有率和销售收入迅速增加时，市场的压力也越来越大。首先，国外许多大型电子跨国公司凭借着名商标的优势，扩大在中国市场上的销售规模，或者通过控股合资、散件组装等方式，增加了国外品牌在国内市场上的销售量，国外品牌彩色电视在国内销售量上升。其次，由于国内彩电的重复生产和盲目建设严重，全国整机装配的能力过大，共有 97 家企业拥有 100 多条生产线，有近一半的生产能力不能在国内找到市场。国内多数彩电生产企业的生产线是从日本等国家的几大电子公司引进的，生产的彩电不论质量、品种还是档次都比较接近，而消费者在选择国产彩电时比较重视价格因素。

（二）降低产品价格，争夺市场的主动权

长虹公司的彩色电视机质量好，性能先进，一直以稍高于其他国产品牌彩电的价格销售。长虹公司计划进一步提高市场占有率，主要途径有两条：一是继续提高质量水平和技术水平，以质优吸引消费者；二是降低价格，使长虹彩电的价格、性能更具有竞争能力，与熊猫、金星、康佳、TCL 等品牌同规格彩电的价格保持在相同水平上。

长虹的降价行为在全国彩电市场引起极大的震动，全国各大新闻媒介纷纷报道了这一消息，并在很长一段时间内跟踪报道长虹彩电降价后的销售动态，以及其他电视机生产企业对此的反应。

长虹公司董事长兼总经理在分析彩电市场时谈到，长虹彩电大幅度降价有两个目的：一是抑制洋货，保护我们自己的市场；二是进一步把竞争引入企业内部，提高我们产品的竞争实力。"企业的天职是提供社会需要、功能先进、质量上乘、价格低廉的物质产品、创名牌、创税利。'长虹红太阳一族'向消费者承诺：凡同类进口产品具有的功能，我们具有；凡同类进口产品达到的质量，我们达到；在同等质量、技术、功能的基础上，'长虹红太阳一族'的价格比进口产品低 30%以上；用户在使用这一产品的过程中，长虹公司随时提供周到的服务。"长虹降低彩电价格后，市场效果十分明显，长虹彩电的市场占有率大幅度上升。

长虹彩电降价对进口彩电在中国的销售造成了较大的冲击，使进口品牌 64厘米~74 厘米彩电的总占有率由 49.40%下降为 46%。长虹彩电降价也引起了国产品牌彩电市场的调整。在长虹彩电降低价格之后，康佳、TCL、高路年、创维、熊猫等品牌的彩电也相继降价。一些成本高、难以降低价格的企业开始退出大中城市彩电市场。对长虹发起的价格大战，国内电视生产企业和政府部门的反应十分复杂，有人认为，这是"窝里斗"，对民族工业是一场消耗战；也有人认为，长虹降低彩电价格是企业的自主行为，企业对市场价格有强烈的反应是一大进步。降价也在一定程度上消除了长虹公司在更大范围内重组资产、扩张规模的障碍。降价前，长虹公司曾希望通过兼并、联合的方式，用资产经营的方法，在国内增加控股子公司或生产基地，但是遇到了地方保护主义的障碍。几次与对方谈妥的并购方案，最后都在地方政府那里碰了钉子。大幅度降价后，有十多家其他地区的电视生产企业主动与长虹公司探讨并购的可能性，地方政府的态度也发生了变化。长虹公司也在研究全国市场的基础上，有针对性地选择了东北、华东的几家企业作为重组对象。

（三）长虹公司率先降价的基础

长虹公司敢于首先大幅度调整彩电价格，是以雄厚的经济实力和低生产成本为基础的。

自从转向民用品生产以来，长虹公司一直重视技术开发和产品开发，持续进行大规模的技术改造。1990 年以来，长虹公司每年以销售额的 3%作为科技投入，1995 年投入近 10 亿元。长虹公司既注意通过引进和改造提高产品性能和质量，提高产品的科技含量，也注意由技术引起的成本波动，根据生产需要和市场需要，合理确定企业技术结构。目前长虹公司内已有现代化的生产装配线，又有劳动密集型的生产工序，先进技术与一般适用技术结合，使长虹公司在不断提高技术水平的同时，成本负担合理，具有先发制人的能力。

增强实力，降低成本就必须加强管理。长虹公司内部从采购、生产到销售、售后服务等各个方面共有大大小小 60 余种被严格执行的规章制度。长虹公司的领导层认为：没有严格的管理，就无法运行。采购部门购买原材料和零部件，要由设计部门提出技术要求和参考价格，并且由计划部门确认购买数量。材料、零部件进厂后，先由待验处验收分流，然后由质检部门检测质量，合格后才能进入生产过程。财务部门要待整机检测合格后，才交付贷款。在整个采购、使用过程中，权力层层分离，既互相监督、互相制约，又环环相扣，确保以低成本购进质量可靠的材料和零部件。

在人的管理方面，长虹采取刚柔相济的"太极拳方式"。热情教育在前，着力培养高素质的员工队伍，大力吸引高层次人才，充实企业的管理层和技术体系；严格管理在后，从严格劳动纪律等基础性工作做起，任何人都不能违反制度和工作原则，各级领导实行层层负责制，不许推诿责任，影响效率。

长虹公司在管理实践中，依据合理处理全局利益与局部利益、长远目标与近期目标关系的原则，对计划、质量成本、人事进行系统性的管理；并且按照投入、产出、销售、服务的程序，对全过程进行控制，提高服务工作的预见性和主动性，以实现少投入（降低成本）和多产出（增强实力）的目标。

1996 年的降价行为对长虹公司的发展及对我国彩电行业的发展的影响都极为深远，到 1996 年底长虹公司的销售额达到 107 亿元，销售彩电 480 万台，比上年增长 54.97%；利润总额 19 亿元，净利润 16.7 亿元，跃居我国电子行业百强之首，"长虹"品牌的价值，由 1995 年的 87.6 亿元增值至 1996 年的 122 亿元。

长虹公司计划以彩电市场获得的积累组建家电城，除生产电视机以外，将形成年产 40 万台 VCD、50 万台智能空调的能力，还将发展微波炉、小家电，拓展多元化的电子市场，使企业真正具有工业巨头的实力。[①]

思考分析：

（1）长虹公司降价与企业经营收益长期发展的关系是什么？

（2）降价后企业获得的市场在其他企业也相应降价后如何保持？

---

① 在职 MBA 招生网。

（3）谈谈对"价格大战大赢家"理论的看法

案例3 价格战

2005年2月26日，大中、国美、苏宁三大家电巨头共同发起的手机价格战，把北京人的"手机热情"一下子调动了起来。根据三家销售商统计的数字显示，价格战当天，北京手机总销量超过了20000多台，比平时翻了三倍以上，而且这些卖场的手机销售额首次超过了彩电、空调等传统家电，跃居第一位。

国美和苏宁不约而同地开始了一年一度的手机节，手机价格较平日普遍下降了20%以上，一些品牌原价3 000多元的手机甚至在半价促销。在国美的一家卖场，一些特价的彩屏手机已经卖到了500元，带摄像头的最低价也不过900元。苏宁则依靠刚刚与各厂家签下的500万台直供大单把手机价格压得相当低，尤其是对摩托罗拉、诺基亚、TCL等八大品牌的产品全打出了前所未有的低价，不少手机还有一堆礼品赠送。大中则大搞以旧换新的生意，尤其是旧CDMA手机可以折150元至600元的优惠吸引了大批顾客，当天就有3000多人换了新手机。

商家激烈的价格战已经把手机价格杀得相当低，这也使手机彻底变成了时尚商品。有相当一部分手机购买者实际上都是被手机便宜的价格、时尚的外观、新奇的功能吸引住而"喜新厌旧"的。甚至有的消费者本来是打算买电器，只不过随便逛到手机柜台后就决定要换部新手机了。手机大战打响在很大程度上是受到国家放开手机生产限制的影响，由于预计不久就会有大批新品牌手机陆续上市，这使得老品牌都要通过前所未有的价格战守住自己的阵地。

手机生产放开限制后，老品牌希望通过降低价格守住市场份额，手机品牌将越来越多。国家发改委出台了《移动通信系统及终端投资项目核准的若干规定》，标志着有关部门近年来一直阻止新品牌手机上市销售的禁令彻底终结。据了解，我国此前实施的是手机生产牌照制度，即有牌照的企业才能生产和销售手机。但数年前有关部门就已停止发放新的手机牌照，致使新品牌手机无缘走向市场。此禁令的解除，将使一大批一直渴望涉足手机制造的企业有了参与市场竞争的机会。①

---

① 手机生产限制放开 三大家电巨头发起价格战 ［N］.北京青年报，2005-02-27.

除了手机、家电等领域价格战频繁之外，互联网时代电商的崛起，更加剧了价格战的激烈程度。比如，2015 年 8 月 15 号上午，京东董事长刘强东通过微博宣布，京东大家电三年内零毛利。如果三年内，任何采销人员在大家电加上哪怕一元的毛利，都将立即遭到辞退！刘强东后来又发布微博表示，京东在全国招收5000 名"美苏"价格情报员，每店派驻 2 名。任何客户到国美、苏宁购买大家电的时候，拿出手机用京东客户端比价，如果便宜不足 10%，价格情报员现场核实属实，京东立即降价或者现场发券，确保便宜 10%。

思考分析：

（1）谈谈你对"价格战"的看法。

（2）调查本地手机市场价格竞争情况，并分析其价格策略。

二、案例分析

（一）亚马逊差别定价实验给我们的启示

亚马逊的这次差别定价实验是电子商务发展史上的一个经典案例，这不仅是因为亚马逊公司本身是网络零售行业的一面旗帜，还因为这是电子商务史上第一次大规模的差别定价实验，并且在很短的时间内就以惨败告终。

首先，差别定价策略存在着巨大的风险，一旦失败，它不仅会直接影响到产品的销售，而且可能会对公司经营造成全方位的负面影响，公司失去的可能不仅是最终消费者的信任，而且还会有渠道伙伴的信任，可谓"一招不慎，满盘皆输"。所以，实施差别定价必须慎之又慎，尤其是当公司管理层面临短期目标压力时更应如此。具体分析时，要从公司的整体发展战略、与行业中主流营销伦理的符合程度以及公司的市场地位等方面进行全面的分析。

其次，一旦决定实施差别定价，那么选择适当的差别定价方法就非常关键。这不仅意味着要满足微观经济学提出的三个基本条件，而且更重要的是要使用各种方法造成产品的差别化，力争避免赤裸裸的差别定价。常见的做法有以下几种：

（1）通过增加产品附加服务的含量来使产品差别化。营销学意义上的商品通常包含着一定的服务，这些附加服务可以使核心产品更具个性化，同时，服务含量的增加还可以有效地防止套利。

（2）同批量定制的产品策略相结合。定制弱化了产品间的可比性，并且可以强化企业价格制定者的地位。

（二）长虹降价策略案例分析

长虹电子集团公司 1996 年在全国掀起的降价风潮是企业把定价策略作为市场竞争主要手段的经典案例，通过本案例，有助于加深对价格竞争的理解。在竞争中，价格是一种手段，但在企业的生存与发展过程中更重要的可能是某些非价格因素，价格竞争产生积极作用的前提是保证市场竞争的"有序"性。

1995 年我国彩电市场处于混乱的垄断竞争的市场格局，造成了很多彩电生产厂家产品积压，但在世界范围内，以松下、索尼、三星、飞利浦为首的几家巨型跨国企业垄断着彩电市场的主要份额。外国厂商对国内厂商的冲击越来越大，国内企业只有通过迅速成长的方式，才能建立与国外厂商抗衡的基础，彩电行业才能走向成熟。

长虹公司做出大幅度降价的决策，主要是为了迅速增加市场占有率，按管理经济学中的定价因素分析方法，可以发现其降价策略的基础。首先，成本因素是降价决策的主要影响因素，只有价格高于成本，企业才能盈利，才能保持长久的发展。长虹公司到 1996 年降价前，其生产能力已跃居同行业前列，具有大规模生产带来的降低成本的规模经济优势。其次，长虹公司将每年销售额的 3% 用于科技投入和不断加强企业管理能力，通过技术进步和科学管理进一步降低了产品生产成本。与同行其他企业相比，长虹公司之所以率先降价，企业决策者的战略眼光固然必不可少，但其具有的成本优势不能不说是支持其决策的基石，也是保证其价格降低后，仍能通过销售量的增加而增加盈利的基础。最后，降价还要考虑市场因素：

（1）从市场需求角度，彩电对中国人来说在现阶段属于高档消费品范围，具有较强的需求弹性，消费量的变化对价格比较敏感，降价有助于增加企业产品的销售量。

（2）从市场竞争角度，长虹公司推出大规模降价行动后，其竞争对手反应有一定的时滞，为长虹公司占有其他公司产品的市场、提高市场占有率提供了充足的时间，尤其国外公司反应更加缓慢。国内彩电厂商先后采取的降价措施给国外品牌的彩电造成了很大冲击。从心理因素的影响来看，消费者心理上对进口彩电信赖度较强，国外厂商有品牌优势，长虹公司只有通过拉开与进口彩电的价格差距，才能形成自己的竞争力。

（三）价格战案例分析

价格战是一把双刃剑，既有积极作用也不可避免地会有消极影响。价格战"利"的一面表现在：从消费者的角度，鹬蚌相争，渔翁得利，消费者可以用更低的价格买到心仪的产品；从企业的角度，企业会想办法来降低成本，这是一种积极的经营行为；从行业的角度，价格战也说明该行业的活跃程度。但是，正像一枚货币有两面一样，价格战"弊"的一面也是客观存在的。针对弊的方面，于刚在网络上发表的文章非常有代表性。2012年8月15日爆发的电商史上声势浩大的一次价格战鸣金收兵。当天下午苏宁易购执行副总裁李斌对此做了回应，称苏宁易购包括家电在内的所有产品价格必然低于京东，任何网友发现苏宁易购价格高于京东，苏宁易购都会即时调价，并给予已经购买的反馈者两倍差价赔付。晚上，国美副总裁何阳青对外宣告国美也加入这场价格战——国美电器网上商城全线商品价格将比京东商城低5%。一时战火纷飞，"此价一出，胜负已分"的红色标识出现在京东、苏宁易购等多个产品的页面上。至于这价格战打得是否属实，打扫战场时明眼人心里有底。一淘专门盘点了战况，据其发布数据称，在这场价格战中，实际参与降价的商品占其总品种数的比例京东仅有4.6%，苏宁易购有7.5%，且这些参与降价的商品平均降价的幅度均不超过10%，并没有出现众人所期盼的回合制无尽降价的模式，且产品不对称、缺货、降价前突击提价等现象都被顾客和媒体所诟病。虽然价格战吸引了大众的眼球，得到了免费流量，促进了销售，也广而告之，让顾客知道线上也可以购买到大家电，但从某种程度来说这是以牺牲长久利益而换取短期利益的行为。其弊端有：虽然短期增加了销量，但让顾客对参战商家乃至对整个电商行业的信任度下降，长期对品牌和声誉的损失不可低估。价格战让顾客有了期许，顾客会等待价格战时购买，购买时间转移，价值降低。供应链管理最忌讳的就是脉冲式销售，会造成巨大的波峰波谷。为了按时履行突然涌来的订单，仓库、配送、客服都需要加班加点，运营成本急剧升高。而配送拖延，客服电话打爆，问题处理缓慢等都会以牺牲顾客体验为代价，造成长久的伤害。

价格的竞争力应该建立在高效优化的供应链基础之上，只有将采购、仓储、配送、售后服务等各个环节的成本降下来，才能将所节约的成本让利于顾客。同时，价格是可以科学化管理的，是靠系统、机制、优化模型和方法来实现价格的竞争力。比如，用价格智能系统（Price Intelligence System）来覆盖主流电子商务网站的价格，实时抓取、储存、分析商品价格和库存信息。基于这些信息，价格管理团队可以做数据挖掘，分析价格弹性，根据采购成本、顾客需求、竞争对手价格和利润目标来制定价格策略，建造价格模型。[①]

三、理论知识学习

项目六 制定价格策略					
授课内容	教学目标	教学重点	教学难点	教学方式	作业
影响定价因素	了解影响定价的相关因素	成本因素对定价的影响	价格需求弹性	课堂教学	搜集一个产品价格制定的案例，并进行分析
定价方法	了解各种定价方法	各种定价方法的计算公式	需求导向定价法	课堂教学	
定价技巧与策略	掌握各种定价策略的技巧	了解产品价格的决定因素	无	课堂教学	
调价策略	了解调价技巧	调低价格注意的问题	无	课堂教学	

任务一　了解影响定价的基本因素

（一）成本费用

成本费用是企业制定价格的基础，一般情况下，定价应首先补偿所有的成本和费用，在此基础上才可能维持企业的生存，价格高于平均成本费用才可能有盈利。

---

① 登载于《福布斯》中文版 2012 年 10 月刊，于刚的博客。

（二）需求量

需求量主要反映在销售量上，销售量的大小直接影响到企业的盈利。从单个商品考虑，在成本费用一定时，价格越高，盈利越大。但从企业的总盈利考虑，并不是简单地将单位商品赢利相加，其和越高，总盈利就越大，即使单位商品的盈利再大，如果没有一定的销售量，企业也无法获得更大的盈利。

（三）需求价格弹性

需求价格弹性也称需求弹性，其定义为：因价格变动而引起的需求量的相应变动率，反映需求变动对价格的敏感度。需求价格弹性用 E_p 表示：

$$E_p = \frac{需求量变动的百分比}{价格变动的百分比}$$

不同的商品其需求价格弹性不同，需求弹性的强弱决定了企业的价格决策。需求价格弹性可以归纳为以下三种情况：

（1）E_p 绝对值等于1。表明需求量与价格等比例变化，价格上升或下降会引起需求量发生同比例的减少或增加。该类商品的价格变动对需求量的影响不大，对销售收入的影响也不大。

（2）E_p 绝对值大于1。表明需求量变动的百分比大于价格变动的百分比，价格的上升或下降会引起销售量减少或增加较大的幅度。该类商品的价格变动对需求量的影响较大，也会直接影响到销售收入。在制定价格策略时要特别注意这个特点。

（3）E_p 绝对值小于1。表明需求量变动的百分比小于价格变动的百分比，价格的上升或下降会引起销售量减少或增加的幅度较小。该类商品的价格变动对需求量的影响较小，即使价格较高，销售量也不会有明显的下降；相反，价格较低，销售量也不会有较大的增加。

（四）需求交叉弹性

需求交叉弹性也称交叉弹性，其定义为：因一种商品价格变动引起的其他商品需求量的相应变动率，即 A 商品的价格变动对 B 商品需求量相应变动的比率，用 $E_B P_A$ 表示，其公式表示为：

$$E_B P_A = \frac{B 商品需求量变动百分比}{A 商品价格变动百分比}$$

由于许多商品在使用价值上相互关联，存在着互替性和互补性，其中一个商品的价格变动会影响有关联的商品需求量的变动。用需求交叉弹性表明这些商品的相互关系，利用其相互的联系制定价格。互替商品和互补商品的需求交叉弹性各不相同。

互替商品是在消费过程中使用价值可以相互替代的商品，如电风扇与空调。其中一种商品的价格变动，会使其他商品的销售量呈同方向的变动，需求交叉弹性为正值。互补商品是在消费过程中使用价值相互补充的商品，如照相机与胶卷，录音机与磁带。它们在消费过程中，需要连带使用，其中一种商品的价格变动，不仅会使其销售量发生变动，还会使其互补商品的需求量呈反方向变动，需求交叉弹性为负值。

（五）定价目标

1. 追求利润最大化

企业生产经营的最终目的是盈利。企业在制定商品的价格时，首先要考虑此价格是否能够给企业带来利润，能够带来多大的利润。企业要选择能够带来最大利润的价格，依据这个价格销售商品，会让企业获得最大的利润。

2. 扩大市场份额

企业为了在市场上长期生存和发展，取得市场竞争的优势，就要不断地提高商品的销售量，扩大市场的份额，只有获得了较大的市场份额，企业才能在激烈的市场竞争中处于有利的地位。因此，以扩大市场份额为制定价格的目的，那么企业就要制定较低的价格，以利于提高商品的销售，较低的价格能够迅速地打开商品的销路，扩大市场份额。

3. 塑造企业形象

价格水平的高低还可以帮助企业塑造商品的形象，并由此塑造企业的形象。因此，企业往往通过价格的制定，在消费者心目中树立某种形象。如果企业要在市场上确立商品优质、高档的形象，就要向消费者传递出这样的信息：本企业提供的商品是高质量的商品，具有先进的技术水平，能够为顾客提供优质的售后服务，其价格应较同类商品更高；如果企业要为市场提供价廉物美的商品，确立企业为广大的工薪阶层服务的形象，那么就要制定比同类商品更低的价格。

4. 维持企业经营

对于有些企业，尤其是面临日益激烈的市场竞争的企业，在制定价格时首先更多考虑的还是如何能够维持企业的生存，解决商品的库存积压，使企业正常地经营。此时，按照商品的价格销售所获得的收入，在补偿了成本费用后，就能够维持企业的生存，顺利地进行简单的再生产和经营。

5. 获得预期的投资收益率

以预期的投资收益率确定投资的目标利润，并根据目标利润制定价格，以保证投资在达到既定的预期时获得应得的利润。

（六）资金周转

资金周转速度快，企业的年度盈利水平就高；速度慢，盈利水平就低。一般情况下，价格高虽然能实现高盈利，但也会使销售量下降，从而使资金周转速度放慢；而低价格销售可以加速资金的周转，增加盈利水平，可又会因降价损失一部分盈利。这样，企业在制定价格时就要权衡价格高低与资金周转速度快慢的利弊，考虑不同的方案，选择其中能够给企业带来较大盈利的方案，确定商品的价格。

（七）市场竞争

在激烈的市场竞争中，同类企业商品价格的水平直接影响本企业商品的价格，主要表现为同类商品价格之间的竞争。企业为了获得在市场竞争中的优势，其商品价格要根据市场上竞争对手的价格变动，制定价格并随时进行调整，以维持或扩大商品的销售，保持企业在市场上的竞争地位。不同的市场竞争环境对价格的影响程度也不同，在充分竞争的市场上，价格的水平主要由企业之间的价格竞争决定，在不充分竞争的市场上，价格受市场竞争的影响程度相对较少。

任务二　定价方法

制定价格要以成本为基础，以需求为导向，以竞争为参照，定价方法分为成本导向、需求导向和竞争导向定价法。

（一）成本导向定价法

成本导向定价法是以产品的成本为主要依据来制定产品的价格。其方法有成本加成定价法、损益平衡定价法和变动成本定价法。

1. 成本加成定价法

成本加成定价法是一种简单又最基本的定价方法，它是在平均成本费用之上，加上一定的预期利润形成的商品价格。成本加成定价法包括两种方法。

（1）完全成本加成定价法。按预期利润在平均成本（单位产品成本）中所占的比例加成，其计算公式为：

产品价格＝单位产品成本×（1＋加成率）

（2）进价加成定价法。按预期利润在商品售价中占的比例加成，其计算公式为：

产品价格＝单位产品成本＋产品价格×加成率

2. 损益平衡定价法

损益平衡定价法首先确定企业损益平衡点（或盈亏分界点）的销量。即在固定成本、单位变动成本和价格一定时，计算保本销售量（损益平衡点的销量）。在此价格基础上实现的销售量，使企业正好能够保本，此时的价格为保本价格，企业要在保本价格基础上，加上一定的目标利润，确定产品的实际价格，计算公式如下：

$$损益平衡点销售量 = \frac{固定成本}{价格 - 单位变动成本}$$

$$保本价格 = \frac{固定成本}{损益平衡点销售量} + 单位变动成本$$

$$实际价格 = \frac{固定成本 + 目标利润}{预计销售量} + 单位变动成本$$

3. 变动成本定价法

变动成本定价法又称为目标贡献定价法，其价格的构成基础是单位变动成本加上单位产品贡献形成产品的价格。计算公式为：

产品价格＝单位变动成本＋单位产品贡献

这里的单位产品贡献是产品价格与单位变动成本的差额，按此种方法形成的价格思路是：实现产品价格，首先要补偿单位产品的变动成本，多余的部分（单位产品贡献）不管是否给企业带来盈利，都视其为对企业的贡献。随着产品销售量的增加，单位产品贡献累积值不断地补偿固定成本，当超过固定成本时，企业开始盈利。

（二）竞争导向定价法

竞争导向定价法是以市场竞争为制定价格的主要依据，其方法有随行就市定价法、主动竞争定价法和密封投标定价法。

1. 随行就市定价法

随行就市定价法是企业产品的价格采用与市场上同类产品价格一致的平均价格水平，既能避免引起价格竞争，又能够给企业带来合理的利润。

2. 主动竞争定价法

主动竞争定价法是企业根据本产品的实际情况和竞争者的产品差异确定价格，而不是追随竞争者的价格，它可能高于或低于市场平均价格水平，也可能与市场价格保持一致。这种定价方法常被实力雄厚的企业所采用，在价格不同于市场平均价格时，就会加剧市场竞争。

3. 密封投标定价法

密封投标定价法主要用于招投标交易。参加投标的企业要在众多的投标者中获胜，投标价格就要有竞争力，即低于竞争者的报价，但价格过低又会影响企业的盈利。因此，在定价时既要考虑中标率，又要考虑企业可能获得的利润。最佳的报价应是使预期利润达到最高水平的价格。预期利润是企业目标利润与中标率的乘积。企业在不同的报价方案中，应选择能够带来最高预期利润的报价。

（三）需求导向定价法

需求导向定价法是以市场需求为主要依据，制定产品的价格，其方法有理解价值定价法和需求差异定价法。

1. 理解价值定价法

理解价值定价法是以消费者对商品价值的感受和理解的程度作为定价的依据。此种定价方法不仅是考虑产品的成本费用，而是更多地考虑消费者对产品价值的理解，以及所能够支付货币的能力。例如，美国凯特皮勒公司在制定其生产的拖拉机价格时运用此方法，向顾客宣传其价格的构成有以下几个部分：本企业产品与竞争者产品型号相同应定价为 20000 美元；耐用性优于对手应加价 3000 美元；可靠性高于对手应加价 2000 美元；售后服务周到加价 2000 美元；零部件供应期较长加价 1000 美元。这几部分的价格总和是 28000 美元。企业为顾客让利 4000 美元，实际价格定为 24000 美元。一般竞争对手的价格是 20000 美元，但由于产品在多个方面优于对手，且让顾客了解了产品价格的构成，虽然价格高出对手 4000 美元，却得到了顾客的理解，让顾客感到物有所值，促进了产品的销售。

2. 需求差异定价法

需求差异定价法是以消费者需求的差异程度并根据不同的时间、地点、产品作为定价的依据。如音乐厅、剧院不同的座位有不同的价格；宾馆、饭店在不同的时间订房的价格不同，当旅游旺季，游客大量增加时订房的价格就会增加，相反，在旅游淡季，游客减少，租房的需求减少，订房价格就要降低。

任务三 定价策略

（一）心理定价策略

心理定价策略是根据消费者购买商品时的心理制定价格。

1. 整数定价

整数定价是采用整数位制定产品的价格。如 999.6 元的商品，应定为 1000 元，使消费者感觉到商品的档位高一层次，满足消费者高消费的心理。

2. 尾数定价

尾数定价与整数定价恰好相反，价格保留尾数，采用零头标价。如商品的价格定为 9.95 元，而不是 10 元，让消费者感觉到商品低一层次，价格制定得合理精确，且物美价廉。

3. 声望定价

声望定价是根据有一定知名度的商品或品牌在消费者心目中的地位，制定较高的价格。由于商品优质、性能优良、具有特色等，在消费者心目中享有一定的声望，因此，符合消费者质优价高的心理。消费者一般都有求名心理，根据这种心理行为，企业将对有声望的产品，制定比市场中同类商品高得多的价格。这种定价策略能有效地消除消费者购买心理障碍，使顾客对产品或零售商形成信任感和安全感、声誉感。这种定价策略一般适合于那些有较高声望的商品品牌，如海尔、高露洁等。

4. 习惯定价

习惯定价是根据消费者习惯的价格心理定价。在消费者购买日常消费品的过程中，已经形成了对某种价格商品的购买习惯，因此，要按照消费者的习惯价格定价，尽量避免变动价格，如果改变价格，也应当相应地改变包装、品牌等，以便于消费者接受。对于某些商品，其价值不高，但消费者必须经常重复地购买，因此这类商品的价格也就习惯地为消费者接受。如商家出售一个5.60元的商品，消费者早已养成习惯，但因厂家涨价，零售价提高为6.40元，消费者心理上较难承受，于是放弃购买此商品。有时产品降低0.2元，消费者也会认为质量变差而犹豫不决。可想而知，大众商品在提价或降价后，都会使消费者产生难以接受的状况。因此，对于这种类型的商品最好采取习惯性定价策略。

5. 招徕定价

招徕定价是指大幅度降低少数几种商品的价格而招徕顾客，其目的是吸引更多的消费者来购买正常标价的商品。它是利用消费者求廉的心理，以牺牲少数商品的利润，而促进正常标价商品的销售，获得更多的利润。

（二）需求弹性定价

1. 需求弹性定价

需求弹性定价是根据商品需求价格弹性强的特点制定价格。如当企业要促进商品的销售时，适当地降低商品的价格，扩大商品的需求量；当要抑制商品的销售量时，适当地提高商品的价格，以减少商品的需求。当电力供应紧张时，适当地提高每度电的价格，由于价格提高人们会节约用电，减少电费的开支，仅仅进行基本的消费如照明，因而用电量会明显地减少；相反，当电力供应充足时，适当地降低每度电的价格，人们会由于价格的降低而增加用电量，不仅要照明，还要使用各种家用电器，甚至用电取代燃气来取暖和做饭，由此便会促使用电量的增加。

2. 需求交叉弹性定价

需求交叉弹性定价是根据互替商品和互补商品具有需求交叉弹性的特点，来制定商品的价格。首先，对于互替商品（即在使用中可以相互替代的商品），一种互替商品价格的上升或下降会影响另一种互替商品销售量的提高或降低，它们之间的关系是成正比的。如服装企业，要提高毛料服装的价格，就会影响到其销售量，同时又可能带动化纤类服装销售量的增长。企业在制定自己生产和经营的互替商品的价格时，要考虑企业的销售策略和价格策略的运用，如果要控制毛料类服装的销售量，并且提高化纤类服装的销售量，那么，就可以将毛料服装的价格定得高一些，也可以将化纤服装的价格定得低一些；如果要扩大毛料服装的销售，减少化纤服装的销售，价格的制定则与上面正好相反。其次，对于互补商品（即在使用中必须一起配套使用的商品），一种互补商品价格的降低会导致另一种互补商品销售量的提高，因此，在制定互补商品的价格时，一般是降低一个互补商品的价格，而提高另一个互补商品的价格。如降低照相机的价格，会使照相机的销售量增加，人们在使用照相机时必然要购买胶卷，这时胶卷的需求量就会增加，此时就可提高胶卷的价格，例如，柯达公司给照相机定低价，胶卷定高价，既增强了照相机在同行业中的竞争力，又保证了原有的利润水平。

（三）新产品定价

1. 撇脂定价

撇脂定价是对新进入市场的商品制定较高的价格。形象的比喻是从牛奶中撇取奶油，试图达到在短期内获得丰厚的利润。如新发明的圆珠笔刚刚进入美国市场时，采取的就是这种定价策略。

2. 满意定价

满意定价是对新进入市场的商品制定不高不低的价格，即中等价格水平。这样的价格企业和消费者都满意，企业能够获得适当的利润，消费者也可以得到一定的实惠。

3. 渗透定价

渗透定价是对新进入市场的商品制定较低的价格。这样的价格能够迅速地打开市场，扩大市场的销售量，因此，形象地比喻为渗透定价，实际上是对市场的渗透。

（四）折价定价

1. 现金折扣

现金折扣是对按时付款或提前付款的购买者给予一定的价格折扣。目的主要是为了鼓励他们能够按时或提前付款，使企业尽快地收回资金，加速资金的周转。

2. 数量折扣

数量折扣是对不同购买数量或金额给予不同的价格折扣。目的是为了鼓励消费者和用户更多地购买商品。

3. 交易折扣

交易折扣是生产企业给予中间商的价格折扣，也称为功能折扣。它是根据中间商在市场营销中承担的不同职能，给予不同的价格折扣。目的是为了鼓励中间商充分地发挥其职能。

4. 季节折扣

季节折扣是根据一些商品的销售量或生产随季节的变化，给予不同的价格折扣。即在淡季时给予较多的价格折扣，促进商品的销售；在旺季时不给折扣，以使商品的销售在时间上均衡。

5. 促销折扣

促销折扣是生产企业为中间商进行各种促销活动而给予的价格折扣。如中间商进行橱窗设计、刊登广告、推销商品等，企业给予一定的回报。

任务四　调价策略

企业根据一定的定价方法制定商品的价格后，根据价格策略和技巧修订价格，此时定价工作并没有完成。市场是在不断变化的，定价也是在一个动态的变化过程中，价格要不断地跟随市场的变化进行调整，这种调整就是提价或降价。一般情况下，企业的价格调整有两种，一是根据市场环境的变化主动调价；二是迫于竞争对手的价格变动而被动调价。

（一）主动调价

主动调价是企业在市场营销过程中，不断根据市场的变化调整价格，即主动调高或调低价格。调高价格一般是由于企业的原材料涨价，技术、资金投入加大，产品质量提高，宣传促销等费用增加，产品的品牌知名度提高等，导致企业主动提高产品价格。

1. 提价的方式和技巧

（1）向消费者公开成本费用的增加。企业通过媒体进行公关宣传或刊登广告，向消费者介绍产品的各项成本费用上涨的情况，以获得消费者的理解。在企业的产品价格上涨时，消费者能够了解其中的原因，并能够在可以支付的条件下，接受产品的价格。

（2）提高产品质量。企业通过加大资金和技术的投入，产品的质量不断提高，在产品的设计、性能、规格、式样等方面给顾客更多的选择机会，使消费者真实地感受到企业在为市场提供更好的产品和服务，因此，价格的上涨是合理的、可接受的。

（3）增加产品分量。在产品涨价时增加产品供应的分量，使顾客感到，产品分量增多了，价格自然要上涨。

（4）改变包装。如果没有直接涨价的理由，在价格提高时，也应该改变一下产品的包装。新的包装形式如色彩、形状、样式的变化，改变了消费者的购买习惯，使他们比较容易接受价格的变化。如果产品没有任何变化，而价格上涨，一般情况下消费者难以接受。

2. 降价的方式与技巧

（1）增加额外费用支出。在价格不变的情况下，企业为消费者支付运费，实行送货上门或免费安装、调试、维修以及为顾客上保险等。这些费用本应从价格中扣除，因而实际上降低了产品的价格。

（2）产品价格不变，价值增加。企业改进产品的性能，提高产品的质量，增加产品功能，在价格不变的情况下，实际上等于降低了产品的价格。

（3）加大各种折扣比例。加大折扣或者在原有基础上扩大各种折扣比例，在其他条件不变的情况下，实际上降低了产品的价格。

（4）实际降低价格。在企业产品的成本费用下降，并且市场营销环境发生变化的情况下，为了让消费者获得更多的实惠，为了企业产品在价格上有更大的优势，为了扩大产品的销售量，企业会自主调低价格。在价格降低时，还要向消费者解释降价的原因，避免引起不必要的误会。

企业主动调整价格必然引起市场上的竞争者、中间商的反应，因此，企业要密切注意市场的变化，同时也要注意消费者对所采取的一系列提价和降价措施的反应，以便随时进行价格调整。

（二）被动调价

被动调价是由于竞争者的价格变化，而迫使企业调整价格。大部分的企业是随着市场价格的变动而变动，但如果企业产品有自己的特色，有技术领先的优势，即可凭借优势调高价格或保持原有的价格水平。

但如果企业的产品在价格以外的因素上与同类企业没有什么差异，没有自身的技术优势，那么就要考虑利用降低价格来应对市场竞争。随着市场价格竞争的激烈，许多企业为了提高产品的价格优势、保持市场份额，纷纷降低价格，降低的幅度取决于企业要在市场上获得什么以及企业产品成本高低等因素。

项目七
制定渠道策略

一、经典案例

案例 1　戴尔的渠道策略案例

戴尔计算机公司于 1984 年由迈克尔·戴尔创立。戴尔公司总部位于得克萨斯州，还在以下地方设立地区总部：中国香港，负责亚太区市场业务；日本川崎，负责日本市场业务；英国布莱克内尔，负责欧洲、中东和非洲的业务。另外，戴尔在中国厦门（中国市场）设有生产全线计算机系统的企业。

戴尔公司设计、开发、生产、营销、维修和支持包括外围硬件和计算机软件等在内的广泛产品系列。每一个系统都是根据客户的特殊要求量身定制。戴尔公司通过"直线订购模式"，与大型跨国企业、政府部门、教育机构、中小型企业以及个人消费者建立直接联系。戴尔公司是首家向客户提供免费直拨电话技术支持，以及第二个工作日到场服务的计算机供应商。直线订购模式使戴尔公司能够提供高价值的技术方案。同时，也使戴尔公司能以更富竞争力的价格推出最新的相关技术。在每天与众多客户的直接交流中，戴尔公司掌握了客户需要的第一手资料。戴尔公司提供广泛的增值服务，包括安装支持和系统管理，并在技术转换方面为客户提供指导服务。

目前，戴尔公司利用互联网进一步推广其直线订购模式，再次处于业内领先地位。戴尔在 1994 年推出了 www.dell.com 网站，并在 1996 年加入了电子商务功能，推动商业向互联网方向发展。今天，戴尔运营着全球最大规模的互联网商务网站，该网站销售额占公司总收益的 40%~50%。戴尔 Power Edge 服务器运作的 www.dell.com 包括 80 个国家的站点，目前每季度有超过 4000 万人浏览。客户可以评估多种配置，即时获取报价，得到技术支持，订购一个或多个系统。戴尔曾不止一次地宣称过他的"黄金三原则"，即"坚持直销"、"摒弃库存"、"与客户结盟"。

1. 坚持直销

戴尔的模式习惯被称为直销，所谓戴尔直销方式，就是由戴尔公司建立一套与客户联系的渠道，由客户直接向戴尔发订单，订单中可以详细列出所需的配置，然后由戴尔"按单生产"。戴尔所称的"直销模式"实质上就是简化、消灭中间商。

2. 摒弃库存

关于直销和分销的区别，最容易想到的就是"库存因素"。戴尔不断地寻求减少库存的方法，并进一步缩短生产线与顾客家门口的时空距离。按单生产还可以使戴尔实现"零库存"的目标。据调研数据，戴尔在全球的平均库存天数可以降低到 7 天之内，但这是有一定下限的，COMPAQ 的存货天数为 26 天，一般 PC 机厂商的库存时间为 2 个月，而中国 IT 巨头联想集团是 30 天。这使戴尔可以比其他竞争对手以快得多的速度将最新的技术提供给用户。

3. 与客户（包括顾客和供应商）结盟

与客户结盟是直销模式的最具优势之处。戴尔对客户和竞争对手的看法是："想着顾客，不要总顾着竞争。"戴尔电脑从网络直销得到的毛利比电话直销多30%。戴尔网页提供的技术资讯服务更省去不少电话技术支援的昂贵支出。戴尔每个月能接到 40 万个寻求技术支援的电话，但戴尔技术支援网页的阅览页数高达 250 万次，而顾客每周上网查询订购现况的次数更多达 10 万次。戴尔最具创新的顾客服务形式就是"贵宾网页"。这 8000 个"贵宾网页"是戴尔针对每一位重要顾客的特定需求，精心设计的企业个人电脑资源管理工具。企业顾客可以在这些网页上找到企业惯用的个人电脑规格与报价，并线上订购，同时还可以进入戴尔的技术支援资料库下载资讯，为负责管理企业电脑资源的员工省下许多宝贵的时间，深受企业界欢迎。戴尔电脑目前正以每个月增加 1000 个"贵宾网页"的速度，为顾客提供便利，进而增加顾客的忠诚度。

4. 与供应商结盟

最近，戴尔电脑还比其他个人电脑制造商更进一步，把"随订随组"的作业效率发挥到供应体系之中。戴尔的直销营运模式能让公司更清楚地掌握实际销售量，因此，戴尔的存货量维持在八天以下，而 Compaq 则有多达三星期的存货。戴尔现在计划与供应商共享这样的优势，也用网络为重要的供应商提供每小时更新的资料。例如，英特尔公司过去每星期送一次货，现在每星期送三次。

戴尔与供应商原料进货之间的联结是其成功的关键。这个联结越紧密有效，对公司的反应能力越有好处。产品流通到市场的重要性主要有两个方面：第一，购买者与供应商之间的竞争价值可以共享；第二，无论是哪一种新产品，能否快速地流通到市场上都攸关公司的生死和市场份额。戴尔的需求量由顾客需求而定，前置期通常在 5 天之内，而其手边的原料只有几天的库存。但通过网络技术与供应商之间保持的完善沟通，可以始终知道库存情况与补货需求。

戴尔的渠道叫做"VAR"（增值服务渠道），主要为戴尔做服务和增值工作。戴尔为用户配置和服务的能力相当强，但为什么用户还要请 VAR 为他们做这项工作呢？因为戴尔深深地相信，VAR 做的是戴尔的标准业务中的一部分，他们能用更专业的服务队伍来补充自己在市场覆盖面和服务精力上的缺陷。但戴尔同时也表明，"我们将努力与自己的 IT 服务部门配合，尽量让外人不再碰我们的产品"。

据 IDG（国际数据集团）证实：戴尔每年总收入的 10% 来自 VAR。但戴尔至今没有一套渠道合作方案，这给双方的紧密合作带来了困难。一些 VAR 认为戴尔根本不懂渠道，他们从来没从戴尔那里得到任何支持，没有市场推广基金，没有培训，什么都没有。没有支持也就罢了，令经销商难以接受的是抢生意。有的经销商反映订货时戴尔的销售人员经常问客户是谁，过不了多久，就发现戴尔背着他们和客户接触，而且提供更优惠的价格。①

思考分析：

（1）"黄金三原则"是什么？他们在戴尔营销中的作用是什么？他们的使用可能会带来什么问题？

（2）什么是直销？如何使用直销？

（3）如果你是联想的总裁，你是否会在中国使用戴尔模式？

案例 2　娃哈哈的渠道管理案例

娃哈哈集团 2002 年的销售收入超过 60 亿元，成为中国饮料业当之无愧的江湖老大。娃哈哈的每一个产品都没有高的技术含量，不存在技术壁垒，但娃哈哈却步步领先。这与其牢不可破的分销网络是密切相关的，而分销是企业最难控制和管理的内容，特别是其中的窜货问题，是所有企业面临的共同难题，被称为分销渠道的一个"顽疾"。娃哈哈曾经出现过严重的窜货现象，现在却基本控制了窜货。那么，娃哈哈是怎样整治分销渠道的这个"顽疾"的呢？其实，从娃哈哈的管理制度上和实际操作中我们可以看出娃哈哈手握着对窜货极具杀伤力的"九把利剑"。

1. 实行双赢的联销体制度

娃哈哈在全国 31 个省市选择了 1000 多家能控制一方的经销商，组成了几乎覆盖中国每一个乡镇的联合销售体系，形成了强大的销售网络。娃哈哈采用保证金的方式，要求经销商先付预付款。付了保证金的经销商，与娃哈哈的距离大大拉近，极大地改变了娃哈哈的交易组织。娃哈哈公司董事长兼总经理宗庆后称这种组织形式为"联销体"。经销商交的保证金也很特别，按时结清货款的经销商，公司偿还保证金并支付高于银行同期存款利率的利息。

2. 实行严格的价格管理体系

娃哈哈现在的销售网络构成是公司—特约一级经销商—特约二级经销商—二级经销商—三级经销商—零售终端。由于每个梯度都存在价格空间，如果娃哈哈不实行严格的价格管理体系，就为重利不重量的经销商窜货提供了条件。特别是

---

① 唐平. 市场营销学 ［M］. 清华大学出版社，2011.

如果特约经销商自己做终端，就可获得丰厚的利润。为了从价格体系上控制窜货，保护经销商的利益，娃哈哈实行级差价格体系管理制度。娃哈哈为每一级经销商制定了既灵活而又严明的价格，根据区域的不同情况，分别制定了总经销价、一批价、二批价、三批价和零售价，在销售的各个环节上形成了严格合理的价差梯度，使每一层次、每一环节的经销商都能通过销售产品取得相应的利润，保证各个环节有序的利益分配，从而在价格上堵住了窜货的源头。

3. 建立科学稳固的经销商制度

娃哈哈对经销商的选取和管理十分严格。近年来，娃哈哈放弃了以往广招经销商、来者不拒的策略，开始精选合作对象，筛掉那些缺乏诚意、职业操守差、经营能力弱的经销商，为防止窜货上了第一道保险。娃哈哈虽然执行的是联销体制度，但企业与经销商之间是独立法人关系，所以娃哈哈和联销体的其他成员签订了严明的合同，在合同中明确加入了"禁止跨区销售"的条款，将经销商的销售活动严格限定在自己的市场区域范围之内，并将年终给各地经销商的返利与是否发生窜货结合起来，经销商变被动为主动，积极配合企业的营销政策，不敢贸然窜货。

4. 返利＋间接激励

娃哈哈各区域分公司都有专业人员指导经销商，参与具体销售工作；各分公司派人帮助经销商管理铺货、理货以及广告促销等业务。与别的企业往往把促销措施直接针对终端消费者不同，娃哈哈的促销重点是经销商，公司会根据一定阶段内的市场变动和自身产品的配备，经常推出各种各样针对经销商的促销政策，以激发其积极性。娃哈哈也有返利激励，但并不是单一的销量返利这样的直接激励，而是采取包括间接激励在内的全面激励措施，与经销商建立了良好的长期稳定的合作伙伴关系，从客情关系上减少了窜货发生的可能性。

5. 产品包装区域差别化

在不同的区域市场上，相同的产品包装采取不同标识是常用的防窜货措施。娃哈哈发往每一个区域的产品都在包装上打上了一个编号，编号和出厂日期印在一起，根本不能被撕掉或更改，除非更换包装。比如，娃哈哈 AD 钙奶有三款包装在广州的编号分别是 A51216、A51315、A51207。

6. 企业控制促销费用

娃哈哈经常开展促销活动，但促销费用完全由娃哈哈自己掌控，从不让经销商和公司营销人员经手操作。因此，在促销费用管理上，由企业完全掌控，堵截了企业的营销人员"放水"的可能性，防止了经销商与营销人员联合窜货。

7. 注重营销队伍的培养

2002 年，娃哈哈在全国各地只有 2000 多名销售人员，为什么如此少的销售人员可以帮助公司完成超过 60 亿元的年销售额？这与娃哈哈注重营销队伍的建设和培养是分不开的。

8. 实行严明的奖罚制度

面对窜货行为，娃哈哈有严明的奖罚制度，并将相关条款写入合同内容。娃哈哈在处理窜货上之严格，为业界之罕见。由此可见，奖罚制度能产生多大效用，关键要看是否被严格地执行。娃哈哈公司正是由于在执行上严厉分明，才有效地约束了经销商，防止了窜货。

9. 成立反窜货机构

娃哈哈专门成立了一个反窜货机构，全国巡查，严厉稽查经销商的窜货行为和市场价格，严格保护各地经销商的利益。娃哈哈公司总裁宗庆后及其各地的营销经理也经常到市场检查，首先要看的便是商品上的编号，一旦发现编号与地区不符，便严令彻底追查，一律按合同条款严肃处理。①

思考分析：

（1）请分析企业窜货问题的成因和危害？

（2）企业应如何搞好渠道管理工作？

---

① 市场营销案例集锦。

二、案例分析

（一）戴尔的渠道策略案例分析

联想集团一向以拥有业内最完备、最强大的渠道体系而著称，联想中国首席运营官刘军将戴尔称为成本之王，因为戴尔的核心优势是直销和与之对应的供应链，"戴尔是期货交易，而联想是现货交易"。

通过案例分析直销和分销的区别，重点通过探讨联想和戴尔的渠道选择，分析在渠道选择时需要注意的问题。联想把分销做到了极致，戴尔把直销做到了极致。"渠道本质上只有两种模式"，一种是戴尔的直销模式，即把中心放在客户端，根据客户的要求来定制，这样就把中间商的环节取消了，转换成外包的方式。这种模式最大的风险就是怎么有效地把客户的需求和公司制造系统对接，"从这个角度讲，会发现戴尔模式的核心是两头，一头是消费者的需求，一头是后端强大的制造体系，然后中间用的是外包"。另一种就是分销，整个体系的重点在中间渠道上。分销模式最极端的做法就是联想，它把终端做成了三赢模式。

联想的未来渠道格局十分明显：消费市场由原有渠道继续巩固；在企业客户上联想更加主动，并且尽量使用短链优化管理。联想认为"对于中国市场，经过认真的分析，我们不认为直销就比分销的运营成本低。"联想总裁杨元庆在接受采访的时候说："在中国的 IT 领域里，分销是不可取代的，它有它生存的价值，生存的空间，我们更多的客户，尤其是那些中小型的客户，必须依赖于分销的力量去做。而且据我了解，在中国的市场上，没有一家公司是 100%的直销，甚至可以说没有 50%以上是做直销的。这就是分销代理的价值。"

戴尔与联想、惠普的最大不同，就是其采用了直线订购的销售模式。直销对于戴尔来说不仅仅是一种成功的营销模式，这几乎是戴尔所有战略核心中的核心。曾经，戴尔靠直销取得了不俗的战绩，并获得了全球 PC 销量第一的宝座。但如今，直销却成为戴尔前进的包袱。首先，当竞争对手在大客户市场上与戴尔展开激烈争夺的时候，戴尔手中唯一的武器却由于缺乏匹配的服务模式在个人用户市场上力不从心。其次，直销在中国市场遭遇了"水土不服"：一方面，这与中国人"眼见为实"的消费行为有关；另一方面，随着 PC 行业新增市场逐步向 4~5 级市场延伸，戴尔原有的直销模式正面临无法触及区域市场的困境。

运营状况的不佳、销量的下滑、竞争对手的挑战、个人消费市场的失利等因素使得戴尔做出一个艰难的选择，打破传统的直销模式。

目前，戴尔的渠道策略正在发生变革：第一步，继重庆、南京成功开设产品体验中心之后，2007 年 4 月 2 日，戴尔在国内的第三家体验中心正式落户天津。第二步，从 2007 年 6 月 10 日开始，戴尔在美国、加拿大和波多黎各三国的 3000 多家沃尔玛超市销售其电脑。第三步，戴尔打破直销模式，绕过渠道商而选择进军零售市场。2007 年 9 月 24 日，戴尔宣布与国内最大消费电子零售商国美电器结为合作伙伴，从 10 月 1 日起在国美遍布全国的 50 家主要门店销售戴尔的消费数码产品。

（二）娃哈哈案例分析

窜货现象本身从一个侧面反映出市场对产品需求的信号。但大量的窜货一定是非常危险的。窜货的绝大部分原因是厂商在渠道管理上存在漏洞。因此，为避免或降低窜货的产生，厂商应从渠道管理入手，加强宏观调控。

在处理窜货问题上，娃哈哈有很多值得我们学习和借鉴的地方，比如案例中提到的娃哈哈采用的"九把利剑"：实行双赢的联销体制度、实行严格的价格管理体系、建立科学稳固的经销商制度、返利＋间接激励、产品包装区域差别化、企业控制促销费用、注重营销队伍的培养、实行严明的奖罚制度、成立反窜货机构。

三、理论知识学习

项目七　制定分销策略					
授课内容	教学目标	教学重点	教学难点	教学方式	作业
分销渠道性质	掌握分销渠道含义及类型	分销渠道类型及判断	分销渠道三策略	课堂教学	调查一企业的分销渠道并用营销理论予以分析和诊断
分销渠道设计和管理	了解影响因素及对渠道管理	影响分销渠道选择的因素分析	分销渠道管理	课堂教学	

凡是企业经营者，大多都知道产品是企业的立身之本，销售网络则是企业的立命之本。品牌加网络是当今企业成功的模式，企业只有在目标市场建立一个能够覆盖整个目标市场的销售网络，才能够使产品销售到整个目标市场上。

但与此同时，现在还有许多企业不知道如何建立和管理销售网络。不少企业对营销网络缺乏认识，至今没有建立完善的销售网络；也有企业虽然建立了销售网络，但是缺乏系统的管理；还有企业虽然已经有了网络和管理，却不知道如何推进。

任务一　认知渠道

分销渠道也称分销通路或销售渠道，是市场营销学独有的概念，是指产品在其所有权转移过程中，从生产领域进入消费领域所经过的途径。一般而言，分销渠道具有如下特征：

第一，分销渠道反映某一特定产品或服务价值实现的全过程。其起点是制造商，终点是最终消费者或工业用户。

第二，分销渠道是由一系列参加商品流通过程的、相互依存的、具有一定目标的各种类型的机构结合起来的网络体系。其组织成员通常包括制造商、批发商、零售商和消费者以及一些支持分销的机构等，这些成员会因为共同利益而合作，也会因为利益不平衡或其他原因产生矛盾和冲突，因而需要协调和管理。

第三，分销渠道的核心业务是购销。商品在分销渠道中通过一次或多次购销活动转移所有权（包括使用权），流向消费者或工业用户。购销次数的多少，说明了分销渠道的层次和参与者的多少，表明了分销渠道的长短。

第四，分销渠道是一个多功能系统。它不仅要发挥调研、购销、融资、储运等多种职能，在适宜的地点，以适宜的价格、质量、数量提供产品和服务，满足目标市场需求；而且要通过分销渠道各个成员的共同努力，开拓市场，刺激需求，面对系统之外的竞争，取得竞争的胜利。

分销渠道的选择对于企业来说是至关重要的，甚至会对市场营销策略的其他方面造成影响。

第一，分销渠道的选择直接制约和影响着其他方面营销策略的确定。例如，分销渠道的选择会影响到价格策略，因为产品价格的确定不仅取决于生产该产品的单位成本，还取决于流通费用的补偿，这大概占成本的 40%。而产品所经过的分销渠道不同，则附加在产品价格中的流通费用也不同。

第二，销售策略既需要企业内部各种策略的协调配合，又需要其他企业的密切合作，这与产品策略、价格策略、促销策略有显著不同。因此，企业的分销渠道的建立与通畅，在很大程度上依靠与相关企业或个人的良好协作关系。

第三，分销渠道的选择是一个相对长期的决策过程。分销渠道一经建立并相对稳定下来，要想改变是比较困难的。即使市场情况发生了很大的变化，要改变或替代原有的经销关系难度也是很大的。因此，企业的管理者在选择分销渠道做出决策时，应该立足于长远，慎重考虑，不但要分析分销渠道本身的利弊优劣，还应该考虑分销渠道选择对其他营销策略的影响。

第四，分销渠道反馈回来的市场需求信息是企业调整经营行为的依据。作为一个生产企业，其产品绝大部分要通过各种分销渠道"输送"给消费者，市场的信息也必须通过各个渠道反馈回来，如果渠道选择不当，市场信息不能反馈或传递"滞后"，都将对企业经营决策造成影响，有时甚至会造成产品积压或长期脱销，给企业带来巨大的损失。

任务二　分销渠道的选择与管理

（一）影响因素

1. 产品特性

产品特性包括产品的价格、产品的体积和重量、产品的类型和品种规格、产品的式样、产品的标准化程度、产品的技术服务情况、产品的生命周期、产品的自然寿命周期等。

2. 顾客特性

渠道选择深受顾客人数、地理分布、购买频率、平均购买数量以及对不同市场营销方式的敏感性等因素的影响。

3. 中间商特性

选择渠道时，还必须考虑执行不同任务的市场营销中间机构的优缺点。例如，由制造商代表与顾客接触花在每一顾客身上的成本比较低，因为总成本由若干个顾客共同分摊，但制造商代表对顾客所付出的销售努力则不如中间商的推销员。一般来讲，中间商在执行运输、广告、储存及接纳顾客等职能方面，以及在信用条件、退货特权、人员训练和送货频率方面，都有不同的特点和要求。

4. 竞争特性

生产者的渠道选择还受到竞争者所使用的渠道的影响，因为某些行业的生产者希望在与竞争者相同或相近的经销商处与竞争者的产品抗衡。例如，食品生产者就希望将其品牌和竞争品牌摆在一起销售。但有时，竞争者所使用的市场营销渠道反倒成为生产者所避免使用的渠道。

5. 企业特性

企业特性在渠道选择中扮演着十分重要的角色。企业的总体规模决定了其市场范围、较大客户的规模及强制中间商合作的能力。企业的财务能力决定了哪些市场营销职能可由自己执行，哪些应交给中间商执行。比如，财务薄弱的企业，一般都采用"佣金制"的分销方法，并且尽力利用愿意并且能够吸收部分储存、运输以及顾客融资等成本费用的中间商。企业的产品组合也会影响其渠道类型：企业产品组合的广度越大，则与顾客直接交易的能力越大；产品组合的深度越大，则使用独家专售或选择性代理商就越有利；产品组合的关联性越强，则越应使用性质相同或相似的市场营销渠道。企业过去的渠道经验和现行的市场营销政策也会影响渠道的设计。以前曾通过某种特定类型的中间商销售产品的企业，会逐渐形成渠道偏好，例如，许多直接销售给零售食品店的老式厨房用具制造商，就曾拒绝将控制权交给批发商。再如，对最后购买者提供快速交货服务的政策，会影响到生产者对中间商所执行的职能、最终经销商的数目与存货水平以及所采用的运输系统的要求。

6. 环境特性

渠道设计还要受到环境因素的影响。例如，当经济萧条时，生产者都希望采用能使终端顾客以廉价购买的方式将其产品送到市场。这就意味着要使用较短的渠道，并免除那些会提高产品最终售价但却不必要的服务。

（二）分销渠道的选择

1. 确定渠道模式

渠道长度指产品分销所经中间环节的多少及渠道层级的多少。根据渠道的长度，渠道可以划分为：零层渠道、一层渠道、二层渠道、三层渠道等。其中零层渠道为直接渠道，其他为间接渠道；多于两个环节的渠道称之为长渠道，反之则为短渠道。

零层渠道指产品从生产者流向最终消费者的过程中不经过任何中间商转手的分销渠道。例如自产自销。

一层渠道含有一个销售中介机构。在消费者市场，这个中介机构通常是零售商；在产业市场，则可能是销售代理商或佣金商。

二层渠道含有两个销售中介机构。在消费者市场，通常是批发商和零售商；在产业市场，则通常是销售代理商和批发商。

三层渠道含有三个销售中介机构。肉食类食品及包装类产品的制造商通常采用这种渠道分销其产品。在这类行业中，通常有一些专业批发商处于批发商和零售商之间，该专业批发商从批发商进货，再卖给无法从批发商进货的零售商。

2. 确定中间商的数目

分销渠道的宽度是指同一层次使用同类型中间商的多少。若制造商选择较多的中间商经销产品，则这种渠道称为宽渠道；反之，则为窄渠道。分销渠道的宽窄是相对而言的，具体分为三种不同的策略：密集经销、独家经销、选择经销。

密集经销，即在某一市场范围内，生产者运用尽可能多的同层次中间商推销产品，通过众多的分销渠道将产品转移到消费者手中。这种策略的重心是扩大市场覆盖面或进入一个新市场，使众多的消费者和用户随时随地买到这种产品。消费品中的便利品和工业品中的工业设备最适用这种策略。

独家经销，即在一定的市场范围内（如某一个城市）生产者只选择一家中间商（批发商或零售商）推销其产品。生产者授予中间商经销产品的特权，但要求中间商不得经营竞争者的同类产品。这种策略的中心是控制市场、控制中间商，或者利用对方的商誉和经营能力。这种策略一般只适用于一些购买者较少、单价较高或技术较为复杂的产品。

选择经销（特约经销），即在某一市场范围内生产者精心选择几个合适的、有信誉的中间商经销自己的产品。这种策略着眼于市场竞争地位的稳固，维护本企业产品在该地区良好的信誉。它最适用于消费品中的选购品。这种策略既能避免企业采用广泛经销时精力过于分散的现象，能同被选择的有限几家中间商保持良好的关系，掌握一定的渠道控制权；又能避免企业采用独家经销时渠道太窄的弊端，使企业能有足够的市场覆盖面。因而，这是多数生产者所采用的策略。

（三）分销渠道的管理

分销渠道管理就是指厂商为实现公司制定的分销目标而对现有的渠道成员进行的一切管理活动的统称。在每条产品分销渠道中都存在着渠道成员间不同程度的合作和矛盾。在一般情况下，渠道成员间的合作往往占主导地位，生产者、批发商、零售商为了共同的利益而形成一条分销渠道，他们通过一系列业务相互满足对方的需要。同单个企业单独业务相比，渠道成员合作能为各方带来更大的经济效益。可是，每一条产品分销渠道中也经常存在着某些矛盾，如"工商矛盾"或"商商矛盾"。分销渠道管理决策的目标就是要加强渠道成员间的合作，调解渠道成员间的矛盾。分销渠道管理决策主要由"渠道首领"来制定。

分销渠道管理的任务包括：选择渠道成员、激励渠道成员、评估渠道成员三部分。

1. 选择渠道成员

（1）渠道成员选择的条件。渠道成员的选择，就是从众多相同类型的分销成员中，选出适合公司渠道结构的能有效帮助完成公司分销目标的分销伙伴的过程。

一般情况下，选择渠道成员必须考虑中间商的市场范围、产品政策、地理区位优势、产品知识、预期合作程度、财务状况及管理水平、促销政策和技术、综合服务能力等因素。

中间商的市场范围是选择中间商最关键的因素。这里首先要考虑预先制定的中间商的经营范围所包括的地区与产品的预计销售地区是否一致；其次要考虑中间商的销售对象是否是生产商所希望的潜在顾客，这是最根本的条件。

中间商承销的产品种类及其组合情况是中间商产品政策的具体体现。选择时一要看中间商有多少"产品线"（即供应来源），二要看各种经销产品的组合关系是竞争产品还是促销产品。一般认为，应该避免选用经销竞争产品的中间商，即经销的产品与本企业的产品是同类产品的中间商，比如产品都为21英寸彩色电视机的中间商。但是若产品的竞争优势明显，也可以选择出售竞争者产品的中间商，因为顾客会在对不同生产企业的产品做客观比较后，决定购买有竞争力的产品。

中间商区位优势即位置优势，选择零售中间商最理想的区位应该是顾客流量较大的地点。批发中间商的选择则要考虑它所处的位置是否利于产品的批量储存与运输，通常以交通枢纽为佳。

许多中间商被规模较大的名牌产品的生产商选中，往往是因为他们对销售某种产品有专门的经验，能很快地打开销路，因此生产企业应根据产品的特征选择有经验的中间商。

中间商与生产企业合作得好对双方都有益处。有些中间商希望生产企业也参与促销，扩大市场需求，并相信这样会获得更高的利润。生产企业应根据产品销售的需要确定与中间商合作的具体方式，然后再选择最理想的合作中间商。

中间商能否按时结算包括在必要时预付货款，取决于其财力的大小。整个企业销售管理是否规范、高效，关系着中间商营销的成败，而这些都与生产企业的发展休戚相关，因此，中间商的财务状况及管理水平也必须考虑。

采用何种方式推销商品及运用选定的促销手段的能力直接影响销售规模。有些产品广告促销比较合适，而有些产品则适合通过销售人员推销。有的产品需要有效地储存，有的则应快速运输。要考虑到中间商是否愿意承担一定的促销费用以及有没有必要的物质、技术基础和相应的人才。选择中间商前，必须对其所能完成某种产品销售的市场营销政策和技术的现实可能程度做全面评价。

现代商业经营服务项目甚多，选择中间商要看其综合服务能力，有些产品需要中间商向顾客提供售后服务，有些在销售中要提供技术指导或财务帮助（如赊购或分期付款），有些产品还需要专门的运输存储设备。合适的中间商所能提供的综合服务项目与服务能力应与企业产品销售所需要的服务要求相一致。

（2）契约。当生产者选择合适的经销商后，生产者应与中间商签订有关绩效标准与奖惩条件的契约，在契约中应明确经销商的责任，如销售强度、绩效与覆盖率、平均存货水平、送货时间、次品与遗失品的处理方法、对企业促销与训练方案的合作程度、中间商对顾客须提供的服务等。

2. 激励渠道成员

分销渠道成员激励，简称为渠道激励，就是指厂商为促进渠道成员努力完成公司制定的分销目标而采取的各种激励或促进措施的总称。

渠道激励的分类方法有很多种，依据激励采取的手段不同，可以分为直接激励和间接激励等。

（1）直接激励。所谓直接激励，就是指通过给予渠道成员物质或金钱的奖励来激发其积极性，从而实现公司的销售目标。在营销实践中，厂商多采用返利的形式奖励渠道成员的业绩。

过程返利，是一种直接管理销售过程的激励方式，其目的是通过考察市场运作的规范性以确保市场的健康发展。通常情况下，过程激励包括以下内容：铺货率、售点气氛（即商品陈列生动化）、安全库存、指定区域销售、规范价格、专销（即不销售竞品）、守约付款等。

销量返利，是为直接刺激渠道成员的进货力度而设立的一种奖励，其目的在于提高销售量和利润。在营销实践中，有三种形式的销量返利。

● 销售竞赛，就是对在规定的区域和时段内销量第一的渠道成员给予奖励。

● 等级进货奖励，就是对进货达到不同等级数量的渠道成员给予一定的奖励。

● 定额返利，就是对渠道成员达到一定数量的进货金额给予一定的奖励。

销量返利的实质就是一种变相降价，可以提高渠道成员的利润，无疑能促进渠道成员的销售热情。但事实上，销量返利大多只能创造即时销售，从某种意义上讲，这种销量只是对明日市场需求的提前支取，是一种库存的转移。销量返利的优点是可以挤占渠道成员的资金，为竞品厂商的市场开发设下路障；缺点是若处理不好，可能造成渠道成员越区销售，导致串货，扰乱市场。

（2）间接激励。所谓间接激励，就是指通过帮助渠道成员进行销售管理，以提高销售的效率和效果来激发渠道成员的积极性和销售热情的一种激励手段。

间接激励的方法很多，比如帮助渠道成员建立进销存报表、帮助渠道成员进行客户管理、帮助渠道成员确定合理的安全库存数以及帮助渠道成员进行客户开发和攻单等。

3. 评估渠道成员

生产者除了选择和激励渠道成员外，还必须定期评估他们的绩效。测量中间商的绩效，主要有两种办法可供使用：一种是将每一中间商的销售绩效与上期的绩效进行比较，并以整个群体的升降百分比作为评价标准。对低于该群体平均水平以下的中间商，必须加强评估与激励措施。另一种是将各中间商的绩效与该地区的销售潜量分析所设立的配额相比较。即在销售期过后，根据中间商的实际销售额与其潜在销售额的比率，将各中间商按先后名次进行排列。这样，企业的调查与激励措施可以集中于那些未达既定比率的中间商。

如果某一渠道成员的绩效过分低于既定标准，则须找出主要原因，同时还应考虑可能的补救方法。当放弃或更换中间商将会导致更坏的结果时，生产者只好容忍这种令人不满的局面。当不至于出现更坏的结果时，生产者应要求工作成绩欠佳的中间商在一定时期内有所改进，否则就要放弃他。

4. 分销渠道改进策略

生产者在设计了一个良好的渠道系统后，不能放任自由运行而不采取任何纠正措施。事实上，为了适应市场需要的变化，整个渠道系统或部分渠道系统必须随时加以修正和改进。

企业市场分销渠道的修正与改进可从三个层次来研究。从经营层次上看，其修正与改进可能涉及增加或剔除某些渠道成员；从特定市场的规划层次上看，其改变可能涉及增加或剔除某些特定的市场渠道；在企业系统计划阶段，其改变可能涉及在所有市场进行经营的新方法。

（1）渠道成员的改变。在考虑渠道改进时，通常会涉及增加或减少某些中间商的问题。做这种决策通常需要进行直接增量分析，通过分析，要弄清这样一个问题，即增加或减少某渠道成员后，企业利润将如何变化。但是，应该注意增量分析也有不适用的时候。因此，在实际业务中，还不能单纯依据增量分析的结果采取具体行动。如果管理人员确实需要对该系统进行定量分析，则最好的办法是用整体系统模拟来测量某一决策对整个渠道系统的影响。

（2）增加或减少市场分销渠道。生产者也常常会考虑这样一个问题，即他所使用的所有市场分销渠道是否仍能有效地将产品送达某一地区或某类顾客。这是因为，企业市场分销渠道不变时，某一重要地区的购买类型、市场形势往往正处于迅速变化中。企业可针对这种情况，借助损益两平分析与投资收益率分析，确定是否增加或减少某些市场分销渠道。

（3）改进和修正整个市场分销系统。对生产者来讲，最困难的渠道变化决策是改进和修正整个市场分销系统。例如，汽车制造商打算用企业经营的代理商取代独立代理商。再如，软性饮料制造商想用直接装瓶和直接销售取代各地的特许装瓶商。这些决策通常由企业最高管理层制定，而且这些决策不仅会改变渠道系

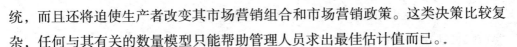

统，而且还将迫使生产者改变其市场营销组合和市场营销政策。这类决策比较复杂，任何与其有关的数量模型只能帮助管理人员求出最佳估计值而已。。

（4）解决渠道改进问题的概念性研究。在分析一个提议中的渠道改进措施时，要解决的问题是该渠道是否处于均衡状态。所谓一个渠道处于均衡状态，是指无论怎样改变结构或者功能，也不可能导致利润增加的状态。结构变动包括增加或者取消渠道中某一级的中间商。功能变动是指在渠道成员中重新分配一项或几项渠道任务。当渠道处于不均衡状态时，变动的时机就成熟了。

5. 分销渠道冲突的管理

分销渠道冲突管理是分销渠道管理的一个重要组成部分。积极、有效地解决渠道冲突是渠道管理者重要的工作内容之一。从长远来看，对渠道冲突的视而不见或无力采取措施避免或降低渠道冲突的产生，不仅危及厂商的渠道系统的稳定性，而且还会直接影响厂商营销目标的实现及客户满意度等。

（1）分销渠道冲突的类型。分销渠道冲突，简称为渠道冲突，就是指渠道成员通过有意或无意的市场行为所触发的存在于公司营销渠道系统外部及内部的各种矛盾的总称。

渠道冲突的分类有不同的标准。依据冲突发生在渠道系统外部还是内部，可以把渠道冲突分为外部渠道冲突和内部渠道冲突两个大类；依据冲突产生的结果好坏，又可以把渠道冲突分为良性渠道冲突和恶性渠道冲突两类。

1）外部冲突。外部冲突，也称为同质冲突，是指发生在一个宏观市场环境下的两家厂商渠道系统之间在同一渠道层面上的冲突。这也是广义的渠道冲突，主要是由市场竞争引起的。

在大多数情况下，外部冲突对一个渠道系统内的各渠道成员都有一定的促进作用。这种由市场竞争所引起的一个渠道系统内的不同层面的渠道成员所共同感觉到的一种危机感，通常能让该渠道系统的各级渠道成员团结一致，从而产生一种积极向上的动力。因此，外部冲突在多数情况下都属于良性冲突。

2）内部冲突。内部冲突，是指在同一渠道系统内各级渠道成员之间产生的冲突，也就是我们通常所说的"系统内耗"。如两个渠道系统中厂商与总代理商或一级代理商之间、总代理商或一级代理商与二级代理商之间以及二级代理商之间的冲突都属于内部冲突。

根据产生内部冲突的渠道成员间的层级位置的不同，内部冲突可以分为三类：水平性冲突、垂直性冲突和不同渠道间的冲突。

水平性冲突，就是指产生于某一厂商的渠道系统中处在同一层级的不同渠道成员之间的冲突。垂直性冲突，就是指产生于某一厂商的渠道系统中处在不同渠道层级的渠道成员之间的冲突。不同渠道间的冲突，仅出现在采用复合渠道系统的厂商营销系统之中，它是指厂商在细分目标市场的情况下设立多条营销渠道之后，不同的营销渠道之间对同一目标市场的客户进行争夺时所产生的冲突。比如，在既做直销又做分销的某厂商营销系统中，直销系统中的邮寄销售对某些分销系统覆盖的客户造成争夺时产生的冲突就属于不同渠道间的冲突。

（2）渠道冲突的解决办法。渠道冲突有良性与恶性之分，渠道经理或渠道总监的目标不是去规避所有的冲突，而是要有效地利用良性冲突，努力避免或化解恶性冲突，尽力将渠道冲突中的压力转化为发展中的动力，进而推动渠道的健康发展。

解决渠道冲突的办法多种多样，包括发展超级目标、沟通、协商谈判、诉讼以及退出等。不过，大多数渠道冲突的解决办法或多或少地依赖于权力或领导权。

1）发展超级目标。概括地说，发展超级目标，就是指为渠道系统中的渠道成员设立一个共同的发展目标，这个共同目标通常不能由单个渠道成员实现，而只有在渠道系统中的所有成员通力合作的情况下才能实现。超级目标的典型内容包括渠道生存、市场份额、高品质和客户满意等。

发展超级目标一般仅适用于化解外部冲突。比如当某厂商的渠道系统遭遇另一厂商渠道系统的强力挑衅以至于可能"渠毁厂亡"时，发展超级目标就是渠道系统内的所有渠道成员立即放弃内部斗争，全力以赴抵制外来的"侵略"以求生存。

2）沟通。通过劝说来解决渠道冲突，实质上就是在利用领导力。从本质上说，劝说就是为存在冲突的渠道成员提供沟通的机会，强调通过劝说来改变其行为而非信息共享，同时也可减少渠道系统中有关职能分工引起的冲突。劝说的重要性在于使各渠道成员清楚地认识到自己处于渠道系统的不同层级，自己需要扮演相应的渠道角色，遵守相应的游戏规则。

3）协商谈判。谈判的目的在于停止渠道成员间的冲突。从实质上说，谈判是渠道成员间讨价还价的一种方法。在谈判过程中，通常每个渠道成员都会放弃一些东西，从而避免冲突发生或避免已发生的冲突愈演愈烈。不过，利用协商谈判来解决渠道冲突，需要看渠道成员的沟通能力及其是否依然保持有合作的意愿。

4）诉讼。渠道冲突有时需要借助外力来解决，比如诉讼、法律仲裁等。不过，通过诉讼来解决渠道冲突则意味着渠道中的领导力没有起到作用，即通过沟通、协商谈判等途径都已经没有效果。

5）退出。退出，就是离开原来的分销渠道系统。无论是对于厂商还是对于其他渠道成员，退出都显得有些残酷。不过，事实上退出某一分销渠道系统恰好是解决渠道冲突的普遍方法。当水平性冲突、垂直性冲突或者不同渠道间的冲突处在不可调和的情况下时，退出往往是一种可取的办法。不过，从现有渠道系统中退出可能意味着中断与某个或某些渠道成员的合同关系。因此，在确定要退出一个渠道系统之前一定要慎重考虑。

（3）窜货及其规避。

1）什么是窜货。在营销实践中，越区销售通常被称为冲货或窜货，具体表现为渠道成员为了获取非正常的利润，以非厂商规定的价格向辖区之外的市场销售产品的行为。窜货的根本原因在于商品流通的本性是从低价区向高价区流动，从滞销区向畅销区流动。渠道成员窜货的本质是对利益的无节制追求。

事实上窜货既可能是以高于厂商规定的某区域的市场价格向辖区之外的市场"倒货"，也可能是以低于厂商规定的某区域的市场价格向辖区之外的市场"倾销"产品。

通常情况下，造成窜货需要具备两个条件：一是规模、数量较大，从批发环节上危及原渠道成员的正常市场组织和经营活动；二是价格，以低价格或高价格直接扰乱原渠道成员目标市场既有的价格体系。

2）如何规避窜货。事实上，没有窜货的市场，是不红火的市场。窜货现象本身从一个侧面反映出市场对产品需求的信号。但大量的窜货，一定是非常危险的。窜货的绝大部分原因是厂商在渠道管理上存在漏洞。因此，为避免或降低窜货的产生，厂商应从渠道管理入手，加强宏观调控。

一是稳定价格体系。建立合理、规范的级差价格体系，同时对于自己拥有零售终端的渠道成员进行严格的出货管理。确定厂商出货的总经销价格为到岸价，所有在途运费由厂商承担，以此保证各辖区渠道成员具备相同的价格基准。

二是坚持以现款或短期承兑结算。从结算手段上控制渠道成员因利润提前实现或短期内缺少必要的成本压力而构成的窜货风险，建立严格有效的资金占用预警与调控机制。

三是正确运用激励措施。涉及现金的返利等激励措施容易引起砸价的销售恶果，因此销售奖励应该采取多项指标进行综合考评，除了销售量外，还要考虑其他一些因素，比如价格控制、销量增长率、销售盈利率等。返利最好不用现金，多用货品以及其他实物。促销费用要尽量控制在厂商手中。

四是加强市场调研，制定合理的销售目标。厂商要加强与市场调研机构的合作，强化市场预测能力，以制定合理的销售目标。

五是通过协议约束渠道成员的市场行为。强化用销售合同来约束渠道成员的市场行为。在合同中明确加入"禁止跨区销售"等条款，将渠道成员的销售活动严格限定在自己的市场辖区之内。在合同中明确级差价格体系，在全国市场尽可能执行统一的价格政策，并严格禁止超限定范围浮动。将年终奖励与是否出现窜货行为结合起来考核，使返利不仅成为一种奖励手段，而且也成为一种警示工具。

六是加强市场监管。设立市场总监，建立市场巡视员制度，把制止越区销售行为作为日常工作常抓不懈。对于越区销售行为，要严惩不贷，一旦发现，要根据情节严重程度进行处罚，情节严重者，甚至要中断合同关系。事实上，大部分渠道成员基本上是按照诚实信用的原则，自觉自愿地履行事先达成的协议、合同，积极履行应尽的义务，维护共同的利益，使分销渠道正常工作。因此，对分销渠道充分认识和有效解决是渠道策划管理者的任务。[①]

---

① 唐平. 市场营销学 ［M］. 北京：清华大学出版社，2011.

项目八
制定促销策略

一、经典案例

案例 1　广告创造神话

改革开放之初的 20 世纪 80~90 年代，堪称是中国第一代民营企业群体的"狂欢期"。牟其中的南德公司、史玉柱的巨人集团、广东太阳神、沈阳飞龙、济南三株、郑州亚细亚……一批明星企业先后横空出世，成为中国民营企业的天空中一颗颗璀璨夺目的耀眼明星。这一时代所造就的企业奇迹，即使在世界经济史上也是蔚为壮观和绝无仅有的。新旧体制大变革时代如原子核反应堆一样释放出来的巨大经济能量所形成的超额利润，掉进了民营企业家的钱袋，使得中国第一代民营企业几乎在一夜之间突然崛起。然而曾几何时，历史性机遇成为历史，而由此造成的战略失误使中国第一代民营企业整体衰落：秦池干涸、三株折枝、巨人倒地、飞龙断翅、太阳神下山、亚细亚风光不再，这一系列惨痛的教训都应该让我们每一位民营企业家刻骨铭心地记起。

局外人对此也议论纷纷，有的认为是广告、"标王"惹的祸，有的把造成败局的原因归咎于某一次决策失误，有的则从企业领导人的性格品行上找根源，提出"媒体之过论"、"资金短缺论"、"机制弊端论"、"抽血过多论"、"多元化陷阱论"、"时运不济论"、"广告祸害论"、"知识过多论"、"性格缺陷论"、"领袖情结论"等等，隔靴搔痒，不得要领，甚至不值一驳。

举例来说，"靠广告吹起来的企业终究没有好下场"。这种论调颇有市场，尤其是当类似这样的企业一个个都倒下来之后，这种论调几乎成了全社会的一种共识。其实，广告正是第一代民营企业成功的秘诀，为什么在此时此刻却成罪魁祸首了呢？巨人、三株、505、飞龙、爱多等，中国第一代民营企业天空中一颗颗耀眼明星都是依靠强势的广告迅速膨胀起来的，如果没有广告，它们在前期根本不可能取得那样大的辉煌业绩，而它们在后期则照样会走向败落，因为它们的失败并不是广告对错那么简单。如果没有广告，或许它们连失败的机会都不会有。

有人说媒体"以落井下石的火力一夜之间彻底打垮了几年间被它吹捧过的企业——巨人集团"，三株的吴炳新也认为，如果"八瓶三株喝死一条老汉"的新闻不被扩大化，三株就不会倒下。秦池的老总也认为，是"川酒入秦池"的一篇报道搞垮了秦池。很多人都持这种观点，以致此后企业家们都对媒体敬而远之，避之唯恐不及，与以往热衷于跟媒体打交道、炒作新闻、炮制各种肉麻的吹捧文章形成鲜明的对照。其实，媒体本来就是一把双刃剑，不懂得驾驭媒体，本来就是你的错；媒体只是对本来已经败落的事实进行了负面报道，而不是使其败落的根源；即使媒体不报道，也照样会继续走向失败。透过于媒体，恰恰证明没有找到真正的根源，这就更证明失败是不可避免的了。在巨人走向辉煌的过程中，海内外媒体对其的正面报道不计其数，给巨人带来了数以亿计的无形资产，媒体之功不可没，与负面报道相抵，媒体之功也大于过。

第一，市场生态也能定生死。秦池、巨人、三株、飞龙与新闻媒体的关系，可以说是他们先把媒体给"营销"了，最终却反被媒体"营销"，因为他们成功与失败的背后都是媒体起着引爆和推波助澜的作用。巨人由于没有利用企业发展鼎盛期的便利条件与金融机构建立互利关系，结果在企业出现财务危机时竟然筹措不到可以扭转局面的"区区1000万元"，以致史玉柱仰天悲鸣："什么叫一分钱难倒英雄汉，这就是。"市场生态是什么？就是企业与供应商、客户、竞争者、金融机构、社区、政府、媒体等建立的市场食物链关系，企业与他们之间不仅是竞争关系，还是一种依存关系、合作关系。脱离或破坏市场食物链的行为，必然影响企业可持续发展，自食其果。

第二，攘外必先安内。亚细亚开业9年竟没有进行过一次全面彻底的审计，外单位向公司借款800万元，只需跟总裁王遂舟口头打声招呼即可，不需办任何手续。三株发展到鼎盛期时，机构重叠，人浮于事，互相扯皮，甚至出现一部电话三个人管、各分支机构对总部大量造假的怪现象。飞龙在财务上缺乏详细的管理规章，只管财务不管实际，使得占用、挪用和私分公司货款的现象比比皆是。由于基础管理不牢靠，这些企业缺乏必要的自稳机制和免疫机制，如同建立在沙滩上的房子，一有外来冲击，企业就应声而倒。

第三，诚信是金。据美国出版的《百万富翁的智慧》一书介绍，对美国1300万名富翁的调查结果表明，成功的秘诀在于诚实、有自我约束力、善于与人相处、勤奋和有贤内助。诚实被摆在了第一位。秦池的川酒勾兑、三株的虚假广告、飞龙的虚假伟哥、南德的虚张声势，最终使它们走上了不归路。它们还有一个共同点，就是都是知名企业，像南德的牟其中先后提出"一度"理论、"平稳分蘖"理论、"智慧文化"理论，甚至提出投资建设北方香港、炸开喜马拉雅山、投资控股"国际卫星-8号"等，使得南德在中国的天空一度"光芒夺目"。可除了"罐头换飞机"外，南德还做过什么盈利项目就不得而知了，结果是企业关门，总裁入狱。企业造名会造成过大的市场预期，当企业不能提供与名气相称的产品和服务时，就不能产生持久的市场忠诚度；而企业一旦出现一点信誉风险，客户就会有极度上当受骗的感觉，市场就会地动山摇。

第四，踏准经济走势节拍。任何产业都有它的产业周期，一个国家和整个世界经济也有其经济周期，历史性机会必然会有成为历史的时候，这些都是基本的经济规律。经济规律是不能违背的，违背了经济规律就会犯战略性错误，一个战略性的错误就会导致全军覆没。在经济高潮盛极之时不能继续采取扩张型发展战略，是因为经济高潮很快就将盛极而衰，这时候不怕赚钱少，就怕赔钱多；相反，当经济低潮持续已久之后显露转盛迹象之时也不应该继续采取经济低潮期的收缩战略，此时采取适当扩张的发展战略乃明智之举。21世纪，中国经济显然已经处在了后一时期，这时若继续采取收缩战略将会犯下另一个战略性错误，丧失发展的良机，网络公司的风起云涌和潮起潮落已经对此做了一个很好的诠释。①

思考分析：

（1）请分析广告在企业发展过程中所起的作用。

（2）案例中提到的企业给我们的启示和启发是什么？

案例 2 可口可乐促销案例分析

可口可乐作为世界上最成功的品牌之一，被当做美国文化的象征，其成功与其成功的促销组合策略是分不开的。可口可乐认为：营销不应该是什么莫测高深的理论，而是一种能够应用在具体工作中，去帮助解决实际问题的行为。可口可乐研究报告指出，可口可乐对营销是这样定义的：营销，是一个组织用来促进其产品销售的所有行为。它包括战略和战术两个部分。可口可乐认为，营销的意义主要表现在企业行为的两个方面：一是创造消费者的需求；二是强化消费者对品牌的认知。下面来看看可口可乐的促销策略。

可口可乐觉得营销并不神秘，总结可口可乐在中国获得的巨大成功，最主要得益于它的促销战略与战术相得益彰的完美结合。在可口可乐，对这些极具实效性和可操作性的营销战术组合，我们完全可以用"四种促销利器"来概括，即广告、赞助、促销活动以及合作店牌。

（一）第一种营销利器：广告

广告是可口可乐营销策略的重要组成部分。据调查：82.2%的消费者对可口可乐的品牌认知是通过广告获得的。可口可乐通过广告宣传提高了产品知名度和公众的购买欲望，在树立与加强产品及品牌良好形象方面，广告也起着非常重要的作用。

1. 中国本土化的广告创意表现

拥有百年品牌历史的可口可乐给人们留下的不仅是产品本身，其广告创意也同样精彩非凡。众所周知，可口可乐的广告创意表现可谓独树一帜、不同凡响。在与竞争对手的百年广告交锋中，常常好戏迭出。可口可乐中国本土化的广告创

---

① http://blog.jrj.com.cn/lee4，3731920a.htm.

意表现，主要集中体现在两个方面：

（1）在广告创意的表现中，对代表中国文化的元素进行了充分的挖掘和运用。可口可乐从 1999 年开始，在中国春节推出贺岁广告"风车篇"，其广告中展现的全部外景是在黑龙江省附近的一个小村庄内拍摄的，而且广告中的全部人物角色也都来自这个村庄；2000 年，可口可乐推出其广告新作"舞龙篇"，由于龙是中国传统的吉祥物，舞龙更是中国传统节日的庆典节目之一，因此广告一经播出，随即受到了广大公众的好评；2001 年新年，可口可乐又演绎出一场完美的深具中国文化特色的广告风暴，推出全新的具有中国乡土气息的"泥娃娃阿福贺年"广告片。

（2）在广告的创意表现中，充分运用"明星代言"的方式与目标消费群沟通。成功的广告创意，其核心与关键是要"找对人，说对话"，即首先要明确谁是该产品的目标消费群；其次，必须用目标消费者能够理解的方式与其沟通。可口可乐的消费群主要是年轻人，因此走年轻化路线，极力体现可口可乐年轻化的基调就成为了可口可乐广告表现的重要记忆点。明星是众多年轻消费者热衷关注的人物，是吸引他们"眼球"的最好载体，所以选择"明星代言"的广告创意表现方式，可以达到事半功倍的沟通与销售效果。

可口可乐曾经聘请了中国香港、台湾地区及中国内地的当红明星为其品牌代言。张惠妹、谢霆锋、张柏芝、萧亚轩、伏明霞等文体巨星都曾加盟过可口可乐的品牌阵线家族，他们的加入为可口可乐演绎了精彩纷呈的"广告乐章"。

2001 年，两支展现中国国家足球队"永不言败，拼搏进取"精神的"活出真精彩"系列广告在全国各地电视台播出。足球明星杨晨的倾情加盟，更把中国之队这种不屈不挠的精神表现得淋漓尽致。世界杯赛前，李铁在其担纲的可口可乐电视广告中一手举起装满乡土的可口可乐玻璃瓶，同时一句"到哪里都是主场"的口号，把可口可乐的品牌个性与中国之队的精神巧妙地结合起来，使可口可乐在受众心目中建立起了良好的满意度。

2. 大众媒体与网络媒体的精彩互动

在中国，可口可乐在运用大众传播媒介的同时，也不遗余力地建立起自己的网络传播系统——可口可乐中文网站。该网站以游戏、活动、娱乐为主题，其背景是充满活力与动感的可口可乐标志和标准色——红色。2000 年 8 月，可口可乐中文网站全面开通，在可口可乐中文网站，设有"可口可乐大本营"、"游戏地带"、"足球乐园"、"开心赢"等相关内容，这些内容增加了网站的娱乐性与趣味性，而这也正是创造吸引品牌注意力的绝佳办法。

2004 年，恰逢中国传统的猴年。春节期间，可口可乐中文网站的主页亦不失时机地换成了以泥娃娃"阿福"和中国神话故事《西游记》中的主人公孙悟空为主题背景的拜年画面。画面中极具中国特色的四合院、大红灯笼、窗花，加上在璀璨夜空中引爆的缤纷焰火，构成了一幅欢乐、祥和的新年景象。一幅带有可口可乐中英文 Logo 的春联，上联是"金猴贺新春"，下联是"可口更可乐"，呈现在网站主页。春联利用"可口更可乐"的双关语，把中国人民对新春佳节的期盼巧妙地跟可口可乐产品联系在一起，产生了极佳的沟通效果。通过大众传媒与网络的互动，可口可乐保持了线上、线下广告的连续性与一致性，从而更加突出了媒介整合的有效性。

3. 卓有成效的 pop（售点）广告

产品成功销售的过程实际上是一个创造需求、满足需求的过程。而这一过程中的最后一环，也恰恰是最重要的一环，都是在直接能够接触到消费者的零售点内发生的。广告的目的是促进销售，而售点却是产品销售成功与否的"临门一脚"。因此，可口可乐除了在电视、报纸和户外广告牌定期发布广告外，在零售点还拥有一系列实效的 pop 广告。可口可乐的 pop 广告用品主要包括：商标（品牌贴纸）、海报、价格牌、促销牌、冷饮设备贴纸，以及餐牌等。在售点内充分合理地利用广告用品，正确地向消费者传递产品信息，可以有效地刺激消费者的购买欲望，从而建立品牌的良好形象。因此，可口可乐要求他的销售人员必须在零售点上充分利用和发挥 pop 广告的作用，并且要遵守以下原则：

（1）商标不可以被其他图案、物品遮盖或包围。

（2）商标不可以歪放，不可以更改或删减任何部分。

（3）公司系列商标摆放时要遵守由左到右或由上至下的原则。排放顺序依次为"可口可乐"、"雪碧"、"芬达"、"醒目"、"天与地"等。

（4）广告用品必须张贴于售点明显的地方，不可被其他物品遮挡。

（5）海报或商标贴纸必须贴于视线水平位置，不应太高或太低，应以不挡住公司产品的高度为准。

（6）及时更换已经褪色、损坏或附有旧广告标语的广告用品。

（7）广告用品应附有合适的消费者信息，并且信息内容和售点活动及所售产品相一致。

（8）各种广告用品要经常保持整齐、清洁。

可口可乐就是这样长此以往、不遗余力地按照以上模式化的售点广告用品执行标准，有效地创造出了产品在售点的竞争优势，在刺激消费者冲动购买的同时，还建立起了自身良好的品牌认知度。

（二）第二种营销利器：赞助

赞助是公共关系的一种形式，可口可乐通过赞助体育、教育以及文化等各类活动来强化品牌形象，提升品牌的美誉度，营造饮用氛围，从而促进其产品的销售。纵观可口可乐的赞助活动，主要表现在以下几个方面：

1. 赞助体育活动

（1）赞助奥运会。从 1928 年可口可乐赞助第 9 届阿姆斯特丹奥运会的那一天起，到 2000 年悉尼举办的第 27 届奥运会，可口可乐参加了每一届的奥运盛会。作为奥运会唯一的饮料供应商，可口可乐从饮料、火炬接力、设立国际奥委会博物馆、出版奥运歌曲唱片及历史书到电视台转播等项目的赞助都显示出了一个全球销量最多的饮料品牌对一项关注者最多的全球性活动的无限热忱。可口可乐在把"更快、更高、更强"的奥运精神注入自己品牌的每一个细胞的同时，人们已然开始对可口可乐产生情感利益，即喝下的不仅是一种饮料，更是一种"运动、奔放、向上"的精神，这些正好吻合了可口可乐"乐观奔放、积极向上、勇于面对困难"的品牌核心价值。因此，通过赞助奥运会，可口可乐的品牌和消费者紧紧地联系在了一起。

对于赞助奥运会，可口可乐一向表现出彰显大家风范的大手笔投资。在1996 年亚特兰大奥林匹克运动会上，可口可乐总计投入 6 亿美元，约占其当年全部广告预算的 47%。在奥运期间，可口可乐举办了全球范围内各式各样的奥运公关活动，协助奥运筹委会承办包括圣火传递、入场券促销在内的多项工作。借助体育运动来推广品牌，是可口可乐制胜商场的不二法门。可口可乐认为：借赞助奥运会为契机，为自己的公司建立独特的品牌形象、提升品牌价值、促进销售，并增强与消费者之间的联系，是首要的营销目标。同时，找到奥运会与公司品牌之间的关联性是最为重要的，即要考虑奥运会能给消费者带来什么特殊的东西，消费者自身渴望的是什么东西，而可口可乐品牌自身的价值又是什么，能不能利用某些特殊活动使这三方面结合起来变成最有力的关联，这才是赞助奥运会成败的关键。对于可口可乐来说，奥运会的营销功能实际上就是企业和消费者改善或重建彼此关系的重要沟通工具，双方借体育运动建立认同，产生共鸣。可口可乐把奥林匹克的文化融入品牌个性当中，并由此形成品牌价值，通过奥运会把自己的品牌和消费者巧妙联系在一起，从而使消费者对品牌保持极高的认可度和忠诚度。多年来，可口可乐正是以此标准来选择赞助活动的方式，与其品牌形象配合得完美无瑕、相得益彰，使可口可乐的营销活动产生了 1+1≥2 的倍增效应。

（2）赞助世界及中国足球。就全球范围而言，足球一直是可口可乐最重要的赞助项目之一，也是可口可乐最为宝贵的市场资产。作为国际足联和世界杯的长期合作伙伴，从 1974 年开始，可口可乐就成为每届世界杯的主要赞助商之一，可口可乐拥有在全球推动足球运动无可争议的领先地位。贯穿于足球运动中的精神则恰恰是可口可乐品牌所一贯主张的核心价值。在中国，可口可乐对中国足球事业的支持，使可口可乐将其品牌在全球范围内与足球的渊源恰如其分地本土化，并由此建立起与中国球迷强有力的感性沟通模式。从 2001 年开始，可口可乐通过一系列围绕中国足球的公关推广活动，把中国消费者对可口可乐的品牌认知推向了一个新的高度。

1）全面赞助中国国家足球队。2001 年 1 月，可口可乐与中国足协签订了赞助中国队所有赛事的合作意向，可口可乐成为中国队官方饮品。通过赞助中国队，和对中国足球发展的支持，可口可乐再次巩固了自身的品牌领导地位——运动、奔放、向上，充满乐观精神，真实可信地充分体现国家荣誉和对中国队的激情。

2）为世界杯外围赛创作"中国之队"队歌。2001 年 4 月 22 日，对于中国足球以及球迷来说，有着特殊的含义。在无数中国球迷殷切的期望中，中国国家队在西安迎战马尔代夫国家队，使中国之队又一次义无反顾地拉开了第七次冲击世界杯的帷幕。在小组赛首场比赛上，可口可乐为中国国家队创作了第一首队歌——《让我们向前冲》。在比赛开幕式上，由孙楠、那英等 8 位国内知名歌手联袂演绎的这首"中国之队"队歌最为激动人心。这首歌体现的是"永不言败，拼搏到底"的精神，同时也表达了广大中国球迷对中国之队的热切期望。毫无疑问，这首歌在很大程度上鼓舞了中国队的球员们，给中国之队在冲击世界杯的征程中开了个"好头"。

3）为中国队主场比赛摇旗助威。2001 年 8 月 25 日，在沈阳五里河体育场，可口可乐组织了由 1300 多名东北大学生组成的大型"啦啦队"，同时可口可乐还从球迷协会请来专业人士，专门指导大学生"啦啦队"的演练，以确保起到为中国之队助威鼓舞的效果。

4）开展"激情拥抱世界杯"系列活动。这是 2002 年 3 月，可口可乐针对中国球迷开展了一次大规模的系列推广活动。活动中的"弹指足球"项目是风靡世界的超级球迷所必备的玩具，球迷只需将小球靴套在手指上，就可以以手代足在桌面上进行二对二的对抗比赛。在这里，可口可乐把"球迷"定义为：那些喜欢足球并视足球为生命一部分的人。中国球迷具有这样的特征：足球可以让他们放松；他们在观看足球比赛的时候可以互相交流；他们可以很容易地回忆出每一个中国队光荣的经典瞬间；他们与中国足球荣辱与共。其后，可口可乐开展的"为世界杯壮行"、"为中国队护旗"、赞助"女足世界杯"、赞助"中国女足南北明星争霸赛"等一系列活动，使中国球迷关注世界杯、关注中国之队的情感得以升华，世界杯、中国之队、可口可乐则成为了众多球迷提及率最高的词汇。可口可乐通过对中国足球事业的支持，使可口可乐赢得了极高的品牌美誉度与消费者忠诚度。

2. 赞助社会公益活动

进入中国以来，可口可乐在支持中国体育发展的同时，也不遗余力地对中国的社会公益进行着大力资助。1993 年起，可口可乐在中国 26 个省捐建了 52 所可口可乐希望小学，捐赠了 100 个希望书库，使 6 万多名儿童重返校园。从2001 年开始，为千余名可口可乐希望小学的校长和教师提供专业的电脑培训；为希望小学提供后续的扶持基金，并同时开始在全国兴建 30 个网络学习中心和52 个多媒体教室及电视教学点。此外，可口可乐还与各地装瓶厂联合设立了"可口可乐第一代乡村大学生奖学金"，资助 678 名从偏僻乡村奋发图强考取大学的青年完成大学学业。时至今日，可口可乐及其装瓶厂已经在中国公益事业方面投入超过 3000 万元人民币。2001 年，在中国青少年发展基金会和捐助者可口可乐（中国）有限公司的推动下，专门用于林地浇灌的全国保护母亲河行动第一口井在河北省怀来县天漠沙丘出水。这是可口可乐公司继 2000 年为当地捐助百万树苗后的再次捐款，在天漠沙丘周围打井 5 口，彻底解决了百万树苗灌溉问题。作为营销策略，"取之于消费者，回报于社会，投身于公益事业"，为可口可乐的品牌赢得了良好的美誉度，同时也为可口可乐在中国的成功奠定了坚实的社会基础。

（三）第三种促销利器：促销活动

可口可乐为了提高产品的市场占有率与行业渗透率，非常重视促销活动的运用。促销与广告不同，广告为消费者提供了购买理由，促销却提供了购买刺激。在可口可乐，促销可以分为三个层面：

1. 针对经销商的促销

针对经销商的促销是指可口可乐向其分销组织，主要包括批发商与零售商举办的促销活动。目的一般是为了获得或增加可口可乐系列产品的销量，或者鼓励零售商在卖场中做某类特别的销售活动。针对经销商，可口可乐主要采取价格优惠与折扣的促销方式。此外，对经销商提供短期赊销的支持、销售及生动化竞赛、免费旅游、季度抽奖等活动，用以激发经销商的经销热情。

2. 针对销售人员的促销

针对销售人员的促销，是可口可乐公司为了激励销售人员对其系列产品做额外的销售努力所采取的奖励措施。对于销售人员，可口可乐通常采取与销售业绩直接挂钩的奖励形式，在规定的基数前提下，超额完成部分奖励现金，或提供一定的福利奖励。

3. 针对消费者的促销

这种促销方式是制造商直接针对消费者展开的。目的是诱导消费者，促进其直接购买本品牌。由于针对消费者的促销是决胜售点的"临门一脚"，所以在这里我们将着重对可口可乐针对消费者的促销方式做详细阐释。可口可乐针对消费者的促销方法主要有：

（1）免费品尝。主要用于新产品上市或进入一个新市场之时。免费品尝可以给消费者提供试用产品的机会，其目的是可以把产品直接送到消费者手中，特别是可以吸引那些目前并不饮用可口可乐产品的消费者惠顾。如可口可乐的"醒目"系列在某地上市时，可口可乐公司在各大超市、商场门前设立摊点，让消费者免费品尝"醒目"的各种口味，通过免费品尝活动，缩短了新品进入市场的时间，并在消费者心目中建立起了一个鲜明的品牌印象，产生了良好的市场效果。

（2）特价销售。这里在特定时期，阶段性地降低价格以促进销售的方式。特价销售，一般是在节庆日及软饮料的销售旺季，或在竞争激烈时采用较多。

（3）增量包装。产品的售价不变，但包装容量有所增加。如可口可乐以前1.25 升和 2 升包装容量的产品，后来容量分别增加到了 1.5 升和 2.25 升，但售价还是按增加容量前的标准进行销售。换而言之，增量包装就是"加量不加价"的促销方法。

（4）联合促销。是指可口可乐和其他生产厂商或其分销商合作，共同进行广告促销及共同推广产品的行为。譬如：2001 年可口可乐与方正电脑合作，共同推出"可口可乐——方正电脑动感互联你我他"的大型联合促销活动。在活动中，消费者只要购买可口可乐产品，就有机会赢得方正电脑。这次"世界第一品牌"与"中国 IT 第二品牌"的联合，不仅巩固了双方强有力的市场地位，而且有效地降低了双方各自的促销成本，从而产生了 1+1≥2 的倍增效应。下面是可口可乐在春节期间与几家超市合作所举办的联合促销活动规则：

促销目的：

1）通过与超市联合促销的形式，以产生与客户双赢的结果。

2）提升可口可乐产品在超市的销量。

目标客户：3~5 家大卖场。

促销方式：

1）与超市采取单店联合促销的方式，即顾客在与可口可乐公司合作的超市内购物满 50~100 元，且其中有 10 元以上的可口可乐产品时，就可以参加一次揭奖活动，中奖率为 100%。

2）通过在店门口悬挂条幅、收银台揭奖台历展示、店内广播、店内宣传单等支持，让顾客了解促销信息。顾客在收银台处揭奖，然后到超市总服务台兑奖。

奖品设置：

福字贴、灯笼、春联、红包。

（5）有奖销售。即在限定的时间，针对固定的品牌，设立奖品的促销方式，以激励消费者积极购买产品。主要包抽奖、刮奖的方法。

（6）瓶盖兑奖。1997 年 6 月，可口可乐推出了主题为"可口可乐红色真好玩"的促销活动。在活动期间，凡购买可口可乐系列促销包装的产品，就会发现在饮料瓶盖和易拉罐拉环上印有红色的可口可乐、红太阳、红苹果、红玫瑰、红心等不同图案，消费者若能对中中奖组合所要求的两个图案，就能够赢得手表、背包、溜冰鞋、罐形收音机等不同奖品。这种在饮料瓶盖上印有兑奖图案和符号的促销方式，我们可以称之为"瓶盖兑奖"。可口可乐是非常善于运用"瓶盖兑奖"方式促销的企业。从 1996 年开始起，可口可乐就推出了一系列的"瓶盖兑奖"活动，如"可口可乐发发发"、上文提到的"可口可乐红色真好玩"，以及1998 年世界杯期间开展的"看足球、齐加油，喝可口可乐"等活动。这些活动成功地促进了产品的销售，并有效地在中国消费者心目中建立了良好的品牌印象。

为了保证促销活动卓有成效地实施，可口可乐公司要求销售人员要帮助客户把消费者拉到售点内。譬如，在售点开展针对消费者的促销活动时，可口可乐的销售人员在执行促销活动时必须遵循下列的基本原则：

1）促销开始之前：要与售点客户沟通，并确认促销活动的各项细节，以保证活动实施；保证所有促销品牌和包装按时铺货上架和陈列；向促销员说明促销活动的方法、时间和奖励办法等。

2）促销活动实施期间：必须明确标示产品价格，且显眼醒目；及时向销售主管反馈促销执行情况和存在的问题；正确传达促销信息，广告用品必须根据要求张贴、摆放、悬挂在售点客流最大且显眼的位置；扩大产品陈列空间，占据售点客流量最大的有利位置。

3）促销活动结束后：评估活动效果，总结经验教训。

综上所述，促销活动是可口可乐实施"推拉"策略（广告拉动消费者购买，促销推动消费者购买）的重要方法之一。促销活动可以刺激消费者大量购买，并吸引没有购买过可口可乐产品的消费者初次消费。在市场上，可口可乐正是通过这些个性化的促销设计、周密严谨的促销执行，建立了无与伦比的竞争优势。

（四）第四种营销利器：合作店牌

走在大街小巷，我们很容易就能看到一些超市、食杂店，以及餐厅、酒楼自身招牌的两侧或是单侧，往往带有"可口可乐"的中文或英文标志。这些带有"可口可乐"品牌名称的售点招牌就是"合作店牌"。合作店牌是由可口可乐公司出资制作，免费赠送给客户，用来挂在售点，或者作为商店自身装饰的一种行为。合作店牌是可口可乐所独创的一种营销形式，并由于可口可乐的成功运用，乃至引起了行业内一些其他企业的纷纷效仿。合作店牌的出现，可谓是"万千"优点集于一身。

第一，合作店牌可以有效地提升并巩固客情关系。客情关系，是指企业销售人员与客户之间的情感联系。这种情感联系深，业务就比较容易开展，情感联系浅，业务就容易遇到阻碍。所以，建立并巩固良好的客情关系，是企业制胜售点的"法宝"。由于合作店牌是可口可乐出资制作的，而客户是免费获得的，那么换句话说，客户是既省下了自己做店牌的钱，又节约了自己制作所付出的时间与精力成本，同时，合作店牌传递了自己的主要信息（可口可乐标志的占用空间不会超过店牌总面积的1/4），因此，这种不用自己投入的好事对于客户来说，何乐而不为呢？

第二，合作店牌具有分布广、持续时间长等特点。合作店牌实际上是户外广告的一种形式，它往往随着不同类型的售点而遍布在城市各个地段，因此，展示品牌形象的时间长，经年累月地起着宣传作用。

第三，合作店牌对消费者会产生提示购买的作用。由于合作店牌大多在地理位置好、人流量大的街头店面出现，所以，其店牌上所诉求的品牌信息就会以极高的触达率和暴露频次与消费者接触。由于合作店牌中有零售客户的信息，因此，消费者会把可口可乐的信息和获得合作店牌的客户联系起来，并会建立"有可口可乐字样店牌的商店内一定会有可口可乐出售"的感知。[①]

思考分析：

（1）试分析可口可乐的促销组合策略。

（2）可口可乐促销给我们的启示和启发是什么？

---

① 中国产业投资网，2010–11.

二、案例分析

（一）广告创造神话案例分析

本案例其实也适合放在"制定营销战略"部分进行分析，通过案例既可以让我们看到广告的强大作用，同时也可以给我们一个提醒，那就是，广告不是万能的，作为企业的发展必须内外兼修，才能长久。

广告在促销中有着特殊的功能和效用。

第一，广告是最大、最快、最广泛的信息传递媒介。通过广告，企业或公司能把产品与劳务的特性、功能、用途及供应厂家等信息传递给消费者，建立起产需双方的联系，引起消费者的注意与兴趣，促进购买。如果出现某些产品在某地积压滞销，而彼地却缺少货源，也可通过广告沟通联系。为了沟通产需之间的联系，现在不仅生产单位和销售单位刊登广告，寻找顾客，而且一些急需某种设备或原材料的单位，也刊登广告，寻找货源。因此，广告的信息传递能迅速沟通供求关系，加速商品流通和销售。

第二，广告能激发和诱导消费。消费者对某一产品的需求，往往是一种潜在的需求，这种潜在的需求与现实的购买行动有时是矛盾的。广告造成的视觉、感觉映象以及诱导往往会勾起消费者的现实购买欲望。有些物美价廉、适销对路的新产品，由于不为消费者所知晓，很难打开市场，而一旦进行了广告宣传，消费者就会纷纷购买。另外，广告的反复渲染、反复刺激，会扩大产品的知名度，甚至会引起一定的信任感，也会导致购买量的增加。例如，美国有个小企业，专门生产塑胶产品，因知名度不高，销售量不高；后来选了一个专业性刊物做广告，为了取得积累性效果，在六个月内连续刊登 12 次，每半个月登一次，半年之后，这家企业的产品知名度从原来的 9.6%，提高到 16%，销路终于打开。

第三，广告能较好地介绍产品知识、指导消费。通过广告可以全面介绍产品的性能、质量、用途、维修安装等，并且消除他们的疑虑，消除他们由于维修、保养、安装等问题而产生的后顾之忧，从而产生购买欲望。

第四，广告能促进新产品、新技术的发展。一项新产品、新技术的出现，靠行政手段推广，既麻烦又缓慢，局限性很大，而通过广告，直接与广大的消费者见面，能使新产品、新技术迅速在市场上站稳脚跟，获得成功。一方面，广告可以传递信息，活跃经济。一种商品，在此地积压，通过广告宣传，可让需求者知道，前来购买，使商品畅销，成为抢手货，这样，不但搞活了经济，而且可以加快资金流动，提高经济效益。另一方面，广告可以指导消费，提高企业声誉。广告沟通产、供、销渠道，介绍商品信息、产地、质量、性能、价格，既能使消费者了解商品的情况，根据需要选购商品，又能使企业提高商品的知名度。

案例中提到的案例给我们的启示和启发是：广告是扩大知名度的一种非常有效的手段，但是在企业的发展过程中，除了广告宣传，更重要的是注重内功的修炼，从总体上、全局上考虑企业的长远发展问题，制定正确的营销战略。

（二）可口可乐的促销策略

可口可乐的促销策略可以概括为"无时不在，无处不在"。通过成功的促销组合策略的应用，达到"1＋1＞2"的效果。促销组合策略是广告、销售促进、公关宣传和人员推销的组合应用，以达到最佳的促销效果。可口可乐的体育营销、奥运营销也是其品牌传播与推广的重要手段。作为红色阵营的可口可乐和蓝色阵营百事可乐之间的竞争也为人们所津津乐道，为20世纪最扣人心弦、也最具传奇色彩的商战案例，两大可乐在各个领域针锋相对，尤其是促销策略的竞争尤为激烈。

三、理论知识学习

项目八　制定促销策略

授课内容	教学目标	教学重点	教学难点	教学方式	作业
促销组合	了解促销的含义、策略及影响因素	促销组合的四种基本策略	影响促销组合的因素	课堂教学	为策划的产品或服务制定促销方案
人员推销	了解人员推销含义、特征及管理	人员推销心理素质培养	人员推销管理	情景模拟	
广告	掌握广告策略内容及管理要点	广告管理内容	广告效果评价	无领导小组讨论	
销售促进与宣传策略	掌握销售促进的原则和形式	销售促进和宣传策略形式	—	课堂教学	

任务一　认知促销与促销组合

(一) 促销的含义

1. 什么是促销

所谓促销是指企业向目标顾客传递产品信息，促使目标顾客做出购买行为而进行的一系列说服性沟通活动。它是市场营销组合的四个构成要素之一。

促销是一种沟通活动。沟通是指信息提供者或发送者发出作为刺激物的信息，并把信息传递到一个或更多的目标对象，以影响其态度和行为。在现代社会化大生产和市场经济条件下，企业必须与顾客、供应商、金融机构、政府和社会公众进行广泛的信息沟通活动，只有这样才能加强他们之间的相互了解。

促销又是一种说服性沟通，说服性沟通是指沟通者有意识地安排有说服力的信息，通过特定的渠道，以便对特定沟通对象的行为与态度进行有效的影响。促销把信息传递给目标顾客的同时，试图在特定目标顾客中唤起沟通者预期的意念，从而对目标顾客的行为和态度产生有效的影响。

2. 促销的作用

在市场状况瞬息万变、竞争日益激烈的今天，促销的作用越来越明显，促销活动已成为企业营销活动相当重要的组成部分。促销的作用概括起来有以下几个方面：第一，传递产品信息；第二，激发购买欲望；第三，建立产品形象；第四，扩大市场份额。

（二）促销工具的特点

企业的促销工具多种多样，但归纳起来主要有四种基本方式，即人员推销、广告、销售促进和公关宣传。不同的促销方式有着不同的作用与特点，与一定的营销目标相联系，能体现企业不同的促销策略。

1. 人员推销

人员推销是指企业派出销售人员亲自向目标顾客对产品进行介绍、推广、宣传与销售，与消费者或用户进行面对面的口头洽谈交易的促销方式。企业的人员推销可以有两种形式。一种是建立自己的推销组织，用本企业的销售人员来推销产品。另一种是外勤推销人员外出推销，上门访问顾客。

2. 广告

广告是指企业按照一定的预算方式，支付一定的费用，通过一定的媒体把商品信息传送给广大目标顾客的一种促销方式。

3. 销售促进

销售促进是指企业运用各种短期诱因，鼓励购买或销售企业产品或服务的一种促销方式。销售促进方式包括以消费者或用户为对象的推广方式、以中间商为对象的推广方式以及以推销人员为对象的推广方式。

销售促进的最大特点是即期效用明显，企业在推销新产品或服务时，或为了与竞争对手进行直接竞争时，销售促进的作用非常显著。但是对建立与顾客的长期关系、培养顾客品牌偏好效果较差。

4. 公关宣传

公关宣传是指企业以非付款的方式通过第三者在报刊、电台、电视、会议、信函等传播媒体上发表有关企业产品的报道、展示或表演等信息，以刺激人们需求的一种促销方式。公关宣传的主要活动方式是与政府机构、中间商、零售商和社会有影响的专家、学者以及有关的社会团体建立联系，制造各种新闻素材，提供各种咨询服务，通过传播媒体的宣传报道，说明企业对国家、社会及消费者所做的贡献，使社会公众对企业产生良好的印象，提高企业产品的知名度和美誉度。公关宣传的最大特点是潜在效用明显，每一次有利的公共宣传不一定会带来企业产品销量的陡增，但能强化企业产品在社会公众中的形象，使企业长期受益。

（三）促销组合

促销组合是指企业将促销工具广告、人员推销、销售促进和公关宣传有机地结合起来的过程。促销组合最佳化是企业促销决策的追求目标。

一般来讲，企业在将促销预算分配到各种促销工具时，需考虑如下多种因素：

1. 促销目标

企业在不同时期及不同的市场环境下有不同的具体促销目标。目标不同，促销组合就会有差异。如果在一定时期内，某企业的促销目标是在某一特定市场迅速增加销售量扩大市场份额，则促销组合应更注重广告和销售促进，强调短期效益。如果企业的目标是树立企业在消费者心目中的良好形象为其产品今后占领市场、赢得有利的竞争地位奠定基础，则促销组合应更注重公关宣传并辅之以必要的公益性广告，强调长期效益。

2. 产品类型

由于产品类型不同，购买者的购买要求也是不同的，企业所采取的促销组合也会有所差异。从西方国家市场营销发展史来看，消费品与产业用品的促销组合是有区别的。广告一直是消费品市场营销的主要促销工具，而人员推销则是产业用品市场营销的主要促销工具，销售促进在这两类市场上具有同等重要的地位。

3. 市场特点

目标市场的特点不同，也需要不同的促销策略。市场范围不同，促销方式也有所区别。一般来讲，如果目标市场地域范围大，应多采用广告进行促销；如果在规模较小的本地市场销售，则应以人员推销或商品陈列等为主。假如在中等规模的范围内销售，则可以一种促销方式为主，兼用其他方式。

4. 产品生命周期阶段

在产品生命周期的不同阶段，由于促销目标不同，应该实行不同的促销组合策略。在介绍期，促销的重点是提高产品的知名度，为此，应利用各种广告，大力宣传新产品的品牌，让购买者了解、熟悉该产品；同时，应辅之以销售促进来促成消费者的早期试用。此外，利用人员推销说服中间商进货也是必要的。在成长期，促销重点应以一般介绍转而着重宣传企业产品的特色，树立品牌形象，巩固其在市场上的地位。这时广告仍是重要的促销形式。应继续加强促销攻势，增加预算；同时还要配合人员推销和公关宣传等手段，以扩大销售。

在成熟期，促销的重点在于树立消费者对本企业产品的偏好，力争在竞争中占有优势。企业为了与竞争对手相抗衡，必须增加促销费用。此时，运用销售促进工具比单纯的广告活动更为有效，因为这时的顾客只需提醒式广告即可。在衰退期，企业应把促销规模降到最低限度，以保证足够的利润收入。此时，只需少量的广告活动来保持老顾客的记忆，人员推销也可减至最小规模，公关宣传则可全面停止，然而销售促进有一定的作用。

5. 不同的购买准备阶段

从消费者对事物的接受过程来讲，我们可以将在购物活动中的不同心理活动划分为几个阶段：知晓、了解、信任、订货。不同的阶段，所选用的促销策略不同。在建立购买者知晓方面，广告、销售促进和公共宣传比人员推销的效益好得多；在促进购买者对企业及产品的了解方面，广告的成本效益最好，人员推销其次；购买者对企业极其产品的信任，在很大程度上受人员推销的影响，其次才是广告；购买者订货与否受人员推销影响，销售促进则起辅助作用。

6. 促销策略

促销策略有两种，即推式策略与拉式策略。企业选择推式策略还是选择拉式策略，对促销组合也具有重要影响。

推式策略，主要是运用人员推销和销售促进手段将产品推向市场，从制造商推向批发商，从批发商推向零售商，直至最终推向消费者或用户。实行这一策略的企业大多拥有较雄厚的推销人员队伍，产品的声誉较高，或者采购者的目标比较集中。这种策略通常以中间商为主要促销对象，要求推销人员针对不同的商品、不同的客户，采用不同的方式和方法。

拉式策略，主要是运用广告和公关宣传手段，着重使消费者产生兴趣，刺激购买者对产品的需要，进而推动消费者向中间商订购产品，然后由中间商向企业订购产品，以此达到向市场推销产品的目的。实行这一策略的企业一般是产品的销售对象比较广或者是新产品初次上市，需要扩大知名度。

7. 其他营销因素

确定促销组合还需要与其他营销策略相配合。例如品牌策略，如果企业采用制造商品牌，那么不但需要利用人员推销访问中间商，还需要利用广告和其他促销方式直接向目标顾客传递产品信息；如果企业采用中间商品牌，则利用人员推销就可以了。又如价格策略，如果也实行薄利多销的低价策略，就无力承担较多的促销费用；反之，企业实行高价撇脂策略，则可以进行更多的促销活动。再如渠道策略，企业若选择直接渠道模式，则主要由人员推销来完成促销过程，同时辅之以少量广告即可；反之，若选择间接渠道模式，则以广告为主要信息传播方式，同时辅之以其他促销方式。

8. 经济前景

企业还应考虑经济前景的变化，及时调整促销组合决策。例如，在通货膨胀时期，购买者对价格十分敏感，此时企业可增加销售促进相对于广告的分量，多派出推销人员提供信息咨询，帮助顾客明智地挑选物有所值的商品。

（四）促销方案的制定

1. 促销时间确定

促销时间的安排一般以 10 天为宜，跨 2 个双休日。如果是大的节庆活动，促销时间可以安排长些，但一般不要超过一个月。

2. 促销目标设计

一般来说，针对消费者的促销目标有：①增加销售量、扩大销售；②吸引新客户、巩固老客户；③树立企业形象、提升知名度；④应对竞争，争取客户。促销目标要根据企业要求及市场状况来确定，促销目标可以确立单个目标，也可以确立多个目标。

促销目标的确定要交代背景，说明原因，即对与此促销目标有关的情况做个描述。如当前市场、消费者和竞争者状况，企业目前情况及本次促销动机等。这部分内容的写作要求为"客观"、"简练"。

3. 促销主题设计

促销主题是方案设计的核心和中心思想，是贯穿整个营销策划的一根红线。任何一项策划总有一个主题。主题明确，方案设计才会有清晰而明确的定位，使组成促销的各种因素能有机地组合在一个完整的计划方案之中。促销主题是通过

"主题语"来表现的，如 2002 年家乐福"三八"促销活动的主题为"世界因你而精彩"。

促销主题的确立需要考虑：①主题必须服从和服务于企业的营销目标；②主题必须针对特定的促销及其目标；③主题要迎合消费者心理需求，能引起消费者的强烈共鸣。

4. 促销活动方案设计

"促销活动"是方案设计的核心内容。在这里，设计者的聪明才智与创新点子要充分地表现出来。促销活动方案设计的要求如下：

第一，紧扣促销目标，体现促销主题。促销方案的设计要求围绕着促销主题而展开，方案要尽可能具体，要把行动方案按不同的时段进行分解，当然还要突出重点。设计要点是以市场分析为依据，充分发挥设计者的创新精神，力争创出与众不同的新方案。

第二，选择促销商品，确定促销范围。以节日商场促销来说，一般作为节日商品的有休闲食品、礼品、保健品及日用百货等。当然，作为促销商品还必须具有一定品牌知名度、有明显的价格优势、节日消费需求量较大等特点。

第三，选择促销方式，进行合理组合。根据确定的促销商品范围来设计具体的促销活动方案。在商场促销中，促销组合的几种方式都要考虑运用，但当前运用较多的最受消费者欢迎的有"特价促销"、"赠送促销"、"公关促销""有奖促销""服务促销"等。在方案策划中，可以采用多种形式，但要注意促销方式的"有效性"。

第四，促销活动设计要求"具体"、"可操作"。强调设计促销活动不仅要明确有几种、是什么、更要明确实际的操作。

第五，促销活动设计追求"创意"。方案设计成功与否主要看有多大"创意"，只有具有新意、具有较强个性、具有生动活力的促销活动，才能引起消费者的强烈共鸣，才是设计的价值所在。当然，这些"创意"要考虑现行的客观性，更要考虑消费者的认可和接受程度，否则再好的"创意"也是束之高阁的东西。

5. 促销宣传方案设计

促销活动的宣传是全方位的，要把促销的信息告知消费者，在销售场所要营造促销气氛，在促销中要展示企业形象，必须运用好广告宣传、商品陈列和商场广播。

6. 促销费用预算

预算费用是促销方案设计必不可少的部分，对方案设计的促销活动必须进行费用预算。

费用估算设计部分不能只有一个笼统的总金额，它应该列在两个地方：一是在促销活动方案中凡涉及费用的都要估算列出，二是以各方案预算为基础再设计独立的"促销总费用预算"，这样能使人一目了然。

7. 促销实施进度安排

为了保证促销计划得以顺利实施，必须对整个计划实施过程予以控制。在促销方案的最后部分，要求设计促销实施进度安排。

促销实施是一个过程，一般包括两个阶段：前期促销准备阶段和后期促销进行阶段。整个促销实施过程需要有效控制，从组织上、制度上、人员上和时间上给予充分保障，使促销活动如期有效地开展进行。

商场促销准备一般需要两个月左右时间，准备的事项有：促销商品进货、DM 广告的制作和发放、POP 广告的制作和布置、促销商品陈列和环境布置、促销活动准备。商场促销进行期间也有大量的工作要做、许多活动要组织。

在方案设计中必须拟定一张"促销实施进度安排表"，明确安排这些工作、活动何时做，由谁做，有什么要求。这样，使计划方案由单纯的构思创意转为具体的实施计划，它也可作为计划实施活动进行控制的检查标准。可见，促销实施安排进程表是促销计划得以实施的必要保证。

任务二　进行广告创意

（一）广告目标和主题的确定

广告目标是在特定时期内针对特定目标受众设定的特定的沟通任务。可供企业选择的广告目标很多，大致可分为三类：信息发布、说服购买、提醒。这三大类目标可以细化成具体指标，形成不同类型的广告。

广告信息决策的核心问题是制定一个有效的广告信息。广告信息是指以作品为主要载体，旨在推销产品、劳务或观念的符号和消息。最理想的广告信息应该能引起人们的注意，提起人们的兴趣，唤起人们的欲望，导致人们采取购买行动。有效的广告信息是实现广告活动目的、获取广告成功的关键。

（二）广告信息的表现手法

广告内容需要借助一定的表现形式来传达，作为广告表现形式基本成分的表现手法，经过一百多年的发展，已十分丰富，呈现出多姿多彩的面貌，本书篇幅有限不可能一一罗列，只选择几种常用的手法进行介绍。

第一，写实。写实是广告表现的基本手段，它直观、朴实地传达商品信息，给受众以真实可信之感，它通常以逼真、生动、诱人的写实手法来表现商品的质感和效用。如我们经常在广告画面上欣赏到泡沫升腾的啤酒、皮脆肉嫩的炸鸡，这些广告表现的主体通过写实画面令人垂涎欲滴。这种直观印象的表现策略真实地再现了诉求商品的品质及外观特点，如结构、色彩、质地、数量、体积等，诱发了触觉、味觉、嗅觉等联想的感受，具有鲜明的写真、纪实性。

第二，比较。这种策略是通过广告商品与其他商品的比较来显示其独到之处，在比较中提高商品的身价，以达到在消费者心中建立商品超群形象的目的。

第三，权威。利用有影响力的人物或事件来推荐证明广告商品的品质，增加消费者的信任，敦促人们的购买行为，这就是权威暗示策略。

第四，示范。示范是通过实物的实际表演、操作、使用、品尝等方式来证实商品的品质优良、功效良好。示范又可分为正面示范和反面示范。正面示范是按正常使用方法来证实商品的好处；反面示范则是有意识地进行破坏性实验，以此证实商品的耐用性和安全性。

第五，比喻。比喻是利用人们所熟知的事物作类比，使人们产生联想，加深对商品的认知。

第六，幽默。在广告表现中，针对适当的广告商品，若能成功运用谐趣和幽默，使受众报以发自内心的一笑，有一种美的享受和愉悦，那么，沟通就可能从此开始，广告的效力也开始发挥。

第七，警示。警示策略是通过对不幸遭遇的重现，引起人们的警觉，督促人们听从广告的劝导。

第八，文娱。利用文艺娱乐形式进行广告表现，可以增加广告的趣味性和吸引力，也能在一定程度上增强广告的记忆度。

第九，叙事。叙事就是以故事的形式将广告所要讲述的信息告诉受众。

（三）选择广告媒体

广告媒体是指借以实现广告主与广告对象之间联系的物质或工具。在广告活动中广告媒体不仅具有传播、吸引、服务等功能，也是企业开展广告活动的重要工具。而且，广告的2/3的费用是花在媒体上的，因此广告媒体的选择是广告策略的主要内容和程序之一。进行媒体选择时主要应进行以下几方面的工作：

1. 了解主要广告媒体的特点

针对不同的媒体特点，策划者应在了解各种媒体特点的基础上，综合分析各因素，合理选择媒体。

广告活动中常见的广告媒体主要有以下几种：

第一，电视媒体。电视媒体是视听结合的先进传播工具。它具有视听兼备、感染力强、传播范围广等优点。不足是媒体受众是被动接收信息，传播效果一次性，费用高。

第二，广播媒体。包括无线电台和有限电台广播网。广播媒体通过运用语言、音响、音乐来表达广告产品或企业的信息。广播媒体具有覆盖面广、制作容易、传播迅速、经济实惠、收听方便等优点。但其保留性差，形象表现差。

第三，报纸媒体。在世界广告业中，报纸仍是广告的主力媒体，报纸具有覆盖面广、信息传播迅速、选择性强、读者阅读比较主动、读者广泛而稳定、表现方式灵活、留存时间长、费用低廉等优点。但其有效时间短、广告注目度低、直观性差。

第四，杂志媒体。在大众化广告媒体中，杂志广告不像报纸广播电视那样具有很强的新闻性。杂志广告时效性差、影响面窄、费用较高，但其针对性强、信息生命周期长、印刷质量较高。

第五，网络媒体。网络媒体是一种新型的广告媒体，是继广播、报刊、电视之后的第四大广播媒体。网络媒体具有传播范围广泛，跨越时间、地域、文化的限制，形式多种多样，广告费用低廉，传播迅速等优点。随着移动互联时代的到来，移动互联网媒体越来越受到重视。

第六，户外媒体。户外媒体是历史最悠久的媒体。随着商品生产和商品交换的发展，户外媒体作为一种古老的媒体，也呈现出蓬勃生机。就目前而言，常见的户外广告形式有：路牌广告、屋顶广告、霓虹灯广告、招贴画广告等。户外广告具有良好的市场选择性，其成本费用低、形式灵活。但其传递的信息内容有限，且档次较低。

第七，店面广告媒体。店面广告也称 POP 广告，是指在售货现场设置的广告，被称为"无声的推销员"。POP 广告可以起到美化环境、促进购买的作用。但其设计要求高、成本费用大。

第八，交通媒体。交通媒体是一种机动灵活的广告媒体。这种广告主要有三种：设置于交通场所的固定型广告、以交通工具为媒体的流动型广告、安置于交通工具内部的广告。这种广告的地理位置选择性强且成本低，能给受众留下较深的印象。但其形象表现不佳，传播范围有限。

2. 分析媒体选择的影响因素

在这一步中策划者要在主要媒体中选择最佳的媒体工具。在进行媒体工具选择时，要考虑以下因素：

第一，具体媒体的性质与传播效果。由于媒体的覆盖面、影响力等因素的不同，广告会产生不同的效果。例如《人民日报》和中央电视台在同类媒体中信誉、威望最高，在这些媒体上刊播的广告可信度也较高。

第二，目标市场的媒体习惯。刊登广告的目的是将产品的信息资料传播给所选择的目标对象。因此，必须了解目标对象所喜闻乐见的媒介，从中筛选出潜在的消费者接触频率（次数）最高的广告媒体。

第三，产品。选择媒体要根据商品特性，如为了突出女性服装的华丽高贵，选择电视或彩色杂志效果较好。

第四，支付能力。不同的媒体工具，进行宣传时费用不同。企业发布广告必须依据自身的财力来合理地选择广告媒体，要以最少的费用支出，收到最大的广告效果。为此策划者首先要计算某一特定媒体工具的使用费用——千人成本，然后要分析各种工具的制作费用。

第五，对手的广告媒体策略。目标市场很接近的竞争对手，往往在媒体选择上也很接近。为方便读者阅读，有些媒体辟有分类广告专栏，把同类广告信息排列在一起，广告效果自然会相互干扰。根据竞争对手的媒体策略，采取相应措施，决定是与他们通过同一种或几种媒体进行直接的对抗，针锋相对，强势攻击；还是避实就虚，选择对手所没有使用的，有可能会收到理想效果的其他媒体迂回进攻。

（四）广告效果的评估

广告的有效计划与控制，主要基于广告效果的测定。广告效果，是指通过广告媒体传播后所产生的影响，或者说媒体受众对广告效果的结果性反应。这种影响可以分为：对媒体受众心理的影响——广告沟通效果；对媒体受众社会观念的影响——广告的社会效果；对广告产品销售的影响——广告的销售效果。

1. 沟通效果的研究

沟通效果的研究目的在于分析广告在知晓、认知和偏好等方面的效果。主要有以下指标：

（1）接触率。即在广告媒体受众之中，有多少人已经接触到该广告。

（2）注目率。即在看过该广告的人之中，有多少人关注到该广告。

（3）阅读率。即在充分看过广告的人之中，有多少人不仅知道该商品和该企业，而且能够借由广告中企业的名称或商标而认得该广告的标题或插图。

（4）好感率。即看过广告之后有多少人对企业及其产品产生好感。

（5）知名率。即在被调查的对象中，有多少人了解企业及其产品。

评估各个广告的沟通效果有很多方法。直接评分、组合测试及实验室测试是三种常用的具体方法。

（1）直接评分。即由目标消费者的一组固定样本或广告专家来评价这个广告，并填写评分问卷。有时问题只有一个，如"您认为这些广告中哪一个最能影响您来购买本产品"；有时问题很复杂，包括若干种评分标准，在该问卷中要填写评估广告的注意强度、记忆强度、认知强度、情绪强度和行为强度，对每个部分在其最高分的范围内予以评分。这种做法的理论依据是，如果一个有效的广告的最终目的是刺激购买行为，那么在这些指标上都应得高分。但是，对广告的评估常常只限于其对注意力和了解力两方面的形成能力。这里还必须了解一点，直接评分法不一定能完全反映广告对目标消费者的实际影响，直接评分法主要是用于帮助淘汰和剔除那些质量差的广告。

（2）组合测试。即先给受试者一组试验用的广告，要求他们愿意看多久就看多久，等到他们放下广告后，让他们回忆所看到的广告，并且对每一个广告都尽其最大能力予以描述。所得结果则用以判别一个广告的突出性及其期望信息被了解的程度。

（3）实验室测试。有些西方学者还通过测定受试者的生理反应来评估一个广告的可能效果，譬如心跳、血压、瞳孔的扩大、出汗等。所用的仪器主要有电流计、脉搏计、形距测量器、瞳孔扩大的测量设备等。然而，这些生理测试充其量只能测量广告引人注意的力量，无法测出广告在可信度等方面的影响。

2. 销售效果的研究

沟通效果的研究无疑可帮助企业改进信息内容的质量，但不能使人了解对销售的影响作用。一般来讲，广告的销售效果要比沟通效果难以测定。测定销售效果经常使用的方法是销售额衡量法。这种方法就是将广告前后的销售情况，以事前与事后的销售额之差作为衡量广告效果的指数。其计算公式为：

$$R = \frac{S_2 - S_1}{A}$$

式中：R 表示每元广告取得的收益；S_2 表示广告后销售额；S_1 表示广告前销售额；A 表示广告费用。

任务三　制定销售促进与公关宣传策略

（一）销售促进

消费者销售促进工具主要包括样品、优惠券、现金返还、赠品、竞赛与抽奖和活动赞助等。

1. 样品

样品是产品的试用装，样品促销是引入新产品或为老产品创造新惊喜的最有效但成本最高的方法，包括免费赠送和收费赠送。

2. 赠送优待券

优待券是企业向顾客用邮寄、在商品包装中或以广告等形式附赠的优待券，持券人可以凭此优待券在购买某种商品时免付一定金额的费用。

3. 现金返还

现金返还是指企业根据顾客提供的购买某种商品的购物凭证给予一定金额的退费,以吸引顾客,促进销售。退费优待可以就单一商品,也可以是多种。

4. 折价优待

折价优待是只在一定时期内调低一定数量的商品售价,也可以说是适当地减少自己利润以回馈消费者的销售促进活动。

5. 集点优待

集点优待,又叫商业贴花,指顾客每购买单位商品就可以获得一个贴花,若筹集到一定数量的贴花,就可以换取这种商品或奖品。

6. 竞赛与抽奖

竞赛与抽奖是指企业通过某种特定的方式,以特定的奖品为诱因,让消费者深感兴趣积极参与并期待中奖的一种销售促进活动。二者的运用主要为弥补正常广告活动之不足,或对缺乏强有力促销计划的商品或品牌塑造使用。然而,竞赛与抽奖类型促销术,对开发试用对象及吸引新消费群的成效并不突出。

7. 赠品

即免费或低价提供物品,用于刺激对某种商品购买。赠品可以是包装内赠送、包装上赠送、包装外赠送或者邮寄。赠品如果做成广告赠品非常有效。

(二) 公关宣传策略

公关宣传策划,就是公关人员根据组织自身形象的现状和目标要求,分析现有条件,对公关活动的主题、手段、形式和方法等进行构思和设计,制定最佳活动方案的过程。公关策划可以增强公关工作的有效性、目的性及计划性。一般而言,公关策划可分为两个阶段、八个步骤完成。

1. 公关策划的前期准备工作

这一阶段主要完成判断形式和目标定位。判断形式,即在把握组织形象现状及原因分析的基础上,认识组织自身的公共关系状况。所谓目标定位,就是"确定位置",对公关宣传策划来说,就是要弄清自己"想干什么"、"想达到什么目的"。

2. 公关策划的实质性工作

这一阶段要完成以下几方面的工作:

(1) 分析公众。公关宣传的主要目的是处理好企业和公众的关系。因此,只有确定了目标公众，才能有针对性地策划具体的公共关系活动方案和选定参与人员；才能有针对性地选择传播媒介；才有利于搜集、准备那些既能被公众接受、又有实效的信息。

（2）设计主题。公关宣传活动的主题是对公关宣传活动内容的高度概括，是公关宣传活动的主线和灵魂，对整个公关宣传活动起着指导作用。在主题设计时，首先，公关宣传活动的主题必须与公关宣传目标相一致，并能准确概括目标。其次，公关宣传活动的主题表述要做到"新颖、亲切、简明、中肯"。最后，公关宣传活动主题的设计要有美感，表述语言要有文采，有语感，甚至不乏幽默。

（3）策动新闻。所谓策动新闻，即制造新闻，或称"新闻事件"或"媒介事件"，是指社会组织为吸引媒介的报道和社会公众的关注，以事实为基础，按照新闻报道工作的规律有意策划的，既对自己有利又使公众受惠的活动。

（4）选择时机。明智的策划者总是善于择智而从，见愚而疏，无机则创机，有机则乘机，见机则借机，审时度势，因势利导。

（5）媒介配伍。根据公关宣传的目标、对象、传播内容、经济条件等进行媒介配伍。例如将网络与电视搭配，报纸与广播搭配，电视与广播搭配等。

（6）预算经费。公关宣传经费主要包括：日常经费开支，即工作人员的劳务费、管理费用、材料设备费；项目经费开支。

（7）审定方案。主要包括方案优化、方案论证和策划报告的书写与审定三个层次的工作。方案优化工作可以从三个方面进行：一是增强方案的目的性；二是增强方案的可行性；三是降低成本。方案论证工作主要包括以下几个方面：对目标进行分解、对方案有效性进行分析、对制约因素进行分析、对潜在问题进行分析。书面报告的内容分为活动背景介绍、目标定位、公众分析、活动内容与进度、经费使用和方案论证六个部分。

（三）公关宣传活动的形式

企业开展公共关系活动应注意与社会热点和公众的心理动向结合起来，这样更容易使活动深入人心。企业开展重大的、专门性的公共关系活动制造新闻，只要活动本身符合新闻造势的要求，其形式可多种多样，不拘一格。一般来说，企业开展公共关系活动主要有以下几种形式：

1. 新闻发布会

新闻发布会又称记者招待会，是企业举行的公开传播的重要事件，邀请有关记者参加，让记者就此提问，然后召集回答的一种特殊会议。

2. 赞助活动

赞助是资助的现代形式，赞助活动不仅对社会有利，而且能赢得社会对组织的好感，树立企业的良好形象。赞助活动的主要类型有：赞助体育运动、赞助文化娱乐活动、赞助教育事业、赞助社会慈善和福利事业、赞助宣传用品的制作、赞助其他活动等。

3. 特殊纪念活动

每个企业都有一些值得特殊纪念的活动，如开业典礼、周年纪念日、产品获奖、新产品试制成功等。利用特殊纪念日制造新闻，是影响公众的极好机会。

4. 展览会或展销会

展览会或展销会是典型的综合运用多种传播手段，并被公共宣传活动经常采用的形式之一。它主要通过实物、文字、图表来展现企业的成果、风貌和特征。

5. 其他

企业可以通过组织消费者座谈会、用户洽谈会、企业商品研讨会、企业新产品介绍会等开展公共宣传活动，制造新闻。企业还可以在召开股东年会、常务会议、与外商的签字仪式等活动中邀请新闻记者参加，制造新闻。

PART **3** | 第三部分

参与式的营销策划实训

营销实训一
营销团队组队

通过本门课程的学习，同学们要以小组为单位，每组同学要完成一份完整的产品或服务的营销策划。根据课程学习的进度，完成营销策划的不同阶段的任务。

（一）实训名称

组建营销团队。

（二）实训要求

（1）三到五个人一组，以自愿组合为主，老师安排为辅。

（2）选一名同学为队长，确定团队名称、标识（图案、名称、象征意义）。

（3）成员之间要进行有效的沟通、分工协作。

（三）实训步骤

（1）确定研究的行业、主打产品。

（2）团队愿景。

（3）认识自己承当的职业角色。

（四）实训成果

（1）初步确定营销策划的产品或服务。

（2）提交团队名称、标识的设计成稿，制作 PPT 并汇报。

营销实训二
市场环境分析

（一）实训名称

市场调查实训。

（二）实训要求

针对要策划的产品或服务，进行市场调查，设计调查问卷，发放问卷，并撰写市场调查报告。

（三）实训步骤

（1）针对策划的产品或服务设计调查方案。

（2）实地调查。

（3）提交调查报告。

（四）实训成果

（1）提交实训调查问卷、针对竞争对手的 SWOT 分析。

（2）提交调查报告。

营销实训三
目标市场选择实训

（一）实训名称

针对策划的产品或服务选择目标市场。

（二）实训要求

（1）要有调研的基础资料。

（2）市场细分的细分标准明确，具有可衡量性。

（3）市场定位清晰、鲜明。

（三）实训步骤

（1）在调研的基础上，针对调查的结果，进行市场细分。

（2）在市场细分的基础上，根据目标市场选择的条件，选出要进入的目标市场，并对目标市场进行分析。

（3）针对策划的产品和服务，进行市场定位。

（四）实训成果

（1）选出目标市场。

（2）提交目标市场分析和描述的纸质及电子文档。

营销实训四
制定产品策略实训

（一）实训名称

制定产品策略实训。

（二）实训要求

（1）描述目标市场对产品的要求和偏好。

（2）新产品的创新性能够体现出目标市场对产品的偏好。

（3）遵循品牌和包装设计的原则，品牌策略和包装策略要具有创意。

（三）实训步骤

（1）学习产品整体概念和新产品开发方向的理论知识。

（2）构思新产品，对新产品的创新点进行描述。

（3）针对新产品设计产品的品牌和包装策略。

（四）实训成果

（1）构思新产品，并形成产品概念。

（2）设计产品品牌策略，包括品牌名称和品牌标志，制作PPT，并进行汇报。

营销实训五
定价策略实训

（一）实训名称

制定价格策略实训。

（二）实训要求

（1）根据市场调查的结果，分析竞争对手的价格策略。

（2）针对市场定位，确定价格策略的大概档次。

（3）价格策略和调价策略要具体，同时具有针对性和可操作性，使产品的价格能够为目标市场所接受。

（三）实训步骤

（1）思考制定价格需要考虑的因素有哪些。

（2）分析市场上同类产品的价格策略。

（3）针对性地制定价格策略和调价策略。

（四）实训成果

针对目标市场，制定出合理的价格策略。

（一）实训名称

制定渠道策略实训。

（二）实训要求

（1）根据市场调查的结果，分析竞争对手的渠道策略。

（2）针对市场定位，选择渠道策略。

（3）渠道策略要和目标市场相一致，具有针对性。

（三）实训步骤

（1）思考制定渠道需要考虑的因素有哪些。

（2）分析市场上同类产品的渠道策略。

（3）针对性地制定渠道策略。

（四）实训成果

针对目标市场，制定出合理的渠道策略。

营销实训七
制定促销策略实训

（一）实训名称

制定促销策略实训。

（二）实训要求

（1）根据市场调查的结果，分析目标市场比较关注的促销手段及媒介。

（2）针对目标市场，有针对性地制定促销组合策略。

（3）促销策略要与时俱进，如采取广告促销手段设计广告文案，促销策略手段要有创新和创意。

（三）实训步骤

（1）思考制定促销策略需要考虑的因素有哪些。

（2）针对性地制定产品推广阶段的不同促销策略。

（3）制定有效的促销组合策略。

（四）实训成果

针对目标市场，制定出有效的促销策略，并形成促销方案。

（一）实训名称

撰写某产品或服务的营销策划书。

（二）实训要求

（1）根据市场调查的结果，进行某产品或服务的营销策划书的撰写，要求结构完整。

（2）针对目标市场，有针对性地制定产品策略、价格策略、渠道策略和促销策略。

（3）策划要体现自己的创意和创新。

（4）制作 PPT，并进行演示。

（三）实训步骤

（1）学习关于营销策划的相关知识。

（2）确定要策划的产品或服务。

（3）进行市场调查及实地市场调研。

（4）选择目标市场。

（5）制定有创意的产品策略、价格策略、渠道策略和促销策略。

（四）实训成果

一份完整市场营销策划书及 PPT 的演示文稿。

附 录
营销策划书

　　策划就是企业对未来将要进行的营销活动进行整体、系统筹划的超前决策，包括从构想、分析、归纳、判断，一直到拟定策略、方案的实施、事后的追踪与评估过程。或者说，激发创意、有效地运用手中的资源、选定可行的方案、达成预定目标或解决一个难题，就是策划。

　　策划和计划不同，它有为达到目的的各种构想，这些构想和创意是新颖的，与目标保持一致的方向，有实现的可能。在市场营销中，经过系统的营销策划准备、营销环境分析、市场营销组合策略策划，就可以起草营销策划书（或营销策划方案）了。把策划过程用文字完整地书写出来，就是营销策划书，它是未来企业营销操作的全部依据。

　　策划书按道理没有一成不变的格式，它依据产品或营销活动的不同要求，在策划的内容与编制格式上也有变化。但是，从营销策划活动一般规律来看，其中有些要素是共同的。

　　因此，我们可以共同探讨营销策划书的一些基本内容及编制格式。如对于封面，策划书的封面可提供以下信息：①策划书的名称；②被策划的客户；③策划机构或策划人的名称；④策划完成日期及本策划适用时间段。因为营销策划具有一定的时间性，不同时间段，市场的状况不同，营销执行效果也不一样。

　　为了提高策划书撰写的准确性与科学性，应首先把握其编制的几个主要原则：

　　一是逻辑思维原则。策划的目的在于解决企业营销中的问题，按照逻辑性思维的构思来编制策划书。首先是设定情况，交代策划背景，分析产品市场现状，再把策划的中心目的全盘托出；其次是对具体策划内容进行详细阐述；最后明确提出解决问题的对策。

二是简洁朴实原则。要注意突出重点，抓住企业营销中所要解决的核心问题，深入分析，提出可行性的相应对策，针对性强，具有实际操作指导意义。

三是可操作原则。编制的策划书要用于指导营销活动，其指导性涉及营销活动中每个人的工作及各环节关系的处理，因此其可操作性非常重要。不能操作的方案，创意再好也无任何价值，不易于操作，也必然要耗费大量人、财、物，管理复杂、效率低。

四是创意新颖原则。要求策划的"点子"创意新、内容新、表现手法也要新，给人以全新的感受。新颖的创意是策划书的核心内容。

策划书的正文部分主要包括：

（一）策划目的

策划目的部分要对本策划方案所要实现的目标进行全面的描述。目标可采用两种形式：

1. 财务目标

以利润、投资收益率等具体描述实施本策划方案可以达到的目标，通常这类目标是企业期望得到的。

2. 市场营销目标

以市场占有率、销售增长额或增长率、知名度、美誉度等来表述。例如：

（1）方案实施期间取得 2 000 万元销售收入，比上年增长 10%。

（2）争取达到 8% 的市场占有率，比上年提高 1.5%。

（3）方案实施期间将本产品或本企业知名度提高 2%。

（4）扩大 10% 的销售网点。

（二）营销环境分析

在正式提出营销方案之前，先要分析营销环境，对营销环境的分析主要考虑以下几个方面：

1. 宏观环境分析

宏观环境包括政治、经济、文化、法律、技术等方面。对宏观环境的分析，不应是泛泛的描述，而应当围绕企业、产品的具体环境来展开，凡是与企业、产品无关或关系不大的宏观环境，不在分析之列。

2. 消费者分析

对产品或劳务消费对象的年龄、性别、职业、地域、生活习惯、文化、阶层、个性及消费习惯等进行分析，可以作为营销策划方案设计的切入点。

3. 产品分析

主要分析产品的优势与劣势，在同类产品中的竞争力、在消费者心中的地位、形象以及市场上的销售力等。对产品的分析，是营销策划中产品设计、开发、改进方案的基础，也是设计产品策划方案的基础。对同类产品市场状况、竞争状况及宏观环境要有一个清醒的认识，这是为制定相应的营销策略，采取正确的营销手段提供依据的。"知己知彼，方能百战不殆"，因此这一部分需要策划者对市场比较了解，主要进行以下分析：

（1）当前市场状况及市场前景分析。

1）产品的市场性，包括现实市场及潜在市场状况。

2）市场成长状况，即产品目前处于市场生命周期的哪一阶段上。分析对于不同市场阶段的产品，公司营销的侧重点如何，相应营销的策略效果怎样，需求变化对产品市场的影响。

3）消费者的接受性，这一内容需要策划者凭借已掌握的资料分析产品市场发展前景。

（2）对产品市场影响因素进行分析。主要是对影响产品的不可控因素进行分析，如宏观环境、政治环境、居民经济条件、消费者收入水平、消费结构的变化、消费心理等，在对一些受科技发展影响较大的产品，如计算机、家用电器等产品的营销策划中，还需要考虑技术发展趋势方向的影响。

4. 竞争者分析

对竞争者的整体情况和发展趋势进行分析，可以作为营销方案的设定依据，尤其在进行营销定位时，必须建立在对竞争企业的充分分析的基础上。

（三）营销现状与市场机会分析

对企业当前营销状况进行具体分析，找出企业营销中存在的具体问题，并分析其原因。在此基础上，仔细地寻找市场机会，为市场营销策划方案的顺利出台提供前期资料。

市场营销方案，是对市场机会的把握和有序运用，因此，分析市场机会，就成为营销策划的关键。只要找准了机会，策划就成功了一半。针对产品特点分析优、劣势，从问题中找劣势予以克服，从优势中找机会发掘其市场潜力。分析各目标市场或消费群特点进行市场细分，对不同的消费需求尽量予以满足，抓住主要消费群作为营销重点，找出与竞争对手的差距，把握、利用好市场机会。

对市场机会的分析和捕捉，应建立在市场调研的基础上，没有市场调研，就只能是一种主观的判断与推测。以主观判断与推测作为策划的主要依据，是很危险的。

（四）选择目标市场

通过市场细分，进行目标市场的选择，对目标市场的特点等方面进行描述。

（五）制定营销组合策略

针对企业营销中的问题和分析中所发现的市场机会，提出具体的解决方案。针对选择的目标市场制定市场营销组合策略。

1. 产品策略

如果企业营销的主要问题都来自产品，就应当集中力量提出产品开发、改进、质量、品牌等方面的设计方案。

（1）产品定位。产品市场定位的关键是在顾客心目中寻找一个空位，使产品迅速启动市场。

（2）产品质量功能方案。产品质量就是产品的市场生命，企业对产品应有完善的质量保证体系。

（3）产品品牌。要形成一定知名度、美誉度，树立消费者心目中的知名品牌，必须有强烈的创牌意识。

（4）产品包装。包装作为产品给消费者的第一印象，需要能迎合消费者使其满意的包装策略。

（5）产品服务。策划中要注意产品服务方式、服务质量的改善和提高。

2. 价格策略

通过价格的制定、调整等解决问题，提出方案。这里只强调几个普遍性原则：拉大批零差价，调动批发商、中间商积极性；给予适当数量折扣，鼓励多购；以成本为基础，以同类产品价格为参考，使产品价格更具竞争力。若企业以产品价格为营销优势，则更应注重价格策略的制定。

3. 渠道策略

通过对企业所生产的产品的考察，决定适合本企业产品的渠道策略，与其他策略方案相配合，提出销售渠道方案，来解决销售渠道的问题。

4. 促销策略

企业要从广告、人员推销、公关宣传、销售促进等方面提出相互配合协调的促销方案，加大促销力度。

（1）促销议案的制定原则：①服从公司整体营销宣传策略，树立产品形象，同时注重树立公司形象。②广告宣传商品个性不宜变来变去，否则消费者会不认识商品，反而使老主顾也觉得陌生，所以，在一定时段内应推出一致的广告宣传。③选择广告宣传媒体多样式化的同时，注重抓宣传效果好的方式。④不定期地配合阶段性的促销活动，掌握适当时机，及时、灵活地进行，如重大节假日、公司有纪念意义的活动等。

（2）实施步骤可按以下方式进行：①策划前期推出产品形象广告。②适时推出诚征代理商广告。③节假日、重大活动前推出促销广告。④把握时机进行公关活动，接触消费者。⑤积极利用新闻媒介，善于创造利用新闻事件提高企业产品知名度。

（六）推进步骤

推进步骤是要详细地介绍实施营销方案的具体步骤以及时间上的安排情况。

（七）费用预算

这一部分主要是对整个营销策划推进过程中的费用投入进行预算，包括总费用、阶段费用、项目费用等的预算。费用预算直接涉及企业资金支出情况，对营销方案的实施有很大的影响，所以费用部分应该列得很详细，以便让决策层对此有充分的了解和准备。

最后要强调的是，由于产品和劳务不同，企业的情况也千差万别，营销策划规模区别较大，所以，营销策划书的写作无须按固定模式进行，应灵活对待。

如何发掘营销策划创意

　　一个好的营销策划离不开好的创意，那么，如何产生好的营销策划创意呢？创新是营销策划的灵魂，蒂娜·齐莉格写的《斯坦福大学最受欢迎的创意课》对创意如何产生进行了非常生动的介绍，该书推翻了创造力是天生的这个论点，通过大量的实例告诉人们可以通过采用正确的方法提高现有的创造力。这里我们重点探讨在营销策划时如何产生好的创意。

　　创意是创造意识或创新意识的简称。创意是一种通过创新思维意识，进一步挖掘和激活资源组合方式进而提升资源价值的方法。①

　　创——创新、创作、创造……将促进社会经济发展。

　　意——意识、观念、智慧、思维……人类最大的财富，大脑是打开意识的金钥匙。

　　创意起源于人类的创造力、技能和才华，创意来源于社会又指导着社会发展。人类是创意、创新的产物。类人猿首先想到了造石器，然后才动手动脚把石器造出来，而石器一旦造出来，类人猿就变成了人。人类是在创意、创新中诞生的，也要在创意、创新中发展。创新是竞争力、增长、利润以及持续的价值创造的驱动因素。蒂娜·齐莉格在《斯坦福大学最受欢迎的创意课》中写道：创意，实

---

　　① 360 百科。

际上并不复杂，就像摄影师的眼睛，不过是所看的角度不同。

彼得·菲斯克在《营销天才》中，对创新进行了论述，提到创新，想别人之未想。并对更加聪明的创新和更有想象力的创新进行了比较。

更加聪明的创新	更有想象力的创新
破坏性的。挑战商业或者市场中的传统，找到消除或者改变的成熟机会	创造性的。仔细地研究所有可能性，以及变成现实的方法
发展性的。把创新当成一种战略过程，风险以及奖励，产品以及市场发展	应用。创新产品、分配以及应用，这样才能对客户产生最大的影响
商业模式。重新考虑商业如何运转，如何为客户以及股东增加价值	市场模式。重新思考市场如何工作

做营销策划的时候，首先要转化角色，把自己当成一名营销策划人员。营销策划人需要具备的基本素质有：要有放大产品优势与缩小劣势的能力；要有瞬间将两个或两个以上不相关事物有机结合的能力；要有瞬间头脑风暴的能力。

第一章
策划思维训练

策划思维是一种创造新事物、新方法、新方案的思维方式，应用在市场营销策划活动中则是指策划者在营销策划过程中经过酝酿、积累所产生的思想、创意、点子或方案等的思维成果。策划思维的主要特点包括：积极的求异性；敏锐的洞察力；活跃的想象力和灵感；超常的综合力。策划思维能力可以通过创新思维训练得到提升。

第一节　创新思维训练的内涵

创新思维训练就是科学、系统、有意识地教会人正确的思维方法，帮助人们塑造自己的思想习惯和行为习惯，培养人们良好的思维素质，以提高智力水平的过程。早在古希腊时期，著名的哲学家苏格拉底就创立了头脑训练术，即著名的"头脑助产术"。苏格拉底认为，正确的观念本来就存在于自己的头脑里，但由于没有进行专业的思维训练，自己挖掘时不得要领，但若使用一些正确的思维方法，可以使它们得以顺利分娩。

第二节　创新思维训练的基本类型

一、发散思维训练

发散思维又称扩散思维，它是思维过程中，突破原有的知识圈，从一点或一方面遵循相关性原则向其他各点或面网状扩散，通过知识的重新组合，找出更多更新的可能答案、设想或解决办法。

1. 组合发散法

组合发散法就是将不同的事物合成一个整体的发散思维法。例如橡皮擦和铅笔的发明就属于组合发散法。

2. 侧向发散法

思考问题时遇到难以解决的困难时，可以不从正面直接入手，而是另辟蹊径，从侧面找突破口。例如，铜矿的发现。地质学家到赞比亚西部高原寻找铜矿，但一直没有找到。后来，地质学家发现了一种奇怪的小草，这种小草在不同的地方开着不同颜色的花，有红的、紫的，地质学家便思考是不是因为土壤中含有不同矿物质而引起的。他们把这些不同颜色的花拿去化验，结果发现紫色的花是由于土壤中含有大量铜元素所引起的。后来就转变为寻找奇异的小草，最后发现了一座世界罕见的大铜矿。

教师可以在课堂上要求学生运用发散思维来做一些练习，比如：砖头有什么用途；茶杯的用途；笔的用途；设计笔的形状，要求学生在五分钟内写出不少于十种。

二、收敛思维训练

收敛思维又称"聚合思维"、"求同思维"、"辐集思维"或"集中思维"。它是相对于发散思维而言的，具体有刨根问底法；见微知著法，比如日本人巧探大庆油田的例子。

训练题：

（1）请说出家中既发光又发热的东西，找出它们的共同点。

（2）请写出海水与江水的共同之处，越多越好。

（3）鸽子、蝴蝶、蜜蜂与苍蝇有什么相同之处？

（4）铜、铁、铝、不锈钢等金属有什么共同的属性？

参考答案：

（1）家里既发光又发热的东西是存在的，如白炽灯、日光灯、红外线取暖器等，它们的共同点是：都用电。

（2）都是水；都会蒸发；都可养鱼；都可造福人类。

（3）会飞、吃东西……

（4）传热、导电……

三、创造思维训练

所谓创造思维就是个人思维的每一次新的尝试，每一次新的变化。比如请将"字—电话—写"这三个概念结合构想一种新产品。

分析与提示：

可以供聋哑人使用的盲文电话；

可以书写文字的电话——传真机；

可以防止窃听的手写电话；

可以自动转译外文的电话。

四、辩证思维训练

辩证思维法是一种把整个世界看作是普遍联系和永恒运动、变化，既对立又统一的世界观和方法论。辩证思维是揭示事物辩证发展及矛盾运动的基本方法，其主要包括了归纳与演绎、分析与综合、从抽象上升为具体等方法。凡事预则立，不预则废。平时多考虑困难的方面，当遇到重大困难甚至失败的可能性时，才懂得如何把坏事转化为好事，如何变不利为有利。

第二章
如何发掘产品创意

第一节　营销策划可选择的项目

选择一个恰当的"项目"，是做营销策划的起点。营销策划项目的选择可以参考大学生创业项目的选择。北京市团委委托北京市青年创业就业基金会曾在北京各区的创业园以及部分青年创业组织中进行了一次关于北京青年的创业调查，共发放调查问卷 1000 份，回收有效问卷 807 份。调查显示，北京青年的创业主要分布在第三产业。

创业所选择的行业	比例（%）
信息服务行业	19.5
批发零售行业	18.5
住宿餐饮行业	12
科技、软件行业	11
制造行业	9
农、林、牧、渔行业	7
休闲娱乐行业	7

创业所选择的行业	比例（%）
建筑行业	4
金融行业	4
其他行业	8

"其他行业"中，主要包括医疗保健、美容瘦身、文化创意、老人服务、婴幼儿服务等。北京青年创业选择"信息服务"和"批发零售"的分别占了样本总量的近 1/5，而"住宿餐饮"、"科技、软件"等则占了 1/10 以上，从事"农、林、牧、渔"和"制造"的则不足 1/10。"由此可见，第三产业目前是创业青年的最热门选择"。①

当然，各地青年在创业时，受到本地经济、文化的发展状况的影响，在创业项目的选择上会有较大的差异，这是不言而喻的。北京青年的创业群体，总体上文化素质较高，调查样本中，受过高等教育的样本占到 77.6%。而且北京是中国的首都，经济、文化都具有较高的发展水平，为创业者提供了很好的创业环境，创业政策的支持力度较大，所以创业者群体相对比较突出。

由老枪主编、重庆大学出版社出版的《大学生创业实战个案》，主要选载了重庆市大学生创业的 23 个个案。笔者对该著述所刊载的这 23 个个案进行了简单的分析：其中创业项目选择住宿和餐饮业的有 6 例，租赁和商务服务业有 2 例，文化、体育和娱乐业有 4 例，居民服务和其他服务业有 2 例，信息传输、计算机服务和软件业有 3 例，批发和零售业有 3 例，建筑业（建筑装饰业）有 1 例，教育有 1 例，农、林、牧、渔业（牲畜的饲养）有 1 例。

行业名称	个案数量	比例（%）
住宿和餐饮业	6	26.09
文化、体育和娱乐业	4	17.39
信息传输、计算机服务和软件业	3	13.04
批发和零售业	3	13.04
租赁和商务服务业	2	8.70
居民服务和其他服务业	2	8.70

---

① 沈千帆. 北京青年创业研究［M］. 北京：中国青年出版社，2011.

行业名称	个案数量	比例（%）
建筑业（建筑装饰业）	1	4.35
教育	1	4.35
农、林、牧、渔业（牲畜的饲养）	1	4.35

由以上分析可以看出，重庆市大学生创业，主要集中在餐饮等服务业领域和文化、体育和娱乐业，从事第一产业和第二产业的只是个别的案例，说明该地区大学生创业项目的选择，偏好于餐饮和其他服务业，这可能与该地区的文化有着较密切的关系。值得注意的是，在这 23 个创业案例中，从事教育的只有 1 例，既与社会的巨大需求不相吻合，又与大学生的"个人经历"不相吻合。家教是许多大学生走上社会的第一步，应当说，从事家庭教育或幼儿教育，市场有着很大的需求，相应的经济回报比较丰厚，创业风险也比较小，大学生有着得天独厚的条件，但恰恰相反，大学生将教育作为创业选择的却是少数，这也是一个很值得研究的现象。

更多的大学生创业团队，还是在传统的餐饮、销售、租赁等行业，因为这些创业项目更容易着手，也容易取得成就。归纳收集到的大学生创业案例，可以总结为以下几个特点：

（1）大学生创业主要集中在信息服务行业、批发零售行业、住宿餐饮行业和文化、教育行业。

（2）创业资金主要靠自己筹集，创业金额一般在 5 万~10 万元。

（3）较少获得相关基金的支持，融资机会不多。

（4）创业团队规模不大，一般在 3~5 人。与家人合作创业者占据一定比例。

（5）创业所选择的项目，与大学生在学校所学专业有一定的关联度，但不具有普遍的意义。

大学生创业，虽然也是"创业"，但由于其身份的特殊性，得到了政府很多的支持，比如设立专项创业基金，免费提供公司场所。其所能获得的资源更为丰富，除了大学同学丰厚的人脉外，还可以得到老师的技术指导和信息资源，再加上校内实验室的先进设施可以利用，在创业中应当比一般社会成员更具备成功的条件。但其不足也是显而易见的，人生阅历和市场开发、团队管理等都是他们可能的"滑铁卢"。但更重要的是，根据本地社会发展状况和本人技术条件、资金筹集等，做好市场调研，审慎地选择创业项目，是最为重要的。

在对选择的创业项目进行市场调研时，有必要运用 SWOT 分析法进行一下解析。SWOT 分析法模型，是 20 世纪 80 年代初由美国旧金山大学的管理学教授韦里克提出的，现在经常被用于企业战略制定、竞争对手分析等场合。SWOT 分析法分析企业优势（strength）、劣势（weakness）、机会（opportunity）和威胁（threat）。因此，SWOT 分析实际上是将对企业内外部条件各方面内容进行综合和概括，进而分析组织的优势和劣势、面临的机会和威胁的一种方法。

从高职大学生的知识积累、融资难度、投资环境以及胜任力角度考虑，他们适宜于网络创业、文化创意产业、教育服务和社会服务等行业。

一、网店创业

选择在淘宝等电子商务平台上开设个人网店，成为大学生创业的主选。随着现在移动互联网的快速发展，微信也是一个非常便利的平台。

二、教育培训创业

许多专家建议大学生创业可以考虑教育培训的项目，一是因为教育培训的市场非常巨大，具有无限的发展空间，幼儿教育、英语培训、艺术教育、家庭教育、出国留学教育，都是近几年来非常红火的行业，得到了迅速的扩张；二是因为大学生本身具有从事教育培训工作的潜能，其专业知识等可以在这些领域施展开来，让"英雄有用武之地"；三是大学生在大学学习期间，大多都从事过各种教育培训工作，积累了一定的经验，对本行业的情况都有所了解；四是教育培训投入不高，对于囊中羞涩的大学生来说，是一个很适合进入的领域和发展空间。

三、餐饮创业

多项调查表明，大学生创业进入餐饮业的不在少数。凡是有人的地方，就会有人要吃饭，"民以食为天"，是一个亘古不变的道理。一般而言，餐饮业的利润都在 50% 以上，也就是业内人士常说的"对半利"。

四、服务创业

"现代服务业"逐渐成为一个热门话题。随着我国经济发展水平的逐渐提高，满足人民日益增长的生活需求的要求也就日益突出。

五、农业养殖创业

农村是一个广阔的天地，在那里是可以大有作为的。针对三农问题，政府制定了许多相关政策，要把农业搞上去，让全国农民走上富裕之路。就中国农村、农业、农民的发展而言，与发达国家相比，还有比较大的差距，农业技术的提高也是一个亟待解决的问题。在如何发展农业，提高农民生活水平方面，各地的做法各不相同。20世纪90年代，农业发展提出了"高产、高质、高经济效益的农产品（或项目）"的"三高"目标，其后"三高"逐渐发展为高产量、高附加值、高科技含量。随着国民经济的发展和农业经济的不断提升，"都市农业"、"观光农业"、"旅游农业"等新的发展模式在逐渐形成，一些新的技术不断引进，农民的生活水平逐渐提高。

这里仅是一些参考建议，在做策划项目选择的时候，同学们可以根据自己的兴趣爱好，充分发挥自己的想象力和创造力，可以选择已有的项目，也可以选择现在还没有、自己想出来的新产品项目。

第二节　好的产品创意来自于需求

这里有必要强调一下，产品不仅包括有形实物，也包括无形的服务。哪里有需求，哪里就有市场。因此在做营销策划的时候，可以想一下，在我们生活中还有哪些需求没有得到满足，并由此找到市场的空白点。创意是智慧思维的闪光，往往就是一个想法或者一个灵感，但必须赋予适当的内容才能使其塑造成具体的实物来行使功能。创意运用存在于意识中的功能形态来满足人们的需要，但不能确切提供何种具体形态的物品来实现这一需要。例如古时人类存在着飞天创意，也只能认为必须具备像鸟儿的双翼才能实现，而如今人类通过飞机或者是飞船就能实现飞天梦想。

一、寻找要做策划的产品或服务

营销实训第一个环节是组队和确定要策划的产品和服务，那么如何来选择呢？建议可以从人的需求出发。马斯洛把人的需求从低到高划分为五个层次，后来又增加了两个层次（求知和求美的需要，但是由于没有五个层次影响深远，所以我们现在一般只探讨五个层次的需要），我们可以试着把马斯洛的需要层次作为寻找创意的切入点。

按马斯洛的理论，个体成长发展的内在力量是动机，而动机则由多种不同性质的需要组成。各种需要之间，有先后顺序与高低层次之分，每一层次的需要与满足，将决定个体人格发展的境界或程度。马斯洛认为，人类的需要是分层次的，由低到高，它们是：生理需求、安全需求、社交需求、尊重需求、自我实现需求，如图4-1所示。

图4-1 马斯洛的需要层次

（一）生理需求

生理上的需求是人们最原始、最基本的需求，如空气、水、吃饭、穿衣、住宅、医疗等。如果得不到满足，人类的生存就成了问题。也就是说，它是最强烈的、不可避免的最底层需求，也是推动人们行动的强大动力。

（二）安全需求

安全的需求包括要求劳动安全、职业安全、生活稳定、希望免于灾难、希望未来有保障等。安全需求比生理需求较高一级，当生理需求得到满足以后就要保障这种需求。每一个在现实中生活的人，都会产生安全感的欲望、自由的欲望、防御实力的欲望。

（三）社交需求

社交的需求也叫归属与爱的需求，是指个人渴望得到家庭、团体、朋友、同事的关怀爱护理解，是对友情、信任、温暖、爱情的需求。社交的需求比生理和安全需求更细微、更难捉摸。它与个人性格、经历、生活区域、民族、生活习惯、宗教信仰等都有关系，这种需要是难以察觉、无法度量的。

（四）尊重需求

尊重的需求可分为自尊、他尊和权力欲三类，包括自我尊重、自我评价以及尊重别人。尊重的需求很少能够得到完全的满足，但基本上的满足就可产生推动力。

（五）自我实现需求

自我实现的需求是最高等级的需求。满足这种需求就要求完成与自己能力相称的工作，最充分地发挥自己的潜在能力，成为所期望的人物。这是一种创造的需求。有自我实现需求的人，似乎在竭尽所能，使自己趋于完美。自我实现意味着充分地、活跃地、忘我地、集中全力、全神贯注地体验生活。

我们可以针对五个层次来初步选择打算策划的产品或服务，比如我们从人们的生理需求出发结合自己感兴趣的领域，针对吃、穿、住、行等方面来选择，比如有的同学对做蛋糕感兴趣，就可以选择进行甜品店或蛋糕店的策划，针对社交需求，可以选择设计创意礼品或做活动策划等项目等。

从企业经营消费者满意（CS）战略的角度来看，每一个需求层次上的消费者对产品的要求都不一样，即不同的产品满足不同的需求层次。将营销方法建立在消费者需求的基础之上考虑，不同的需求也将产生不同的营销手段。

根据五个需求层次，可以划分出五个消费者市场：

（1）生理需求→满足最低需求层次的市场，消费者只要求产品具有一般功能即可。

（2）安全需求→满足对"安全"有要求的市场，消费者关注产品对身体的影响。

（3）社交需求→满足对"交际"有要求的市场，消费者关注产品是否有助于提高自己的交际形象。

（4）尊重需求→满足对产品有与众不同要求的市场，消费者关注产品的象征意义。

（5）自我实现→满足对产品有自己判断标准的市场，消费者拥有自己固定的品牌，需求层次越高，消费者就越不容易被满足。

北京富亚涂料策划的"喝涂料"事件，也是出于消费者对"安全"需求的考虑，当消费者点名要购买"能喝的那个涂料"时，证明了这种营销手段的成功。由于这种营销手段满足的是消费者第二层次的需求，在经营上会导致企业在整个产业层面处于上不上、下不下的处境，而要改变处境则需要向高端突破，通常的出路是另立品牌。

价格高是吸引消费者首先关注的最直接因素，其次才是品质。宝马、奔驰的品牌价值之所以很高，是因为它们都有最高端的产品、最优秀的造型和性能而成为有钱人的象征。对于普通消费者而言，价格高使其产生了"敬意"。所以，但凡经营企业，如果抢得市场的最高端，就能产生极强的品牌号召力。

市场竞争千变万化，但是消费者的需求是不变的，只有五类。CS 战略要求提高消费者满意度，企业必须根据市场的具体情况，了解其产品满足的是哪几个层次的消费者需求，然后才能有目的地制定营销策略，有效地去提高消费者的满意度。

比如说同样的汽车，满足消费者需求层次越高，消费者能接受的产品定价也越高。市场的竞争，总是越低端越激烈，价格竞争显然是将"需求层次"降到最低，消费者感觉不到其他层次的"满意"，愿意支付的价格当然也低。

这样的划分是以产品分别满足不同层次的需求而设定的，消费者收入越高，所能达到的层次也越高，拿汽车举个例子：

（1）"生理需求"消费者关注"产品确实是汽车"，选择价格较经济、能代步即可的汽车。

（2）"安全需求"消费者关注"汽车质量好"，在价格相差不是很大的情况下，选择质量较好、安全性能更有保障的汽车。

（3）"社交需求"消费者关注"产品对于交际的影响"，比如汽车的外观以及品牌的形象都能让消费者愿意付出更高的价格。

（4）"尊重需求"消费者关注的是"获得别人认可"，把产品当作一种身份的标志，最优秀的技术、甚至包括最高的价格都是他们选择的理由。

（5）"自我实现"消费者已经拥有1~4层次的各种需求，他们对汽车的认识转变为某个品牌对其生活的影响，在精神上认可某个品牌。也就是汽车的品牌精神内涵对于他们的选择影响很大。

二、激发产品创意的方法

研制新产品，首先必须提出符合市场需求的产品设计，而产品设计是建立在产品构思基础上的。所谓构思，就是为满足一种新需求而提出的设想。在产品构思阶段，营销部门的主要责任是：寻找，积极地在不同环境中寻找好的产品构思；激励，积极鼓励公司内外人员提出好的产品构思；提高，将所汇集的产品构思送交公司内部有关部门，征求修正意见，使内容更加充实。

激发新产品创意的方法主要有如下几种：

（一）产品属性排列法

将现有产品的属性意义排列出来，然后探讨，尝试改良每一种属性的方法，在此基础上形成新的产品创意。

（二）强行关系法

先列举若干不同的产品，然后把某一种产品与另一种产品或几种产品强行结合起来，产生一种新的产品构思。譬如，组合家具的最初构想就是把衣柜、写字台、装饰柜的不同特点及不同用途相结合，设计出既美观又实用的组合家具。

（三）多角分析法

这种方法首先将产品的重要因素提取出来，然后具体地分析每一种特性，再形成新的创意。例如，洗衣粉最重要的属性是其溶解的水温、使用方法和包装，根据这三个因素所提供的不同标准，便可以提出不同的新产品创意。

（四）聚会激励创新法

将若干名有见解的专业人员或发明家集合在一起（一般以不超过10人为

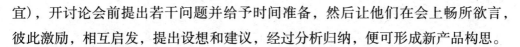

宜），开讨论会前提出若干问题并给予时间准备，然后让他们在会上畅所欲言，彼此激励，相互启发，提出设想和建议，经过分析归纳，便可形成新产品构思。

（五）征集意见法

指产品设计人员通过问卷调查、召开座谈会等方式了解消费者的需求，征求科技人员的意见，询问技术发明人、专利代理人、大学或企业实验室、广告代理商等的意见，并且坚持经常举办，形成制度。

（六）逆向思考法

逆向思考法是可获得创造性构想的一种思考方法，此技法可分为七类，如能充分加以运用，创造性可加倍提高。

（1）逆向蜂拥而做法：在考虑某一构想的过程中，如果努力朝着与目的相反的方向思考，反而会茅塞顿开。

（2）更上一层楼法：该构想的要点是目前认为理所当然的方法未必是最好的。对其他方面也要做进一步的仔细探索，这就是逆向思考法。

（3）顺势反击法：对于在理论上被认为是正确的事，要敢于反过来思考一下，这是另外一种形式的逆向法。

（4）形式逆向法：在考虑构想时，应该设法在形式上颠倒过来考虑一下，这样就容易得到良好的启示。

（5）调头法：例如从天然材料到人造材料、从粗到细等都调过头来，自由地进行构想，由此得到启示。

（6）现场确认法：在触及问题实质但经过多次努力仍无法突破时，如果退一步对问题做再认识，就能意外地想出好主意。

（7）翻里作面法：推翻对某一现象的评价。例如，反过来对被认为是最大的不足之处思考一番，这样就可以轻易地找到优秀发明的线索。①

（七）希望点列举法

这是一种不断地提出"希望"、"怎样才能更好"等的理想和愿望，进而探求解决问题和改善对策的技法。

---

① 德融达，http//:www.tacoach.com。

（八）优点列举法

这是一种逐一列出事物优点、进而探求解决问题和改善对策的方法。

（九）缺点列举法

这是一种不断地针对一项事物、检讨此事物的各种缺点及缺漏、并进而探求解决问题和改善对策的技法。

（十）检核表法

检核表法（Checklist Method）是在考虑某一个问题时，先制成一览表，对每项检核方向逐一进行检查，以避免有所遗漏。此法可用来训练员工思考周密，并有助于构想出新的意念。

（十一）七何检讨法

七何检讨法（5W2H 检讨法）是"六何检讨法"的延伸，此法的优点在于能提示讨论者从不同的层面去思考和解决问题。所谓 5W，是指：为何（Why）、何事（What）、何人（Who）、何时（When）、何地（Where）；2H 指：如何（How）、何价（How Much）。

另外，也可以从新产品开发方向发掘创意：多能化，即多功能化，比如说手机，从最基本的打电话、收短信功能发展到现在几乎无所不能。小型化，即把体积缩小，比如说冰箱，针对宾馆或者便于汽车携带，开发出小型的车载冰箱等。还有简化、多样化、社会化等开发方向，以及复古等方向都可以为构思新产品提供方向。

第三章
如何发掘广告创意

如今是一个策划的时代，也是一个创意的时代。广告离不开策划，更离不开创意。互联网作为一种新型媒体，能将大众传播范围广泛的特点与人际传播的高反馈性和高互动性的特点充分地结合到一起，使广告和受众能有效地互动。

第一节　广告创意概述

一、广告创意的内涵

创意是广告的灵魂，随着网络技术的不断发展与成熟，网络广告的创意也趋于多样化、复杂化。它实现了许多传统媒体广告创意不能实现的梦想。网络广告创意依据互联网络这个特殊媒体的特点，将广告的创意发挥得淋漓尽致，所以需要有更多的广告创意。

广告创意是指通过独特的技术手法或巧妙的广告创作脚本，突出体现产品特性和品牌内涵，并以此促进产品销售。广义理解是广告创意包含了广告活动中创造性的思维，只要是涉及创造新的方面，从战略、形象，到战术以及媒体的选择等都包含在内。狭义理解包括：现实中，广告界更愿意以"广告作品的创意性思维"来定义广告创意；广告创意简单来说就是通过大胆新奇的手法来制造与众不同的视听效果，最大限度地吸引消费者，从而达到品牌声望传播与产品营销的目的；广告创意在英语中的表达是 idea & creative；广告创意是指广告中有创造力地表达出品牌的销售信息，以迎合或引导消费者的心理，并促成其产生购买行为的思想；广告创意由两大部分组成，一是广告诉求，二是广告表现。

广告定位是广告创意的前提。广告定位先于广告创意，广告创意是广告定位的表现。广告定位所要解决的是"做什么"，广告创意所要解决的是"怎么做"，只有明确做什么，才可能发挥好怎么做。一旦广告定位确定下来，广告内容和广告风格才能够随后确定。由此可见，广告定位是广告创意的开始，是广告创意活动的前提。

广告创意的内涵包括：

（1）创意是广告策略的表达，其目的是创作出有效的广告，促成购买。

（2）广告创意是创造性的思维活动，这是创意的本质特征。

（3）创意必须以消费者心理为基础。

（4）广告是使顾客了解本产品的途径。

（5）广告最重要的作用是使顾客通过广告产生购买产品的欲望，促成交易的达成。

二、广告创意的要求

创意是一种创造性思维，创造性思维的基本方法是发散思维和聚合思维、顺向思维和逆向思维、横向思维和纵向思维的有机结合。但是广告是一种功利性、实用性很强的经济行为，同时又是一种有着广大受众的社会文化现象，因此对广告创意有着与一般的创造性思维不同的要求，广告创意必须在不自由中寻找更高境界的自由，是"戴着镣铐跳舞"。

如果一个广告能结合画面度、创意度、吸引眼球度的话，必将带来更多的潜在消费者，让已经消费的人对产品更加忠实。留住老客户，吸引新客源才是创意者成功的基本要素。广告创意大致有以下一些要求。

（一）相关性

广告创意必须与产品特点、企业形象和消费者需求相关联。创意的过程是对商品信息的编码过程，受众接受广告信息后，要经自身的译码，在译码中产生联想和会意，使自己的经验、体会与商品信息结合在一起才能达成沟通。创意把概念化的主题转换为视听符号，直观性强，但也产生了多义性，为了避免产生歧义，创意时要符合相关性要求，即广告传递的信息必须与商品或企业相关，让人一看（或听）就知道是某商品或某企业的信息，而不能含混不清或是喧宾夺主。

（二）原创性

广告创意贵在"新"。要做到这一点，就要突破常规、出人意料、与众不同，切忌雷同、似曾相识，没有原创性，广告就缺乏吸引力和生命力。好的广告创意一定要在合情合理的前提下，要做到新、奇、特，要做到"意料之外，情理之中"。

（三）震撼性

震撼性是指广告创意能够深入到受众的心灵深处，对他们产生强烈的冲击。没有震撼性，广告就难以给人留下深刻的印象。一个人每天要接收到大量的广告，要想使受众对广告产品留下深刻美好的印象，新颖、惊奇是重要的手法。刺激越强，造成的视听冲击力越大，就越容易给受众留下印象。具体说来，画面、音响、富有哲理的广告语，都能不同程度地造成一定的视听冲击力。只有在消费者心中留下印象，才能发挥广告的作用。而想要做到这一点（吸引消费者的注意力，同时让他们来买你的产品），就需要有很好的点子。

（四）简明性

广告创意必须简单明了、纯真质朴、切中主题，才能使人过目不忘、印象深刻。广告大师伯恩巴认为："在创意的表现上光是求新求变、与众不同并不够，杰出的广告既不是夸大，也不是虚饰，而是要竭尽你的智慧使广告信息单纯化、清晰化、戏剧化，使它在消费者脑海里留下深刻而难以磨灭的记忆。"最好的创意往往是最简单的创意，因为在信息爆炸的当代社会，受众被淹没在信息的海洋中，只有那些简洁明快的广告能够吸引他们。因此在广告创意时，主题要突出，信息要凝练，诉求重点要集中，无关紧要的要删去，广告镜头要破除繁琐，反映主信息。

（五）合规性

广告创意必须符合广告法规和广告发布地的伦理道德、风俗习惯。由于各个国家的广告法规和风俗习惯都有所不同，因此在广告创意时一定要做到符合规范。比如，香烟广告在很多国家都被禁止在公共场合发布，在我国，不能做比较广告和以"性"为诉求点的广告等。

广告管理法规是调整广告管理机关和广告客户、广告经营者及消费者之间在广告宣传、广告经营、广告管理中所发生的各种社会关系和法律法规的总称。其表现形式为有关广告的管理规定、专门的广告管理行政法规、国家管理机关发布的规章和规范性文件、地方立法机关颁布的广告管理地方性法规、地方人民政府发布的广告管理的地方规章。《广告管理条例》、广告法等都是十分重要的广告管理法规。风俗习惯是人们根据自己的生活内容、生活方式和自然环境，在一定的社会物质生产条件下长期形成，并世代相袭而成的一种风尚和由于重复、练习而巩固下来并变成需要的行动方式等的总称。不同的国家、不同的民族有不同的风俗习惯，如果违反了广告法规和广告发布地的伦理道德、风俗习惯，势必招致失败。所以，在广告创意中，必须考虑到合规性。只有这样，才不至于徒劳无功。

（六）互动性

"互动"指双方"相互作用和相互影响"，互动性是网络广告最突出的特点。在互联网中，受众不再是被动接受信息，而是不但可以选择信息，还可以控制信息。网络广告不再是单纯的信息发布与接受，浏览者可以即时参与其中，直接反映广告效果。

第二节　广告创意可采用的思维方法

一、水平思考法

水平思考法又叫侧向思考法，是英国心理学家戴勃诺（Edward Debono）提出的一种创造的方法。他认为我们平时的思维方式是偏重于以往的经验和模式，受到思维定势的影响，而跳不出老框框。所谓思维定势是人在思考时心理的一种准备状态，它影响解决问题时的倾向性。思维定势常会影响思维的变通性。例如问你这样一个问题：小李进房间后，没有开灯就找到了放在桌子上的黑手套。这是为什么？通常情况下，当听到"没有开灯"时就会有一种倾向认为这是在晚上发生的事，因为晚上和灯之间有一种符合常规的固定联系。因而，在解决这个问题时，由于"没有开灯"暗示你进入一种习惯性的思维中，使你的思维方向往"在晚上如何照明找物"这一方面去思考。这种遵循已有的经验，按常规思考的方式，戴勃诺把它称为垂直式思考。而如果突破一贯的思考方向，不受定势的影响，不认为这是发生在晚上，问题就迎刃而解了。答案是白天进房间，当然不用开灯也十分容易找到东西。这种不受常规约束，摆脱旧经验、旧意识的思考方式被戴勃诺称为水平式思考。

显而易见，水平式思考法更能创造出新的观念，在用此种方法时要遵循的原则是：一是摆脱旧意识与旧经验，破除思维定势，更好地体现发散思维的特点。二是找出占主导地位的关键点，例如前面的例子中，关键点是"找手套"，而不是"如何照明"。三是全方位地思考，大胆革新，找出对问题的新见解。四是抓住头脑中的"一闪念"，深入把握新观点。水平思考法能够产生有创见的想法，因而是广告创意时常用的思维方法，然而水平式思考并不是排除垂直式思考，二者常常互为补足，取长补短。

二、逆向思考法

逆向思考法又称反向思考法，是一种向常规思路反向扩张构思的方法。实际上，这种思维方向应包括在水平式思考法之中。由于利用这种思路常常能较为直接地解决问题，且相对而言更易掌握，因而格外提出来。这种方法就像在中学学习数学时用的一种解题法即反证法一样：通常的解题法是从已知条件出发来思考如何解决问题，而反证法是从求解出发，反推找到与已知条件相符合的出路。

运用逆向思考时，需掌握两个要点。一是这种反常思维的传达应恰当，语言要实在且幽默，如"杉杉西服，不要太潇洒"是一种恰到好处的反向思考的表达。二是应用逆向思考是有条件限制的，不是所有的问题都能从反向得到求解的，因而在创意中这种反向思考必须以消费者能认同为条件。例如，伦敦最大的书店布莱维尔要做一个在此书店购物舒适自由为主题的广告，想从反向去构思，但不知"服务不必过于周到"是否符合消费者的需要。调查发现，在一片服务至上的宣传中，消费者有这样的反映，有时想去商店看看，并不一定要买，由于服务员紧跟在身边，过于热情地介绍商品和服务，令人感到厌烦，或感到不买东西没有面子；再者也会使人感到像被监视，有时不买东西就不去商店。商店当然希望顾客常来光临，虽然当时不买，但会成为潜在的顾客。这种调查的结果刚好与反向思考的结论相符合，因而布莱维尔书店在广告中大胆应用反向思考的构思，其内容为"当你光临布莱维尔书店的时候，没有一个人会问您要买什么。您可以信步所至，随便阅读，放心浏览。店员只在您需要的时候才为您效劳。您不招呼，他们决不打扰。无论您来买书或来浏览均受欢迎。这就是布莱维尔书店100多年来的传统。"使顾客感到亲切生动，符合心意。

三、辐射构思法

一场广告运动通常包括一系列的广告，而一系列的广告又围绕着同一主题。辐射构思法往往就是以广告运动的主题为基点，任凭创作者的思维、想象驰骋。在产生若干相关创意之后，创作者再从中选择出一个适合广告主题、有创造性、有诉求力的创意。例如，为了突出医用胶的黏合功能，创作者可以尽自己所能，想出若干表现黏合功能的创意，如用现实的表现手法表现医用胶在医学临床上的运用，或用瓷器破碎重新黏合的借喻方法来表现其功效，还可以用权威医生的证言来传递医用胶的功能信息等。有了这些点子后，创作者再根据本产品的特点、消费者的心理以及目前广告制作的条件要求等，确定一个合适的创意。不过，有时所确定的广告创意不一定很完善，必须加以适当地修改、发展，或综合其他创意的优点。

辐射构思法的优点是对思考过程的限制较少，有利于产生一些新奇的、独特的创意。使用该方法进行广告创意时，要特别注意，不要轻易地否定自己所想到的点子，不管这点子是荒唐离奇，还是俗气可笑。而且点子一旦在头脑闪现，就要立即把它记录下来，以免发生遗忘。

第三节 广告设计的表现手法

广告是一种信息的传播活动，理想的情况是信息应该能得到受众的注意，引发其兴趣，提升其欲望和诱导其行动。当然，这是一个逐级实现的过程，极少信息能够把消费者从知晓一直带到购买阶段。为实现某一特定阶段目标，必须对信息进行有效设计，以选择恰当的表现形式，从这个意义上而言，广告表现就是信息设计的过程，信息设计需要解决以下四个问题：说什么（信息内容），如何富有逻辑地说（信息结构），形式上如何说（信息格式）和由谁来说（信息源）。

在决定广告表现时，认真考虑是借助逻辑力量说服还是诉诸情感打动消费者，这很重要。诉求点是指某商品或服务在广告中所强调的、企图劝服或打动广告对象的传达重点。诉求点不明确的广告，不是成功的广告。寻找或确定广告诉求点时，首先要解决两个问题：一是向谁诉求（诉求对象）；二是向诉求对象强调商品的什么特长。形式上如何说，我们称为"诉求"或"表现手法"，可分为两种：理性表现策略和情感表现策略。

一、理性表现策略

理性诉求是采用理性说服方法的广告形式，通过诉求消费者的理智来传达广告内容，从而达到促进销售的目的，也称说明性广告。这种网络广告说理性强，常常利用可靠的论证数据揭示商品的特点，以获得消费者理性的承认。它既能给消费者传授一定的商品知识，提高其判断商品的能力，又会激起消费者对产品的兴趣，从而提高广告活动的经济效益。通常的理性诉求广告有承诺广告、旁证广告、防伪广告、比较性广告等。

理性表现策略即通过表明该产品将产生所要求的功能利益来引起受众的兴趣，例如，说明一件产品的质量、价值、功能、附加服务等信息。理性表现策略是建立在消费者的理性购买动机基础上的。理性购买动机是人们对商品或广告的客观性认识的一种动机，不经过对商品或广告的反复研究、分析、比较的思维过程，人们不会轻率地对广告或商品做出结论，更不会导致购买行动，理性购买动机具有客观性、周密性和控制性的特点，因此，其购买行动比较重视商品的品质、效用、注意商品的经济、实用、方便、可靠。所以，理性表现策略更注重证据、事实以及推理形式和论证方法。普遍认为工业购买者对理性表现策略的反应最为灵敏，他们具有产品专门知识，而且他们的选择要对别人负责。当消费者购买高价物品时，他们也收集信息并对可供选择的产品仔细比较，对质量、价格、性能的诉求会做出反应。

二、情感表现策略

"感人心者，莫先乎情"。在人的心理活动中，情绪、情感和认知因素一样，是影响人们对客观事物的态度和行为的心理基础之一，当这种情感因素占主导地位时，就会使人激动、振奋或反感、抵触。它对人的态度和行为产生迅速作用和强烈影响，这种煽情的价值，是通过运用各种感性元素、光影、色彩、形状、音乐等组合得到实现的。心理学表明，陌生而新奇的东西所造成的心理刺激，大大强于那些司空见惯的事物。而成功的情感诉求广告正是借助于文学艺术手法，创造新颖奇特的形象，对消费者的心灵造成强烈的震撼，令其长久难忘，因而可以持久地发生促销作用。

情感诉求是采用感性说服方法的广告形式，又称感性诉求。它通过诉求消费者的感情或情绪来达到宣传商品和促进销售的目的，也叫兴趣广告或诱导性广告。感性诉求的广告不做功能、价格等理性化指标的介绍，而是把商品的特点和能给消费者提供的利益点，用富有情感的语言、画面、音乐等手段表现出来。南方黑芝麻糊的广告就属此类诉求方式。通常感性诉求广告所介绍的产品或企业都是以感觉、知觉、表象等感性认识为基础，是消费者可以直接感知的或是经过长期的广告宣传，消费者已经熟知的。采用感性诉求，最好的办法就是营造消费者使用该商品后的欢乐气氛，使消费者在感情获得满足的过程中接受广告信息，保持对该商品的好感，最终能够采取购买行为。

情感诉求广告确有很强的促销功能和审美功能，但能充分发挥这种作用的只是那些优秀作品，要创作出优秀的情感诉求广告是极不容易的。这就要求我们必须注意几点：首先，情感诉求所抒之情应该高尚，不能违背"善"的要求。情感诉求广告传播高尚的情感，在审美教育之中既实现了产品市场的扩大，又有益于社会进步和文明发展。其次，情感诉求广告之"情"必须寓情于境，否则就会因流于抽象、空泛而导致失败。王夫之云："情景名为二，而实不可离。神于诗者，妙合无垠。巧者则有情中景，景中情。"再次，情感诉求广告应当受到产品的一定限制。这就是说，有些产品如高科技产品、生产资料、生产工具等，一般不宜于运用情感诉求广告。因为消费者在购买这类产品时，理智的思考占了主导地位。他们主要考虑这些产品的性能、功效如何，价格是否合理等实际问题，而且他们购买也主要不是一种情感的满足，而是出于实际的迫切需要。因此，情感诉求广告由于不能解决上述问题而不能奏效，只有重在阐明产品性质、特征、功能等的理性诉求广告才比较合适。与此相反的是，一般日常用品，如化妆品、食品、服装等，以及旅游、安全等方面的广告，则适于运用情感诉求，而不宜于理性诉求。

在很多情况下，理性诉求和感性诉求两种方式常常是结合使用的，既注意产品本身的利益，又通过人情味较浓的手法来表现，达到事半功倍的效果。值得注意的是产品或服务的特性、实际利益要与情感内容有合理的关联，不同的诉求手段也要与媒体的传播特性相适应。

第四节　广告创意理论分析

20 世纪 80 年代初，"创意"一词开始在中国广告界出现。但对于什么是广告创意，却有着种种不同的说法，很少有一个基本一致的看法。有的人认为"广告创意是把原来的许多旧元素进行新的组合"，有人认为"广告创意是一种创造意外的能力"等。这些说法都有道理，但作为对广告创意的定义，却又都略有不妥。虽然詹姆斯·韦伯·扬曾经对什么是广告创意做过十分精辟的说明，所谓"旧元素，新组合"，在广告界人人都认同，但这仅仅是对广告创意元素的归纳总结，并没有对广告创意的过程做更深入的阐述，当然，也不能作为广告创意的定义。我们认为，广告创意是广告人员在对市场、产品和目标消费者进行市场调查分析的前提下，根据广告客户的营销目标，以广告策略为基础，对抽象的产品诉求概念予以具体而艺术的表现的创造性思维活动。

以下介绍几种影响深远的广告创意理论：

一、独特销售主张理论

独特销售主张理论（Unique Selling Proposition，USP）是 R. 雷斯在 20 世纪 50 年代提出的一种有广泛影响的广告创意策略理论，其基本要点是：每一则广告必须向消费者"说一个主张"（Proposition），必须让消费者明白，购买广告中的产品可以获得什么具体的利益；所强调的主张必须是竞争对手做不到的或无法提供的，必须说明其独特之处，在品牌和说辞方面应是独一无二的；所强调的主张必须是强有力的，必须聚焦在一个点上集中打动、感动和吸引消费者来购买相应的产品。

该理论指出，在消费者心目中，一旦将这种特有的主张或许诺同特定的品牌联系在一起，USP 就会给该产品以持久受益的地位。几十年过去了，M&M 糖果公司的规模有了突飞猛进的发展，成为美国私人企业中的佼佼者。而"只溶在口，不溶在手"的广告词，到 20 世纪 90 年代仍是 M&M 巧克力豆的广告主题，被世界各国消费者牢牢记在心中。该广告创意体现了该产品独特的优点，简单清晰，广告词朗朗上口，很快就家喻户晓。实际经验表明，成功的品牌在多少年内是不会有实质上的变化的。

不同的产品，能为消费者提供不同的好处和功效，以此来满足消费者不同的消费需求。同类产品的竞争，又如何争取消费者、赢得消费者的格外青睐呢？关键在于能为消费者提供其他同类产品不能提供的好处和功效，并且这种好处和功效，又必须符合消费者的消费利益需求。广告的责任，就在于努力寻找和发现广告产品所具有的、能为消费者提供的，而其他产品却不具有的、不能为消费者提供的独一无二的好处和功效，并将这一信息如实地传达给消费者。在运用独特销售主张策略时，要求每一个产品都应该只发展一个代表产品个性的销售说辞，并通过大量的重复展现，将该广告信息传递给媒体受众，以使该品牌产品成为同类产品的代表者。"USP"理论，是对广告传播的科学认识，它影响了整整一个时代。

在做营销策划广告策划的过程中，可以借鉴独特销售主张创意理论，找到策划的产品或服务与众不同的地方，并通过有效的方式传递出去。

二、品牌形象理论

20 世纪 60 年代由 D. 奥格威提出的品牌形象论是广告创意理论中一个重要流派。在此策略影响下，出现了大量优秀的、成功的广告。品牌形象论的基本要点是：为塑造品牌服务是广告最主要的目标。广告就是要力图使品牌具有并且维持一个高知名度的品牌形象；任何一个广告都是对品牌的长程投资。从长远的观点看，广告必须尽力去维护一个好的品牌形象，而不惜牺牲追求短期效益的诉求重点；随着同类产品的差异性减小，品牌之间的同质性增大，消费者选择品牌时所运用的理性就越小，因此，描绘品牌的形象要比强调产品的具体功能特征重要得多；消费者购买时所追求的是"实质利益＋心理利益"，对某些消费群来说，广告尤其应该重视运用形象来满足其心理的需求。广告创意中的品牌形象策略主要有广告主形象策略、专业模特形象策略、名人形象策略和标识物形象策略。

（一）广告主形象策略

这种策略是指在广告创意中，以直接塑造广告主的美好和独特形象为创意主题，即广告品牌被赋予生产经营者自己的形象。

例如聚美优品的广告创意。聚美优品创立于 2010 年 3 月，由陈欧、戴雨森和刘辉创办，聚美优品是第一家也是中国最大的化妆品限时特卖商城。聚美优品的广告策略很具有挑战性，他们在不和任何广告公司合作的情况下进行产品的宣传。聚美优品创业团队自己做广告策划，通过在电视电视台上播广告的形式，进行企业的宣传。广告宣传片由聚美优品 CEO 陈欧与亚洲偶像天王韩庚共同为聚美优品代言，发布电视广告，同时在各大网络平台投放广告，提高了企业影响力，加深了品牌的深度。刚开始没有人看好聚美优品，觉得他们的营销策略很荒唐。但是，聚美优品团队没有被困难吓倒，他们依然以自己的方式去推广企业。"你只闻到我的香水，却没看到我的汗水；你有你的规则，我有我的选择；你否定我现在，我决定我的将来；你嘲笑我一无所有，不配去爱，我可怜你总是等待；你可以轻视我们的年轻，我们证明这是谁的时代。梦想是注定孤独的旅行，路上少不了质疑和嘲笑，但那又怎样，哪怕遍体鳞伤，也要活得漂亮！我是陈欧，我为自己代言！"这就是聚美优品的广告，道出了当前"80 后"、"90 后"年轻人所遇到的困难，也展现了年轻人的理想与憧憬，引起很多"80后"、"90后"的共鸣。陈欧在电视上变换着机位，为自己的梦想而奋斗，为自己的品牌做代言。陈欧作为一名"80后"的创业者，无疑是成功的，自己为自己的品牌做代言，得到了非常好的效果，使聚美优品一夜走红，网站知名度迅速提升，成为中国最成功的网站之一。

（二）专业模特形象策略

这种策略是借助合适的专业模特，来间接地塑造产品的形象。最具代表性的是李奥·贝纳创造的"万宝路"牛仔形象。1923年，美国菲利普·莫里斯公司生产了一种牌号为"万宝路"的香烟，专供女士享用。广告的口号也尽力突出其味道"像五月的天气一样柔和"。然而，产品投放市场后，境况十分糟糕，销售业绩始终不佳，一度停产。"二战"后，美国经济有了新的发展，烟草消费量激增，过滤嘴香烟问世。菲利普·莫里斯公司抓住有利时机，再次投放女子市场，依然未能打开销路。于是，菲利普·莫里斯公司求助于李奥·贝纳。当时的美国市场，竞争异常激烈残酷。要使一个倒了的牌子东山再起，简直比下台总统重返白宫还要困难。李奥·贝纳勇敢地接受了这一挑战。经过周密的市场调查和精心策划，李奥·贝纳提出了一个"颠倒阴阳"的大胆构想：去掉万宝路原有的浓厚脂粉气，为其重塑一个具有男子汉气概的全新形象。于是，一个新的方案大体确立：保持原有配方，改用菲利普·莫里斯公司首创的平开式盒盖包装，选用最具美国风格、被美国公认的最具男子汉气概的西部牛仔充当万宝路的广告形象。广告画面中，那深具美国英雄主义价值精髓的牛仔形象被众多男同胞竞相效仿，也使不少女烟民为之魂牵梦绕。有人对美国和欧洲的烟民做了一次测试，测试者将万宝路香烟放在不标品牌的棕色盒里，然后放在其他香烟之中，插上标明"万宝路"的标价牌（降价50%），以供参加测试的烟民选购，但对棕色万宝路感兴趣的人仅占测试人数的21%。由此可见，大多数人不但要买香烟，而且要买"万宝路"的品牌形象。万宝路的品牌商标，已成为公司的一笔巨大资产。这的确是广告史上的奇迹！不改变牌号，不改变配方，竟然能使一种眼看就要被市场浪潮所吞没的商品，变为目前世界上最著名、销量最大的香烟品牌之一。在这里，我们看到完全不同于"独特销售主题"的全新广告创作方式。如果说"独特销售主题"的广告创作，主要着眼于产品本身能给消费者带来实际物质利益的享受，那么，万宝路香烟广告的创作，则主要着眼于产品能给消费者带来某种心理和精神上的满足。

（三）名人形象策略

这一策略是指借助名人的社会效应来间接地树立品牌形象。名人形象策略的广告创意是非常昂贵的，麦克·杰克逊在 1983 年因拍了两部广告片，以世人所熟知的形象举行了一次巡回演出，就获得了 550 万美元。名人广告的价格虽然昂贵，但这种广告的收视率或受读率却高于一般广告，能给企业带来丰厚的经济效益。美国烟草公司依靠名人形象策略的广告宣传，使其幸运财（Lucky Strike）牌香烟的销售额在短短的两个月内增长了 37%。日本松下电器公司的松下牌收录机经过美国"R&B 土风火演唱团"的广告宣传，在美国市场的份额很快从末位上升到首位。

（四）标识物形象策略

这一策略是指通过宣传广告主的标识物来塑造广告产品的形象。常见的标识物主要是一些动画人物、动物或植物，如我国海尔集团的大眼睛"海尔兄弟"，国外的"米老鼠"、"唐老鸭"等。

三、定位论

20 世纪 70 年代由 A. 里斯和 J. 屈特提出的定位论，主张在广告策略中运用一种新的沟通方法，创造更有效的传播效果。定位理论的创始人 A·里斯和 J·屈特曾指出："'定位'是一种观念，它改变了广告的本质。""定位从产品开始，可以是一种商品、一项服务、一家公司、一个机构，甚至是一个人，也可能是你自己。但定位并不是要你对产品做什么事。定位是你对未来的潜在顾客的心智所下的功夫，也就是把产品定位在未来潜在顾客的心中。所以，如果把这个观念叫做'产品定位'是不对的。对于产品本身，实际上并没有做什么重要的事情。"

广告定位论的基本主张是：广告的目标是使某一品牌、公司或产品在消费者心目中获得一个据点，一个认定的区域位置，或者占有一席之地；广告应将火力集中在一个狭窄的目标上，在消费者的心智上下功夫，是要创造出一个心理的位置；应该运用广告创造出独有的位置，特别是"第一说法、第一事件、第一位置"。因为创造第一，才能在消费者心中造成难以忘怀的、不易混淆的优势效果；广告表现出的差异性，并不是指出产品具体的特殊功能利益，而是要显示出现实

（三）启示期

根据上一个步骤当中所产生的创意的焦点，结合所搜集到的相关资料，形成多种创意观念，并在这些创意的观念的基础上，形成各种初步的创意方案。

（四）验证期

对各种初步的创意方案的有效性加以验证和讨论，从中选择出最好的方案作为最终的创意方案，并对最终的创意方案进行进一步的修正和改进。

（五）形成期

将最终的创意方案加以实施，并且在具体的过程当中，对最终的创意方案做进一步的修正和改造。

二、网络广告的创意方法

网络广告的创作从艺术上看与一般平面广告或者影视广告的规律基本一致，从传播的角度来看，它与传统广告传播的规律仍然保持一致，只是网络广告的创作更加强调各种元素、各种方式的综合而已。具体的网络广告的创意方法有：

形象独特——网络广告所显示的内容非常容易被淹没，如果其视觉形象具有独特的气质与风格，能让受众真正感知到这一点，那么这个网络广告就比较容易打动目标受众。但一般而言，网络广告由于其文件和幅面大小的限制，其表现方式有很大的局限性，此时其元素、构图、色彩与观念的有机整合就显得越发重要。不过，许多古典大师的作品，即使在非常小的尺寸，运用非常少的元素、非常少的色彩，仍然可以使作品光彩照人。

情节生动——网络广告像影视广告一样可用情节来表现主题与理念。有具体情节的网络广告，容易吸引受众的注意力和好奇心，获得认同感，达到更好的广告效果，只是这个情节必须合乎情理又出人意料、有趣生动。

氛围感人——在网络上，富有人情味、轻松幽默的广告更容易激发"冲浪者"点击的欲望。设计师通过色彩、文字、图像、构图等手段营造出一种氛围，使观看广告的人受到感染，正是这种氛围使人们愿意点击这个广告，从而接受了广告所推出的服务或产品。

事实有力——有时消费者感觉不到该产品会给他们带来什么好处，因此有必要在网络广告中强调商品某方面的功能。这种创意方法的核心就是用无可辩驳的事实述说这个商品的功能与优点，帮助消费者找出他们购买商品的动机。

文化品位——中国悠久的历史、丰厚璀璨的文化传统，塑造了中国人特有的价值观和审美情趣。将这些特点应用在网络广告中，能起到良好的传播效果。

利益诱人——这是指在网络广告中告诉受众，点击这则广告可以获得除产品信息以外的其他好处，而不点击就会失去。因为网络广告需要受众付出时间和费用上的代价，所以要给受众一种付出就有收获的感觉。通常表现为"奖"、"礼"或者"免费"等字样。利用利益效应，提高广告的机会价值是提高广告点击率行之有效的方法。

三、网络广告的创意技巧

与传统广告相比，网络广告的创意受到许多方面的影响，我们在进行网络广告创作时必须讲究创意的技巧，以吸引更多的人来关注。网络广告是一种新型媒体，它既与传统媒体有共同的属性，也有与传统媒体不一样的新特征。这就要求网络广告既要遵循传统媒体上操作的规律，又要适应新媒体特点的技巧。

（一）图文并茂

在网络广告中，图像和文案是十分重要的表现手段，通过图像的视觉效果引导消费者，通过广告文案的内容吸引消费者，两者的有效结合就可以创作出令人难忘的优秀的广告作品。由于网络广告的篇幅一般都比较短，文案的作用就越发显现出来，可以通过字体、颜色、关键词和信息使网民更多、更快地浏览到和注意到网络广告的信息。

（二）动静结合

网络广告与其他类型的广告的区别之一就是能动起来，利用动画的效果，能较好地吸引网民的眼球。动的形式有飘、游动、弹出、悬挂、跟随等，网络广告的创意一般要强调动静结合，文字不动而景物动或文字动而景物不动，但实际创作中文字尽量不要动。

（三）大小搭配

要合理搭配网络广告中动文字和动景物的比例，利用网络的超链接使第一层的广告小一些，下一层的广告大一些。因为在网站上，第一层的广告最贵，而后面就差远了。要使有限的资金能产生最大的效益。

四、网络广告主题的基本要求

具体来讲，网络广告主题的基本要求包括以下几方面：

（一）鲜明、突出

网络广告的主题必须观点明确，概念清晰，重点突出，使人一目了然，鲜明地表达销售的概念。为了使主题的表达鲜明有力，首先必须使主题的表达单纯化。成功的主题应该是简单的，结构上不复杂，表达单一明确，不力图表达更多的销售概念，目标集中，重点突出，才能具备思想性与统一性。

隐晦和不明确的广告主题，概念模糊，繁杂松散，销售重点不明确，在信息传达中不仅不能鲜明有力地给人以清晰的概念，反而会使消费者产生认识上的混乱，甚至产生误导。在激烈的商品市场里，鲜明有力的广告主题要对消费者有很好的心理冲击力，才能增强商品的竞争力。

（二）新颖、独特

网络广告主题要有自己独特的新意，即广告传达的信息要有不同于一般的个性，要与同类产品的其他广告有不同销售重点的表达。只有在主题表达中强化信息的个性，才能突出广告的产品（服务）与众不同的特点，在市场竞争中让消费者发现自己、认识自己，给人留下深刻的印象。

主题的新颖性要求广告经营者对客观事物有独特的感受和发现，以新的视角发现问题和提出问题，给人以新颖别致、独创一格的心理感受。

要使网络广告主题具有新意，重点在于差别化策略的运用。要善于发现同类产品之间的任何差别，可以从产品的质地、制作工艺、效用、心理价值等方面进行挖掘，使广告主题具有个性化的色彩。

（三）寓意深刻

网络广告主题对于客观事物的揭示，其中重要的一点是思想深度。广告经营者必须具有敏锐的洞察力，能从平凡生活的细节中挖掘出让人激动不已的意蕴来，使之具有深邃的思想认识价值和生活哲理。网络广告策划中一个重要问题，也是一个不易解决的问题，就是对广告主题的确定。获得正确的广告主题关键在于策划者对广告目标市场和消费者需求的认识程度。

网络广告的诉求可以依靠充满诱惑的文字、极富动感的画面、中奖送礼的承诺、优美动听的音乐等，激发消费者的某种情绪或联想，引起好奇和关注，从而产生进一步了解的欲望。对于网络广告来说，感性诉求的优点有：

一是通用性。国家或地区之间的语言、风俗可以相异，不同民族的审美观、价值观可以不同，但情感是可以相通的。这一点非常适合网络广告国际性的特点。

二是互动性。正因为人类有着极为丰富的感情，并容易被激发，所以感性诉求广告具有很大的互动性，这正是情感诉求广告在网络上具有较高点击率的原因。

三是非商业性。对于具有鲜明意图的商业宣传，人们不免怀有防备之心。感性诉求广告可以紧紧把握人情味这个要素，在商业宣传中淡化其商业气息，使消费者自觉自愿地点击广告，进而接受所宣传的产品或提供的服务。

创意是策划的灵魂，如何在策划中发掘出好的、能够让人眼前一亮的创意是营销策划成功的关键。

参 考 文 献

［1］唐平.市场营销学 ［M］.北京：清华大学出版社，2011.

［2］国凤菊.高职院校市场营销教学存在的主要问题及对策建议［J］.中国成人教育，2011.

［3］纪宝成主编.市场营销学教程 ［M］.北京：中国人民大学出版社，2000.

［4］高振生主编.市场营销学 ［M］.北京：中国劳动社会保障出版社，2000.

［5］朱华主编.市场营销案例精选精析 ［M］.北京：经济管理出版社，2000.

［6］王静主编.现代市场调查 ［M］.北京：北京经济学院出版社，1995.

［7］英基斯企业管理研究中心编.公司必备营销文案现用现查 ［M］.呼和浩特：内蒙古人民出版社，2002.

［8］张冬梅.市场营销策划 ［M］.青岛：青岛海洋大学出版社，1998.

［9］［美］菲利普·科特勒，加里·阿姆斯特朗.营销学原理 ［M］.陈正男译.上海：上海译文出版社，1997.

［10］吴健安，郭国庆，钟育赣副主编.市场营销学 ［M］.北京：高等教育出版社，1999.

［11］徐二明主编.企业战略管理 ［M］.北京：中国经济出版社，1998.

［12］周国林主编.100 个成功的促销策划 ［M］.北京：机械工业出版社，2002.